D1728221

REDLINE WIRTSCHAFT
bei ueberreuter

Ruth E. Schwarz und Friedhelm Schwarz

Praxishandbuch Freiberufler

Alles, was Ich-AGs, freie Mitarbeiter, Freelancer und andere Freie wissen müssen

REDLINE WIRTSCHAFT
bei ueberreuter

Friedhelm Schwarz / Ruth E. Schwarz
Praxishandbuch Freiberufler
Alles, was Ich-AGs, freie Mitarbeiter, Freelancer und andere Freie wissen müssen
Frankfurt/Wien: Redline Wirtschaft bei ueberreuter, 2004
ISBN 3-8323-1069-X

Unsere Web-Adressen:
http://www.redline-wirtschaft.de
http://www.redline-wirtschaft.at

Umschlag: INIT, Büro für Gestaltung, Bielefeld
Coverabbildung: Mauritius Images, Mittenwald
Copyright © 2004 by Wirtschaftsverlag Carl Ueberreuter, Frankfurt/Wien
Satz: Sachartschenko und Spreitzer OEG, Wien
Druck: Himmer, Augsburg
Printed in Germany

Inhaltsverzeichnis

Vorwort

Die Zielgruppe dieses Buchs ist im höchsten Maße heterogen und nicht in einem Begriff zu erfassen. Zunächst einmal gehören die Freien Berufe dazu, so wie sie nach dem deutschen Einkommensteuergesetz (EStG) definiert sind, also die so genannten Katalogberufe, die katalogähnlichen Berufe und die Tätigkeitsberufe.

Allerdings stehen die Katalogberufe, wie zum Beispiel Arzt, Architekt, Rechtsanwalt, Steuerberater etc., nicht im Zentrum der Betrachtungen, ist doch deren Berufsausübung in erster Linie durch spezielle Rechtsvorschriften, Kammerzugehörigkeiten und Gebührenordnungen geformt, die einerseits zwar ein höheres Maß an Rechtssicherheit bieten, andererseits aber auch die freie berufliche Entfaltung beschränken.

Unter den „echten" Freiberuflern werden also eher diejenigen, die katalogähnliche oder Tätigkeitsberufe ausüben, in diesem Buch Anregungen finden.

Ganz anders ist es mit den so genannten „neuen Selbstständigen", die in ihrer großen Vielfalt und Ähnlichkeit mit den Freien die wohl breiteste Zielgruppe dieses Buches bilden, auch wenn sie mit diversen Bezeichnungen belegt werden, die neu und gewöhnungsbedürftig sind. Es gibt eben einfach noch keine gefestigten Begriffe, die die neue Arbeitswelt eindeutig beschreiben.

Insofern richtet sich dieses Buch auch an alle, die unter Bezeichnungen wie Ich-AGs, Solo-Selbstständige (Solo-Worker), Selbstangestellte (Self-employed) und freie Mitarbeiter (Freelancer und E-Lancer) firmieren, aber auch an die Free Agents, an die New Independent Makers und an die Betreiber eines Micro-Business.

An wen sich dieses Buch richtet

▸ Echte freie Berufe = Katalogberufe
▸ Katalogähnliche Berufe
▸ Tätigkeitsberufe
▸ Neue Selbstständige
▸ Ich-AGs
▸ Solo-Selbstständige (Solo-Worker)
▸ Selbstangestellte (Self-employed)
▸ Freie Mitarbeiter (Freelancer, E-Lancer)
▸ Free Agents
▸ New Independent Makers
▸ Betreiber eines Micro-Business

Noch nie war die Gründung einer Existenz in der Bundesrepublik Deutschland so einfach wie heute. Existenzgründer können sich vor guten oder zumindest gut gemeinten Ratschlägen kaum noch wehren. Auch die Finanzierung und Absicherung der Startphase ist heute so leicht wie nie zuvor.

Früher galt eine Existenzgründung aus der Arbeitslosigkeit heraus als höchst riskant und wurde nicht empfohlen. Heute ist sie fast die Regel. Manche Angestellte, die in die Selbstständigkeit streben, wählen sogar ganz gezielt den Weg über die Arbeitslosigkeit, um in den Genuss von Fördermitteln zu kommen.

Die meisten Existenzgründer in Deutschland sind männlich und jünger als 35 Jahre. Viele sind zwar von ihrer Geschäftsidee überzeugt, aber viele machen sich auch nur deshalb selbstständig, weil sie sonst überhaupt keine Arbeit hätten. Obgleich es bereits eine umfangreiche Existenzgründungs-Literatur gibt, werden auch Neustarter in diesem Buch einige interessante Informationen finden, die sie, wenn nicht jetzt, so doch in einiger Zeit gut gebrauchen können.

Denn so groß die Begeisterung in Politik und Wirtschaft über die Neugründungen auch ist, spätestens dann, wenn die öffentlichen Förderungen abgelaufen sind, wird der Newcomer endgültig mit der harten Realität konfrontiert. Er muss Leistung zeigen oder er verschwindet – wie so viele – drei bis fünf Jahre nach der Neugründung wieder vom Markt.

Deshalb richtet sich dieses Buch besonders an Praktiker, die schon einige Erfahrung gesammelt haben, aber ihre Ergebnisse weiter optimieren möchten. Oft genug wissen sie genau, wo es bei ihnen hakt, aber sie wissen nicht, wie sie es besser machen können.

Freiberufler und neue Selbstständige haben das gleiche Problem wie Arbeitnehmer in Unternehmen auch: Sie werden älter. Und wenn man jemandem, der Mitte zwanzig ist, noch begeistert auf die Schultern klopft und ihn vielleicht sogar noch wohlwollend mit Aufträgen unterstützt, besonders wenn dieser Existenzgründer auch noch eine Frau ist, dann sieht es spätestens mit Ende dreißig oder gar Anfang vierzig schon ganz anders aus.

Auftraggeber werden bedenklich den Kopf wiegen und Geldgeber werden sich die Frage stellen, ob ihre Investitionen wieder hereinkommen werden, bevor der Selbstständige endgültig durch das derzeit gültige Altersraster fallen wird.

Aber auch da zeichnen sich Veränderungen ab. Der Trend zur Frühpensionierung ab Anfang fünfzig ist endgültig gebrochen, ganz einfach, weil es sich die Gesellschaft nicht mehr leisten kann, den Einzelnen die ersten dreißig Jahre seines Lebens auszubilden, ihn dann zwanzig Jahre arbeiten zu lassen, um ihm dann die letzten dreißig bis vierzig Jahre auf komfortable Weise den Unterhalt zu spendieren.

Also gilt es auch für viele Freiberufler und Selbstständige, sich in der Lebensmitte noch einmal neu zu orientieren. Entweder innerhalb des bestehenden Tätigkeitsbereichs oder aber durch Umsteigen auf andere Arbeitsfelder.

Da Selbstständige nach zehn oder mehr Jahren selten den Weg zurück in eine abhängige Beschäftigung finden, und das heute schon gar nicht, kommt es immer häufiger vor, dass sie eine Neuorientierung vornehmen, ohne allerdings offiziell als Existenzneugründer aufzutauchen.

Diesen Praktikern, die besser, anders oder etwas ganz anderes arbeiten wollen, steht bisher kaum jemand mit Rat zur Seite. Und genau das soll dieses Praxishandbuch ändern.

Die Autoren

Gemeinsame Merkmale von Freiberuflern und neuen Selbstständigen

Während die Bezeichnung Ich-AG weder eine Aussage über die Art der Tätigkeit enthält, noch Angaben über die Rechtsform macht, in der ein Existenzgründer aus der Arbeitslosigkeit mit Hilfe des Arbeitsamtes selbstständig geworden ist, verfügen die anderen Begriffe doch über einige gemeinsame Merkmale.

Die größte Gemeinsamkeit besteht wahrscheinlich darin, dass die Freiberufler und neuen Selbstständigen vom Verkauf ihrer eigenen Arbeitskraft leben, ohne selbst Beschäftigte zu haben. Sie werden deshalb auch Arbeitskraft-Unternehmer genannt.

Ein weiteres gemeinsames Merkmal ist, dass sie überwiegend Dienstleistungen erbringen. Immer mehr der neuen Selbstständigen befinden sich darüber hinaus im Gegensatz zu den klassischen Freiberuflern in einer abhängigen Selbstständigkeit, das heißt, sie sind wie Angestellte von mächtigen Auftraggebern abhängig, die diese Verhandlungsmacht auch oft genug ausnutzen.

Es wird nicht nur der Gesetzgebung und der Exekutive immer klarer, dass in der modernen Wirtschaft die alten Definitionen nicht mehr gelten können, sondern auch den Gewerkschaften. Längst wollen nicht mehr alle Handwerker und Gewerbetreibenden ihr Geld dadurch verdienen, dass sie ein mehr oder weniger großes Unternehmen erschaffen, in dem Arbeitnehmer beschäftigt werden oder in dem durch Handel Gewinne erzielt werden, sondern immer mehr Gewerbetreibende beabsichtigen ausschließlich, nur ihre eigene Arbeitskraft zu verkaufen.

In Gewerkschaftskreisen beginnt man diesen Personenkreis als Solo-Selbstständige zu bezeichnen, um sie von den Unternehmern abzugrenzen. Unterstellte man doch bisher jedem, der selbstständig ein Gewerbe betrieb und unterhielt, grundsätzlich die Absicht, ein Unternehmen aufbauen zu wollen, um andere für sich arbeiten zu lassen. Ob es tatsächlich so war und ob es tatsächlich gelang, sei einmal dahingestellt. Tatsache ist jedoch, dass die Zahl der Einpersonenbetriebe rasant wächst und auch in Zukunft weiter wachsen wird.

Wie schwierig es ist, den Freien Beruf nicht nur im Einzelfall zu definieren, wie es das Einkommensteuergesetz tut, sondern generell zu beschreiben, zeigt sich daran, dass die erste Definition der Freiberuflichkeit durch den deutschen Gesetzgeber erst im 1995 erlassenen Partnerschaftsgesellschaftsgesetz (PartGG) § 1 Abs. 2 zu finden ist:

„Die Freien Berufe haben im allgemeinen auf der Grundlage besonderer beruflicher Qualifikation oder schöpferischer Begabung die persönliche, eigenverantwortliche und fachlich unabhängige Erbringung von Dienstleistungen höherer Art im Interesse der Auftraggeber und der Allgemeinheit zum Inhalt."

Im Umkehrschluss würde das heißen: Wer Dienstleistungen niederer Art erbringt, ist kein Freiberufler. Das ist natürlich heute, schlicht gesagt, Quatsch, da erstens die wichtigste Unterscheidung zwischen Gewerbetreibenden und Freiberuflern, nämlich die frühere Gewerbesteuerpflicht, durch die für alle geltende Gemeindewirtschaftsteuer aufgehoben worden ist und zweitens niemand die Trennlinie zwischen Dienstleistungen höherer und niederer Art allgemeinverbindlich ziehen kann. Der Unterschied, dass Freiberufler keine Gewerbesteuer zahlen müssen, ist entgegen den ursprünglichen Plänen der Regierung geblieben.

Von den Freiberuflern und neuen Selbstständigen sauber abgegrenzt wurden bisher sowohl diejenigen, die ein produzierendes Unternehmen betrieben, als auch diejenigen mit einem Handelsunternehmen. Wer produziert und dafür Mitarbeiter beschäftigt, gehört auch heute nicht dazu. Anders ist es mit dem Bereich des Handels, wo die freien Handelsvertreter auch bisher schon eine Art Zwitterfunktion hatten. Sie verkauften zwar nicht ihre Arbeitskraft, arbeiteten aber meist allein ohne Mitarbeiter.

Heute versuchen sehr viele Menschen, sich dadurch eine Existenz aufzubauen, dass sie im Internet und ganz speziell über Ebay Handel betreiben. Wer bei Ebay Waren versteigert, auch wenn er sie zuvor nur für diesen Zweck eingekauft hat, wird in seiner Tätigkeit zahlreiche Merkmale aufweisen, wie man sie bisher nur bei Freiberuflern und den neuen Selbstständigen gefunden hat. Man kann sie also der Gruppe der neuen Selbstständigen zuschlagen.

Ob diese neuen Selbstständigen jetzt ein Gewerbe angemeldet haben oder nicht, ob sie bestimmten Buchführungspflichten unterliegen oder nicht und ob sie sich vielleicht in Gesellschaften nach dem Handelsgesetzbuch, nach dem Aktien- oder dem GmbH-Gesetz zusammenschließen oder eine Kooperation nach dem Partnerschaftsgesellschaftsgesetz wählen, ist auch nicht entscheidend.

Der größte Unterschied zwischen einem Unternehmer, einem angestellten Arbeitnehmer und einem im weitesten Sinne freiberuflich Arbeitenden ist die Denk- und Handlungsweise. Darüber sollten sich auch Existenzgründer im Klaren sein.

Freiberufler und neue Selbstständige denken und handeln anders

Freiberufler und neue Selbstständige denken und handeln anders. Für sie geht es um Risiko statt Absicherung, um Veränderung statt Bewahrung. Sie müssen nicht nur eine Leistung erbringen, sie müssen ihre eigene Leistung auch immer wieder aufs Neue verkaufen. Sie haben keinen Anspruch auf Weiterbeschäftigung, keinen Anspruch auf Umschulung und keinen Anspruch auf Abfindung, falls die Wirtschaft einmal nicht so gut läuft. Kein Wunder also, dass sie in einer Angestelltengesellschaft ein Exotendasein führten und man bisher kaum Verständnis für ihre Belange aufbrachte.

Doch es sind Veränderungen im Gange. Denn immer weniger Menschen wählen freiwillig die Selbstständigkeit als Erwerbsform, und große Unternehmer werden nur die wenigsten der Selbstständigen, denn der Weg vom Garagenunternehmen zum Weltkonzern nach dem Vorbild von Bill Gates, dem Gründer von Microsoft, gelingt nur einem winzigen Bruchteil und ist weniger vom Können als von glücklichen Zufällen oder einer reichlichen Kapitalausstattung abhängig. Schauen wir nur, was von der New Economy übrig geblieben ist.

Da aber auch der Weg in eine lukrative Festanstellung immer mehr Menschen verschlossen bleibt, besteht die einzige Möglichkeit, selbst für seinen Lebensunterhalt zu sorgen, darin, sein Können, seine Zeit und seine Arbeitskraft unabhängig zu verkaufen. Wie man das mit Erfolg machen kann, zeigt dieses Buch.

Was ist Freiberuflern und neuen Selbstständigen wichtig?

Zurzeit leben wir in Europa immer noch in einer Angestelltengesellschaft. Das so genannte Normalarbeitsverhältnis sieht eine unbefristete Anstellung, feste Löhne und Gehälter, feste Arbeitszeiten, einen geregelten Urlaub, Lohnfortzahlung bei Krankheit und in den meisten Fällen noch einige Extra-Gratifikationen vor.

Tarifverträge und Arbeitsplatzbeschreibungen, die Mitbestimmung der Arbeitnehmer im Betrieb und die Vertretung durch den Betriebsrat geben dem Arbeitsplatzbesitzer eine Sorglos-Rundum-Versorgung. Außertariflichen Angestellten und Führungskräften geht es noch besser. Großzügige Abfindungsregelungen sichern unfähige Führungskräfte im Falle eines Rausschmisses mit einem Golden Parachute vor dem finanziellen Absturz ab. Betriebliche Altersversorgungen machen das Frührentnerdasein lukrativ und angenehm.

All diese Wohltaten sind dem Freiberufler und Selbstständigen verwehrt. Trotzdem werden sie durch stehende Floskeln, wie zum Beispiel „Besserverdienende und Freiberufler", ständig mit den Spitzenverdienern aus Wirtschaft, Politik und Verwaltung in einen Topf geworfen. Dabei sieht die Realität inzwischen ganz anders aus.

Verschiedene Verbände und Institute haben im Rahmen von Umfragen und Erhebungen mittlerweile ein ziemlich genaues Bild davon entworfen, was Freiberufler und Selbstständige wollen und wie sie sich dadurch von Angestellten und Unternehmern unterscheiden. Im Folgenden die Ergebnisse im Einzelnen.

Sicherung der beruflichen Existenz

Die Praxis zeigt, dass die Existenz von Freiberuflern und neuen Selbstständigen nicht nur in der Gründungsphase, sondern auch noch nach langjähriger Tätigkeit immer wieder gefährdet ist. Die Ursachen dafür liegen weniger in der gesundheits- oder altersbedingten Leistungsfähigkeit oder dem nachlassenden Leistungswillen der Person, sondern eher bei Veränderungen der äußeren Arbeitsbedingungen.

Sicher spielt auch nachlassende Kreativität im Sinne von weniger Anpassungsbereitschaft und -fähigkeit an neue Kundenwünsche eine Rolle sowie eine oftmals fehlende Weiterqualifikation und in diesem Zusammenhang auch die altersbedingte sinkende Akzeptanz von Freiberuflern. Aber in erster Linie sind es tief greifende Veränderungen in der Gesellschaft, in den eingesetzten Technologien und in der Arbeitswelt, die der beruflichen Existenz die Basis entziehen.

Praxisbeispiel: Grafiker und Kreative in der Werbung

Noch immer sind Jugendliche und junge Erwachsene zwischen 19 und 39 die Hauptzielgruppe der Werbung, wobei sich die Altersgrenze immer weiter nach vorne verschiebt und für bestimmte Produkte und Dienstleistungen schon bei den Zwölf- bis Vierzehnjährigen angelangt ist. Werbeagenturen rekrutieren ihre Mitarbeiter möglichst zielgruppennah, folglich werden bevorzugt möglichst junge Leute eingestellt.

Da die Führungspositionen in der Werbung ebenso rar sind wie in anderen Wirtschaftsbereichen und Erfahrung gegenüber „Feeling" und dem unbestimmten Begriff der Kreativität beständig an Wert verliert, stehen viele Mitarbeiter häufig noch vor dem 30. Lebensjahr vor der Frage, wie sie sich beruflich weiterentwickeln können. Als Alternative wird ihnen oft genug der Wechsel von der Angestelltentätigkeit in eine freiberufliche Mitarbeit schmackhaft gemacht.

Diese Zusammenarbeit auf freiberuflicher Basis funktioniert zumindest über einige Jahre meist auch recht gut, solange die bis dahin bestehenden personellen Konstellationen bei den Auftraggebern sich nicht verändern. Tritt dann allerdings ein personeller Wechsel ein, bricht der kontinuierliche Strom von Folgeaufträgen sehr oft abrupt ab.

Ungeübt in der Neuakquisition, muss sich der freiberufliche Grafiker dann in der Regel mit einfacheren und schlechter bezahlten Aufträgen begnügen. Es ist gar nicht so selten, dass er dann in der Folge gezwungenermaßen in einen gänzlich anderen Beruf wechselt.

Gerade im Bereich der Werbung haben sich infolge des technischen Fortschritts die Berufsinhalte seit 1995 gravierend geändert. Durch das Internet sind vollkommen neue Arbeitsfelder entstanden, für die es sowohl Anbieter mit grafischem Know-how als auch Anbieter mit EDV-Kenntnissen gab.

Die einen hatten Ahnung von Gestaltung und mussten zusätzliche Kenntnisse in der Informationstechnologie erwerben, die anderen besaßen Letztere; dafür fehlten ihnen in der Mehrzahl die gestalterischen Fähigkeiten. Wem es gelang, beides in Einklang zu bringen und auf möglichst beiden Sektoren Spitzenleistungen vorzuweisen, der gehörte zunächst zu den Topverdienern.

Das änderte sich jedoch erneut, als die nächste Generation fünf Jahre später am Markt antrat. Die Preise für die Gestaltung, Realisierung und Betreuung von Internet-Seiten sackten ins Bodenlose. Leistungen, die anfangs noch mit 5.000 bis 10.000 Euro hervorragend honoriert wurden, konnte man einige Jahre später oft genug nicht einmal für 500 bis maximal 1.000 Euro verkaufen. Es brachen nicht nur kleinere und größere Unternehmen der New Economy unter dem Kostendruck zusammen, sondern auch unendlich viele Freiberufler-Existenzen. Denn gleichzeitig mit dem Sinken der Honorare stiegen die Kosten für die notwendigen Investitionen in immer leistungsfähigere Geräte.

Aber auch die Arbeitsinhalte und Arbeitsmethoden im grafischen Bereich haben sich durch die technische Entwicklung drastisch verändert. War die Erstellung von Reinzeichnungen früher das Brot-und-Butter-Geschäft, das durch handwerkliches Know-how und Können den Grafikern die Existenzgrundlage sicherte, so fiel dieser Zwischenschritt bei der Erstellung von Anzeigen und Drucksachen inzwischen fast vollkommen weg. Heute ist der Arbeitsplatz eines Grafikers am Bildschirm und nicht mehr am Zeichentisch mit Farben, Schere und Leimtopf.

Gewinne steigern

43 Prozent der Freiberufler und neuen Selbstständigen sind mit ihrem Stundenlohn heute unzufrieden. Gerade im Medienbereich gab es in den vergangenen Jahren Gewinneinbrüche, die bei bis zu 30 Prozent lagen. Die Mehrzahl der Freiberufler und neuen Selbstständigen versucht das Problem sinkender Gewinne durch eine Steigerung der Arbeitszeit aufzufangen. Aber natürlich sind der Leistungsfähigkeit Grenzen gesetzt. Der Tag hat nicht mehr als 24 Stunden, und niemand kann ohne massive gesundheitliche Schäden regelmäßig auf Schlaf verzichten.

Also muss man nach neuen Wegen suchen, durch Veränderungen der Leistungen oder durch Steigerung der Qualität statt der Quantität neue Möglichkeiten zu eröffnen. Da aber ein großer Teil der Existenzneugründungen nicht etwa mit neuen Dienstleistungen oder neuen Ideen erfolgt, sondern eher mit Me-too-Angeboten, führt dieser Konkurrenzkampf zu weiter sinkenden Gewinnen.

Praxisbeispiel: Personalberatung

Noch vor wenigen Jahren war es üblich, Führungskräften in der Wirtschaft die Kündigung dadurch zu erleichtern, dass man ihnen einen Personalberater zur Seite stellte, der sie beim Outplacement unterstützte. Das Ergebnis sah dann oft genug so aus, dass die nicht mehr benötigten Führungskräfte auf Grund dieser Beratung selbst in die Personal- und Outplacement-Beratung gingen.

Die Personalberatungs-Unternehmen schossen wie Pilze aus dem Boden. Nur leider ging der Personalbedarf der Unternehmen parallel dazu kontinuierlich zurück, und auch die Bereitschaft, eine Kündigung durch zusätzliche Leistungen zu verzuckern, sank. Wurden noch viele der in Westdeutschland freigesetzten Manager in den Neunzigerjahren von der Treuhandanstalt mit Aufträgen und Posten versorgt, so ist auch diese Einnahmequelle schon vor Jahren versiegt.

Viele große Unternehmensberatungen schlittern selbst am Rande des Abgrunds entlang und brauchen keine ehemaligen Führungskräfte mehr als zu-

sätzliche Fachberater. Nichts veraltet heute so schnell wie technisches Know-how, was besonders Ingenieure zu spüren bekommen, wie die Zahl der offenen Stellen zeigt, die ebenso groß ist wie die Zahl der in Arbeitssuchenden.

Kosten senken

Unter der kontinuierlichen Steigerung der Kosten leiden alle Wirtschaftsunternehmen. Jedoch ist es so, dass sich Großunternehmen durch Rationalisierungsmaßnahmen, wie zum Beispiel die Zentralisierung und Zusammenfassung bestimmter Aufgaben, durch die Ausnutzung des Volumeneffekts oder auch durch die Verlagerung der Produktions- oder Dienstleistungsstandorte, dagegen wehren können.

Diese Möglichkeit haben Freiberufler und neue Selbstständige nicht. Sie sind eher Betroffene, wenn zum Beispiel die Datenerfassung nicht mehr von deutschen Schreibkräften im Heimbüro durchgeführt wird, sondern von indischen oder chinesischen Arbeiterinnen, die dann zwar nicht mehr die Bedeutung der Worte oder Adresse verstehen, die sie bearbeiten, aber dafür bis zu hundertmal billiger sind.

Auch den Volumeneffekt, der sich aus der Zusammenfassung gleichartiger Tätigkeiten für Großunternehmen ergibt, kann ein Freiberufler nicht nutzen. Die Kostenkonstanz, die sich aus der mehr oder weniger isolierten Situation des Einzelkämpfers ergibt, wird für ihn zunehmend zu einem Problem, dem er nur in einem beschränkten Maße entgegentreten kann.

Ein Ausweg mag in Kooperationen liegen, bei denen bestimmte Aufgaben gebündelt werden. Jedoch sind auch dabei Grenzen gesetzt, weil viele Dienstleistungen sich nicht beliebig aufsplitten und neu zusammenfassen lassen und gerade die Individualität ein wesentliches Merkmal der freiberuflichen Arbeit ist.

Praxisbeispiel: Veranstaltungsmanager in der Anspruchsfalle

Mitte der Achtzigerjahre begann sich auch in Deutschland eine so genannte Event-Kultur zu entwickeln. Veranstaltungen wurden immer wich-

tiger, nicht nur, um Botschaften zu übermitteln und Zielgruppen zu errei-
chen, sondern auch, um das Zusammengehörigkeitsgefühl von Mitarbei-
tern und Unternehmen zu stärken oder um die eigene Bedeutung zu zele-
brieren.

Tagungen, Incentive-Veranstaltungen und Aktions-PR schufen zahlrei-
che neue Arbeitsplätze und Aufgabenfelder. Musiker, Conferenciers, Allein-
unterhalter, aber auch PR-Leute und Werber aus dem Promotions-Bereich
boten als Veranstaltungsmanager ihre Dienste an. Ausgerüstet mit mehr
oder weniger leistungsfähigen Ton- und Lichtanlagen, organisierten sie
Feste und Feiern, Meetings und Kongresse.

Doch schon bald wuchsen die Ansprüche des Publikums und damit
auch der Auftraggeber. Wo es anfangs noch reichte, wenn ein paar Musiker
Stimmung verbreiteten und ein Zauberkünstler auftrat, mussten nun schon
bald Laser-Shows und Surround-Beschallung her. Mit dem normalen
Equipment war kaum noch Geld zu verdienen. Große Event-Agenturen,
die häufig in internationale Agenturnetze eingebunden waren, drängten in
den Markt.

Einzelkämpfer hatten bald keine Chancen mehr. Sie verfügten weder
über die Mittel, um weiter aufrüsten zu können, noch, um sich als All-
round-Anbieter zu halten. Entweder schlossen sie sich größeren Organisati-
onseinheiten an, spezialisierten sich oder wechselten schlicht das Metier.
Durch wachsende Ansprüche waren sie in die Kostenfalle geraten. Und es
gab kein Entkommen.

Mehr Zeit für die eigentlichen Aufgaben

Es gibt kaum einen Freiberufler oder neuen Selbstständigen, der nicht
das Gefühl hat, dass seine eigentlichen Aufgaben zu kurz kommen. Akquisition von Neukunden, bürokratischer Aufwand für Behörden und
Ämter sowie alle Aspekte der Selbstverwaltung, von der Buchhaltung
über die Ablage bis hin zum Praxis- und Büromanagement und der
Reinigung der Arbeitsräume, zehren am Zeitbudget.

Bei diesen Dingen einfacher, schneller und effektiver zu werden, steht auf der Wunschliste ganz oben, nur fehlt sogar oft genug die Zeit, um für zukünftiges effizientes Arbeiten die Grundlagen zu legen.

Ein zusätzliches Handikap bilden auch die sich von Fall zu Fall verändernden Arbeitsinhalte, mit denen sich Freiberufler und neue Selbstständige konfrontiert sehen. Haben sie sich gerade einmal in die Probleme einer Branche eingearbeitet, kommt schon der nächste Auftrag aus einem ganz anderen Bereich. Der Internet-Auftritt für den Zulieferer des Sanitärfachhandels muss gänzlich anders gestaltet sein und die Kommunikation mit den Kunden auf eine ganz andere Weise gestaltet werden als der Internet-Auftritt eines Gummibärchen-Shops.

Immer wieder muss sich der Freiberufler in die Kunden seiner Kunden versetzen. Denn in den meisten Fällen, abgesehen von Ärzten, Rechtsanwälten und ähnlichen Berufen, sind es nicht Privatpersonen, die die Leistungen von Freiberuflern in Anspruch nehmen.

Praxisbeispiel: Wenn Nebenarbeiten den Job auffressen

Es war einmal ein Schmuckdesigner und Kunsthandwerker, der schöne Einzelstücke fertigte und diese über Galerien und Läden verkaufte. Eines Tages kam er auf die Idee, dass es für ihn doch von Vorteil wäre, wenn er seine Arbeiten direkt verkaufen würde und damit auch noch die Spannen des Handels von zum Teil mehr als 100 Prozent in die eigene Tasche stecken könnte.

Also machte er sich daran, Anzeigen zu gestalten und sich eine Internet-Seite zu basteln. Der Erfolg ließ nicht einmal lange auf sich warten, ja er war sogar größer, als der Mann angenommen hatte. Die Bestellungen kamen, und er fertigte bestimmte Schmuckstücke und andere Designobjekte in kleinen Serien.

Dadurch war allerdings Schluss mit der Selbstverwirklichung. Stattdessen sah er sich plötzlich im Produktionszwang. Aber damit nicht genug: Er musste seine Objekte auch noch verpacken, zur Post bringen, Rechnungen schreiben und, wie er feststellte, auch noch hinter seinem Geld herlaufen und mahnen. Außerdem gab es Retouren von unzufriedenen Kunden, aber auch neue Kunden, die Sonderwünsche hatten und die er ebenfalls zufrieden zu stellen versuchte.

Die Arbeit wuchs ihm allmählich über den Kopf, doch es war gar nicht die Arbeit, die er eigentlich machen wollte und die er deshalb unwillig und nicht immer sorgfältig ausführte. Die Lösung sah er darin, einige billige Hilfskräfte anzuheuern. Doch weil er keine Führungskraft war, gab er ihnen zu wenig Anleitung und die Fehler häuften sich.

Manche Bestellungen gingen einfach verloren und wurden gar nicht ausgeführt. Andere wurden doppelt ausgeführt oder an falsche Adressen geschickt. Die Buchhaltung wurde zum Chaos. Niemand hatte mehr eine genaue Übersicht über die Einnahmen, Ausgaben und Außenstände. Dann schickte ihm auch noch eine Rechtsanwaltskanzlei eine saftige Abmahnung, weil seine Internet-Seite nicht den juristischen Anforderungen entsprach.

Und auch das Finanzamt hatte ein Auge auf ihn geworfen. War er bisher ein echter Freiberufler gewesen, so gingen die Behörden jetzt davon aus, dass er ein Gewerbe betrieb. Man verlangte Steuernachzahlungen und -vorauszahlungen. Die Handelskammer meldete sich mit Beitragsforderungen, und auch die Berufsgenossenschaft wollte Geld von ihm haben.

Die Zahlungsaufforderungen von Lieferanten stapelten sich auf dem Schreibtisch des Mannes. Eines Tages wurde es dem Schmuckdesigner zu viel. Er hob so viel Geld ab, wie er von der Bank bekommen konnte, und verschwand ins Ausland.

Wer glaubt, dass hier nur ein Ausnahmefall geschildert wurde, sollte sich einmal genauer umschauen. Die Flucht vor Problemen findet häufiger statt, als man annimmt. Und diese Probleme entstehen nicht im Kernbereich einer freiberuflichen Tätigkeit, sondern fast immer an der Peripherie, bei den marginalen und nebensächlichen Tätigkeiten.

Kleinigkeiten wie unbezahlte Rechnungen oder vorübergehende Liquiditätsengpässe können manche der neuen Selbstständigen schon früh wieder in den Ruin treiben. Wer sich aber nur auf Aufgaben konzentriert, mit denen er kein Geld verdient, wird ebenso Probleme bekommen. Es kommt eben auf die richtige Mischung an.

Anerkennung statt Karriere

Die abhängig Beschäftigten, selbst wenn sie Führungskräfte sind, unterstellen Freiberuflern und Selbstständigen in der Regel, dass sie nur deshalb nicht als Angestellte arbeiten, weil sie mehr Geld verdienen wollen. Dabei spielt dieser Aspekt, zumindest heute, tatsächlich nur noch eine untergeordnete Rolle.

Die meisten Freiberufler und neuen Selbstständigen sind froh, wenn sie den Lebensstandard von mittleren Managern in Großkonzernen erreichen. Was für sie auf der Wunschskala aber eine mindestens ebenso große Rolle wie das Einkommen spielt, ist die Anerkennung durch den Auftraggeber.

Während ein Unternehmer sein Selbstwertgefühl durch die Qualität seiner Produkte und das Wachstum seines Unternehmens – seien es nun die Zahl der Mitarbeiter oder die zunehmende Zahl von Niederlassungen – stärken kann und der Kaufmann sich an schönen Ladengeschäften erfreut und für ihn hauptsächlich der Gewinn zählt, bleibt dem Freiberufler und neuen Selbstständigen neben dem trügerischen Gefühl der Freiheit und Unabhängigkeit meist nur die Anerkennung durch den Auftraggeber als wichtigste Motivation.

In den meisten Fällen sind seine Dienstleistungen nur Teil eines größeren Ganzen und in der Regel sind sie vergänglich. Architekten haben vielleicht die Genugtuung, ein schönes Haus gebaut zu haben, aber den geheilten Patienten sieht der Arzt nie wieder, die erfolgreiche Werbekampagne wird als Leistung des Marketingchefs im Unternehmen abgebucht und ein reibungslos funktionierendes Computerprogramm ist zwar keine Selbstverständlichkeit, wird aber als solche hingestellt.

Freiberuflern und Selbstständigen fehlen alle Formen der Anerkennung, die für angestellte Arbeitnehmer selbstverständlich sind. Es gibt keine Belobigungen im Büro, keine Prämien, keine Gewinnbeteiligungen und keine Beförderungen. Freiberufler und Selbstständige sind, was sie sind, ohne Karriere und vertikale Mobilität. Deshalb ist es ihnen besonders wichtig, die Anerkennung ihrer Auftraggeber zu finden und zu dokumentieren. Häufig genug geht es nicht ohne eine gewisse Nachhilfe.

Praxisbeispiel: Anerkennungsverweigerung

Den krassesten Fall von Anerkennungsverweigerung haben wir bei einem Auftraggeber erlebt, der auf einer Jahreshauptversammlung seines Unternehmens die Erfolge der Mitarbeiter würdigte und dabei auch den ebenfalls eingeladenen Freiberufler ansprach. Er sagte zu ihm: „Bei Ihnen brauche ich mich ja nicht zu bedanken, denn Sie werden ja schließlich für Ihre Arbeit bezahlt." Dabei ist wohl kaum davon auszugehen, dass dieser Manager und die Angestellten des Unternehmens keinen monatlichen Gehaltsscheck bekommen haben.

Praxisbeispiel: Übersetzer zwischen Lust und Frust

Der Beruf des Literaturübersetzers ist ziemlich anspruchsvoll. Er erfordert nicht nur die genaue Kenntnis von mindestens zwei Sprachen – die, aus der übersetzt wird, und die, in die übersetzt wird –, sondern er erfordert auch noch die Kenntnisse verschiedener Kulturen und meist auch noch verschiedener historischer Epochen.

Um Literatur zu übersetzen, sind darüber hinaus sprachliche Fähigkeiten notwendig, um sowohl stilistische als auch dramaturgische Elemente der fremdsprachlichen Vorlage zu erhalten.

Man sollte annehmen, dass Übersetzer zu den hoch bezahlten Fachleuten gehören, aber das genaue Gegenteil ist der Fall. Selbst anerkannte Spitzenkräfte verdienen pro Stunde meist weniger als die Putzfrauen, die ein Verlag beschäftigt. Monatliche Einkünfte von 1.000 Euro gelten schon als Spitzenverdienst. Kein Wunder also, dass der Bundestag anlässlich der Debatte zum neuen Urheberrecht-Gesetz die Honorarpraxis der Verlage als „unredlich" bezeichnete.

Die meisten Literaturübersetzer müssen, wenn sie nicht von Haus aus mit einem Vermögen gesegnet sind, sich mit Nebenjobs wie Dolmetschen oder dem Übersetzen von Bedienungsanleitungen und Ähnlichem über

Wasser halten. Wie kommt es nun, dass rare Fachkräfte trotzdem so schlecht bezahlt werden? Das hat mehrere Gründe.

Zum einen ist der Markt der Übersetzer ein Käufermarkt, während der Markt für Literaturautoren ein Verkäufermarkt ist. Das heißt, die Verlage gehen von ihrer Seite auf die Übersetzer zu und entscheiden im Vorfeld, wen sie haben möchten. Bei den Autoren ist es in der Regel umgekehrt. Sie entwickeln eine Idee, schreiben ein Exposé und manchmal schon ein vollständiges Manuskript, das sie dann an die Verlage verkaufen. Dass ein Verlag selbst eine Buchidee entwickelt und dafür den passenden Autor sucht, ist eher die Ausnahme.

Nachwuchskräfte haben auf einem Käufermarkt, wenn überhaupt, nur dann eine Chance, wenn sie sich über den Preis verkaufen. Entsprechende Leistung wird trotzdem vorausgesetzt. Damit drücken sie allerdings auch die Preise der etablierten Anbieter.

Nun kann man sich natürlich fragen, weshalb die Übersetzer nicht einfach alle konsequent in einen Generalstreik treten, um so ihre Honorare nach oben zu drücken. Ausweichmöglichkeiten gäbe es für die Auftraggeber keine, weil sich versierte deutschsprachige Übersetzer eben auch nur fast ausschließlich im deutschen Sprachraum finden lassen.

Die Gründe, weshalb kein Streik stattfindet, sind ganz einfach zu erkennen: Wenn schon nicht für Geld, arbeiten Übersetzer wenigstens für die Anerkennung ihres Könnens. Ihnen ist die Selbstbestimmung bei der Arbeit und natürlich auch die Selbstverwirklichung durch interessante Projekte wichtiger als das Honorar. Auf all dies möchten sie nicht verzichten, dann schon lieber auf Geld.

Damit wird ein Hauptproblem der Freiberufler und neuen Selbstständigen deutlich. Sie verstehen es (noch) nicht, dass sie ihre Interessen ebenso wie Arbeitnehmer am Ende des 19. Jahrhunderts nur gemeinsam durchsetzen können. Individualismus bis hin zur Eigenbrötlerei mag zwar manchen mit Stolz erfüllen, deutet aber auch auf mangelnden Gemeinsinn hin und auf die Unfähigkeit, komplexe Interessen ganzheitlich durchzusetzen.

Selbstbestimmung bei der Arbeit

Selbstbestimmung ist eines der großen klassischen Motive für eine freiberufliche Tätigkeit. Entweder möchte sich der Freiberufler nicht einem Vorgesetzten unterordnen, der weder über echte Autorität noch über fachliche Kompetenz verfügt, oder er möchte einen Arbeitsstil pflegen, der nicht in einen geordneten Betriebsablauf von 8.00 bis 16.00 Uhr hineinpasst. So weit die Vorurteile und Annahmen von Seiten abhängiger Arbeitnehmer.

Tatsächlich ist es jedoch so, dass sich Freiberufler und neue Selbstständige viel stärker an die Wünsche und Personen ihrer Auftraggeber anpassen müssen, als es in einem Unternehmen mit einigermaßen funktionierendem Betriebsrat je erwartet würde.

In der Praxis sind es eher kleine Details, die der Freiberufler als Selbstbestimmung erlebt. Kleine Arbeitspausen, etwas Zeit für die Familie, wenn sie wirklich nachgefragt ist, ein Arbeitsplatz, wie man ihn sich vorstellt, und hauptsächlich das große Gefühl, auch einmal Nein sagen zu können, selbst wenn man es nicht tut.

Dafür werden dann Nachtarbeit, Wochenendarbeit und Überstunden gern in Kauf genommen. Natürlich gibt es tatsächlich Freiberufler, die Probleme mit der Autorität haben, die ihre Kompetenz nicht in Frage stellen lassen wollen und denen ein dreimonatiger Urlaub tatsächlich wichtiger ist als eine kontinuierliche Kundenbeziehung. Aber sie sind in der Minderzahl und gerade unter den neuen Selbstständigen kaum noch zu finden.

Praxisbeispiel: Die Freiheit der freien Journalisten

Immer mehr Zeitungs- und Zeitschriftenverlage versuchen ihre Fixkosten zu drücken, indem sie die Zahl der fest angestellten Mitarbeiter reduzieren. Oder sie versuchen auch, die auf Grund bestehender Tarifverträge zu teuer gewordenen, älteren Mitarbeiter loszuwerden und durch jüngere, billigere Kräfte zu ersetzen.

In keiner anderen als der Medienbranche wird es den Mitarbeitern so leicht gemacht, in eine freie Mitarbeit zu wechseln. Geködert werden die Mitarbeiter durch Verträge über feste Auftragsvolumen, die allerdings zeitlich befristet sind und meist nach ein bis zwei Jahren auslaufen. Bis dahin sind sie, sowohl was die Finanzen als auch die Auslastung betrifft, gut versorgt.

Doch dann müssen sie sich auf einmal aktiv verkaufen, und genau das haben sie in ihrem gesamten bisherigen Berufsleben nicht gelernt. Ihre vermeintliche Freiheit und Selbstbestimmung wird ihnen gern von Festangestellten geneidet, und dass die Selbstbestimmung nicht nur ihre angenehmen Seiten hat, sondern auch ihre Tücken, merken sie manchmal erst zu spät. Schon gleich nach dem Ausscheiden aus dem festen Vertrag hätten sie sich umgehend um neue Auftraggeber bemühen müssen, sofern dies nicht durch Konkurrenzausschlussklauseln verboten war.

Vielfach übersehen die Journalisten auch, dass nicht sie als Person hofiert wurden, als sie noch fest angestellt waren, sondern das Medium, für das sie arbeiteten. Sind sie plötzlich nicht mehr Repräsentant eines großen Namens, sondern nur noch dessen Lohnschreiber, werden sie auch in der Prioritätenliste der entsprechenden PR-Stellen der Unternehmen zurückgestuft, schnell und gnadenlos.

Das Einzige, was jetzt noch hilft, ist, sich selbst als Marke aufzubauen oder sich komplett neu zu orientieren und zu definieren. Wer trotzdem Selbstbestimmung und Selbstverwirklichung nach außen kehrt und dabei auf vergangene Meriten pocht, gilt schnell als sozial inkompatibel. Und das ist das Schlimmste, was einem Freiberufler passieren kann.

Selbstverwirklichung durch interessante Projekte

Das Thema Selbstverwirklichung durch interessante Projekte geht praktisch Hand in Hand mit der Anerkennung von Seiten des Auftraggebers. Beides ist mühsam zu erringen. Dass ein neuer Selbstständiger sich unter den mühsam akquirierten Aufträgen dann nur noch die heraussucht, die nicht nur lukrativ, sondern auch noch interessant sind, ist zumindest bei der gegenwärtigen Wirtschaftslage kaum noch der Fall.

Sicher machen interessante Projekte mehr Spaß als Routinearbeiten, aber diese Highlights können sich meist nur die Stars unter den Freiberuflern an Land ziehen. Das große Heer muss den umgekehrten Weg gehen und sich bemühen, auch der Routinearbeit noch interessante Seiten abzugewinnen. Damit geht es den Freiberuflern und neuen Selbstständigen nicht anders als allen anderen angestellten Arbeitnehmern auch.

Dass der Weg in die Selbstständigkeit eher zu einem Notprogramm aus der Arbeitslosigkeit gehörte denn zu einer konsequenten Lebensplanung, wird meist nur ungern zugegeben. Folglich dienen Argumente für die Freiberuflichkeit wie Selbstbestimmung und Selbstverwirklichung nur als aufwertende Dekoration für eine oft zwangsweise Entscheidung.

Praxisbeispiel: Echte Künstler sind keine Angestellten

Es gibt bestimmte Berufe, die sich nur in freiberuflicher Form ausüben lassen. Das sind entweder Berufe, die auf einer bestimmten Weltanschauung beruhen, wie zum Beispiel der des Astrologen oder auch des Wünschelrutengängers, und natürlich der des Künstlers.

Nicht mehr das Kunstwerk definiert den Künstler, sondern der Künstler das Kunstwerk. Kunst ist, was ein Künstler macht. Ob jemand nun eine Parkuhr absägt und sie ins Atelier holt oder kleine Figuren auf kariertes Papier krakelt – wenn er Künstler ist, werden daraus Kunstwerke. Wenn er kein Künstler ist, handelt es sich um Sachbeschädigung und Diebstahl oder um Telefonkritzeleien, die nach beendetem Gespräch im Papierkorb landen.

Wer Künstler sein will, muss als Künstler leben. Und dazu braucht man Freiheiten und auch die Bereitschaft, gegebenenfalls auf materielle Dinge zu verzichten. Natürlich versuchen viele Kunsterzieher, sich nebenher auch als Künstler zu profilieren, doch ihre Exzentrik beschränkt sich meist auf Kleidung und Ansichten. Ansonsten stehen sie jeden Tag, mit Ausnahme der vielen Ferien, vormittags pünktlich im Klassenzimmer und unterrichten, was ihnen der Lehrplan diktiert.

Ausnahmen bestätigen die Regel: Wer es als Künstler geschafft hat, an-
erkannt zu werden und eine Professur an einer Hochschule zu ergattern, ist
in der glücklichen Lage, beides miteinander zu verbinden: materielle Absi-
cherung und exzentrische Lebensweise. Aber das gelingt nur wenigen. Die
meisten anderen Künstler müssen sich mit Nebenjobs über Wasser halten.
Manche arbeiten als Taxifahrer, andere als Postbote, und Dritte nehmen
immer wieder Jobs als Gebrauchsgrafiker an. Patchwork-Karriere nennt
man das in anderen Berufen.

Was Freiberuflern und neuen Selbstständigen wichtig ist

‣ Sicherung der beruflichen Existenz
‣ Gewinne steigern
‣ Kosten senken
‣ mehr Zeit für die eigentlichen Aufgaben
‣ Anerkennung statt Karriere
‣ Selbstbestimmung bei der Arbeit
‣ Selbstverwirklichung durch interessante Projekte

Die Arbeitsbedingungen der Freiberufler und neuen Selbstständigen

Die Arbeitsbedingungen der Freiberufler und neuen Selbstständigen
sind naturgemäß höchst unterschiedlich. Da es für diese besonders he-
terogenen Gruppierungen auch kaum einheitliche Statistiken gibt, beruhen die Annahmen über die Arbeitsbedingungen auf Einschätzun-
gen von Fachleuten und Instituten sowie auf diversen Umfragen innerhalb spezieller Arbeitsbereiche.

Arbeit von zu Hause

Rund zwei Drittel aller Freiberufler und neuen Selbstständigen arbeiten von zu Hause aus. Dieser Anteil hört sich ungeheuer hoch an, das

relativiert sich aber wieder, wenn man davon ausgeht, dass mit „zu Hause" nicht der Küchentisch gemeint ist, an dem die Arbeit erledigt wird, sondern dass man im selben Gebäude arbeitet, in dem man auch wohnt.

Bei vielen Ärzten, besondern im kleinstädtischen oder ländlichen Bereich, befindet sich zum Beispiel die Praxis räumlich vollkommen getrennt vom Wohnbereich innerhalb eines Zweifamilienhauses. Das Gleiche gilt für die Büros von Notaren, Rechtsanwälten oder Architekten.

Da viele Freiberufler zu ihren Kunden gehen oder nur wenig bis gar keinen Publikumsverkehr haben, wie es zum Beispiel bei E-Lancern meist der Fall ist, die hauptsächlich per Internet mit ihren Auftraggebern und Arbeitspartnern verbunden sind, spielt die Lage und Ausstattung der Geschäftsräume zumindest im engeren Sinne nur eine nachgeordnete Rolle.

Alles muss man selbst machen

Freiberufler und neue Selbstständige müssen in der Regel alles selbst machen. Das bezieht sich aber nicht nur auf die Arbeiten, mit denen Geld verdient wird, sondern auch auf alle oder doch die meisten Nebentätigkeiten, wie Rechnungen und Mahnungen schreiben, Buchhaltung, Archivablage und so weiter.

Auch hier sind Ärzte mit ihren Arzthelferinnen oder Steuerberater mit ihren Fachangestellten wiederum nicht typisch, sondern eher die ambulante Altenpflegerin, die ihre Patienten in deren Wohnungen aufsucht, oder der Verkaufstrainer, der für Mitarbeiter von Unternehmen Seminare in Hotels oder Bildungsstätten abhält.

Auch wer nicht alles selbst machen muss, weil er sich zum Beispiel einen Raum in einem Bürocenter gemietet hat, das über eine Telefonzentrale verfügt, trägt doch für die richtige Durchführung aller Arbeiten allein die Verantwortung.

Schwankende Arbeitsauslastung

Bei Freiberuflern und neuen Selbstständigen ist eine schwankende Arbeitsauslastung die Regel. Während sich Unternehmen bemühen, ihre Mitarbeiterzahl stets so niedrig zu halten, dass alle ausgelastet sind und Mehrarbeit über Überstunden oder über freie Mitarbeiter aufgefangen wird, haben Freiberufler und neue Selbstständige diese Möglichkeit in der Regel nicht.

Die sich immer wieder abwechselnden Phasen von Überlastung und Leerlauf sind ein ganz typisches Merkmal für die Solo-Selbstständigen. Wenn Aufträge da sind, fehlt es an Zeit für die Neuakquisition; wenn aktuell keine Aufträge zu bearbeiten sind, kommt es zu einem bestimmten Zeitverzug, bis neue Aufträge akquiriert sind. Diese Phasen von Aktivität und Leerlauf können abhängig von der jeweiligen Tätigkeit Tage, aber manchmal auch Wochen oder sogar Monate dauern.

Häufig sind sie auch saisonal bedingt. Zum Beispiel gibt es bei der Werbung immer noch das Sommerloch, in dem das Anzeigenaufkommen stark zurückgeht, und erst im Herbst werden die Budgets für das kommende Jahr in den Unternehmen verabschiedet. Auch alle Freiberufler, die im Bereich des Tourismus arbeiten, sind starken saisonalen Schwankungen unterworfen. Manche behelfen sich dadurch, dass sie einfach in zwei verschiedenen Branchen tätig sind, die eine kontinuierlichere Auslastung gewährleisten.

Betriebswirtschaftliche Schwächen

Die meisten Freiberufler und neuen Selbstständigen haben betriebswirtschaftliche Schwächen. Das beginnt bei der Honorargestaltung und der Angebotskalkulation und endet häufig genug bei nicht vorgenommenen Nachkalkulationen von erledigten Aufträgen sowie beim Rechnungswesen und der Buchführung.

Viel zu oft werden auch im kleinen Rahmen unternehmerische Entscheidungen mehr nach dem Gefühl und weniger nach den Fakten getroffen. Das führt nicht selten zu Unzufriedenheit beim Kunden.

Entweder weil ein Auftrag, der sich als nicht lukrativ herausstellt, entsprechend weniger intensiv bearbeitet worden ist, oder weil für Mehraufwendungen, die aus betriebswirtschaftlichen Gründen vorher nicht absehbar waren, Nachforderungen gestellt werden.

Die Entscheidung, frei zu arbeiten, wird von vielen Menschen ja gerade deshalb getroffen, weil sie sich nicht mit betriebswirtschaftlichen, kaufmännischen oder organisatorischen Fragen befassen wollen, wie es im Rahmen von Führungsfunktionen in allen Unternehmen die Regel ist. Dieses Defizit tritt besonders häufig in künstlerischen Berufen auf.

Man muss Experte mit Kundenorientierung sein

Die Kunden erwarten Experten mit hoher Dienstleistungsorientierung. Die meisten Freiberufler und neuen Selbstständigen verfügen zwar über ein außerordentlich hohes fachliches Wissen und Können, die Dienstleistungsmentalität ist jedoch in vielen Fällen zu schwach ausgeprägt, oder bildlich gesprochen: Viele Freie sind hervorragende Köche, haben aber keine Lust, ihren Gästen das Essen auch noch zu servieren.

Speziell in Deutschland fehlt selbst in Dienstleistungsberufen häufig noch die Dienstleistungsmentalität. Gerade wer sich als Experte empfindet, kann es mit seinem Selbstverständnis und mit seinem Selbstbewusstsein oft nicht vereinbaren, Dienstleistungen zu erbringen, weil er sich selbst – und nicht der Kunde ihn – dann als Lakaien sieht, der sich dem Willen eines anderen unterwirft. Dabei muss man bei Dienstleistungen keineswegs auf seine eigenen Überzeugungen und Standpunkte verzichten. Ein guter Dienstleister gibt Hilfestellungen und löst Probleme, aber er trifft nicht die Entscheidungen seines Kunden und ist auch nicht gezwungen, diese unwidersprochen gut und richtig zu finden. Das ist der eine Aspekt von Dienstleistungen, der häufig falsch gesehen wird.

Der andere besteht darin, dass Kunden gern umfassende Komplettlösungen einkaufen möchten. Hier sehen sich neue Selbstständige, die in erster Linie Spezialisten sind, häufig überfordert. Sie können nur einen Teil der Lösung liefern. Das ist eigentlich nicht so schlimm. Das Dienstleistungsproblem besteht darin, dass sie auch nur einen Teil liefern wollen. Anstatt die Koordination mit anderen Spezialisten in die eigene Hand zu nehmen, erwarten sie das vom Kunden, während dieser das eben als Dienstleistung von ihnen wünscht.

Viele glauben auch, dass Dienstleistungen kostenlos sein müssen. Auch das stimmt nicht. Dienstleistungen im Geschäft haben nichts mit Gefälligkeit zu tun, sondern sind ein Teil des Geschäfts. Wichtig ist stets, den richtigen Standpunkt zu finden. Nicht „Ich mache meine Aufgaben" ist richtig, sondern „Ich mache die Aufgaben meines Kunden". Wer in der Lage ist, ein Problem mit den Augen des Kunden zu sehen, wird ganz automatisch die Dienstleistungserwartungen erfüllen, die an ihn gestellt werden.

Die meisten Fehler werden bei Präsentationen und beim Verkauf der eigenen Leistung gemacht. Dass auch Freiberufler in gewisser Weise einen After-Sales-Service bieten müssen, um den Kundenerwartungen zu entsprechen, gehört noch nicht überall zum bestehenden Handlungsmuster.

Zeitverluste durch Ärger mit Behörden und Kunden

Freiberufler und neue Selbstständige beklagen immer wieder Zeitverluste durch Ärger mit Behörden und Kunden. Dieser Ärger wird durch die beiden vorher genannten Punkte verursacht; betriebswirtschaftliche Schwächen und zu geringe Dienstleistungsorientierung. Oftmals kennen die Freien nicht einmal den Zusammenhang zwischen eigenen Zeitverlusten und unzureichender Durchführung unumgänglicher oder notwendiger anderer Tätigkeiten.

In vielen Fällen würde schon das korrekte Ausfüllen eines Formulars reichen, um Zeitverluste zu vermeiden, ebenso wie eine bewusste Kundenorientierung lästige Nachbesserungen ausschließen würde.

Unterentwickelte Soft Skills

Die meisten Freiberufler und neuen Selbstständigen verfügen oft über nur unterentwickelte Soft Skills. Mit Soft Skills bezeichnet man heute alle Kompetenzen im zwischenmenschlichen Bereich. Dazu zählen besonders die Kommunikations-, Team- und Konfliktfähigkeit sowie Empathie, also die Fähigkeit, sich in andere hineinzuversetzen und mit ihnen zu fühlen.

All dies verkümmert bei einem Freiberufler oder neuen Selbstständigen leicht, weil er oft genug im stillen Kämmerchen vor sich hin arbeitet, oder diese Fähigkeiten waren noch nie stark entwickelt, weshalb er sich eben gerade für diese isolierte Arbeitsweise entschieden hat. Es hilft jedoch nichts, ohne Soft Skills bleibt er für die Kunden ein Außenseiter. Was sie besonders erwarten, ist ein offenes und kooperatives Informationsverhalten und Verhandlungsgeschick. Selbst wenn der Kunde mit Informationen nur spärlich herausrückt, weil er um seine Betriebsgeheimnisse fürchtet, muss der Freie Offenheit demonstrieren. Das bedeutet aber weder, dass er Fähigkeiten preisgibt, die er verkaufen möchte, noch dass er aus dem Nähkästchen anderer Kunden plaudert.

Natürlich ist es schwer, hier den richtigen Mittelweg zu finden. Das eigene Verhandlungsgeschick ist eine Eigenschaft, auf die sich viele Kunden etwas einbilden, obgleich sie vielleicht tatsächlich gar nicht darüber verfügen. Aber sie schätzen es, wenn ihre Auftragnehmer es in gleicher Weise demonstrieren. Sie fühlen dann eine Art geistiger Verwandtschaft.

Firmeneigentümern gegenüber sollte ein Freier auch immer selbst als Unternehmer auftreten und alle Gespräche auf gleicher Augenhöhe führen. Hat man es jedoch mit Mitarbeitern zu tun, ist eher eine gute Mischung aus Team- und Konfliktfähigkeit gefragt.

Was ebenfalls zu den Soft Skills gehört, ist ein gut funktionierendes Beziehungsnetzwerk, das allerdings gepflegt werden will. Ohne Soft Skills läuft auch hier nichts. Viele Freie sehen sich in erster Linie als Experten und übersehen, dass Kunden auch vertrauensbildende Maßnahmen erwarten und Wissen und Können bei ihnen nicht Kooperation,

Partnerschaftlichkeit und Flexibilität ersetzen. Dabei ist die Fähigkeit, gut und reibungslos zusammenzuarbeiten, für viele Auftraggeber oft wichtiger als eine einsame Spitzenleistung.

Wenig Zeit für Aus- und Weiterbildung

Die meisten Freiberufler und neuen Selbstständigen haben nur wenig Zeit für die Aus- und Weiterbildung. Der Begriff Aus- und Weiterbildung muss in diesem Zusammenhang besonders weit gesehen werden. Er umfasst nicht nur die Kenntnis von Veränderungen in einem speziellen Marktsegment, sondern auch die Einbeziehung der gesamtgesellschaftlichen Rahmenbedingungen.

Dass Ärzte neue medizinische Verfahren, Heilmethoden und Arzneimittel kennen sollten, erscheint uns ebenso selbstverständlich wie die Tatsache, dass Rechtsanwälte die neuesten Gesetzesänderungen und Urteile in ihre Arbeit einbeziehen. Gleiche Erwartungen hat man auch an Steuerberater.

Aber zum Beispiel war es im Bereich der Fotodesigner so, dass viele sich nicht rechtzeitig auf die digitale Bilderstellung und -bearbeitung eingestellt hatten, sondern zu lange an traditionellen Fototechniken festhielten. Einerseits, weil die digitale Fotografie mit außerordentlich hohen Kosten verbunden ist, zumindest im professionellen Bereich, und andererseits, weil die Arbeit am Computer gänzlich andere Fähigkeiten erfordert als die Arbeit im Fotolabor.

Vor einem ähnlichen Problem standen viele Journalisten, die durch die Einführung neuer Redaktionssysteme vollkommen überrascht worden sind. In fast allen Berufen tauchten in den zurückliegenden Jahren unerwartete Brüche und Veränderungen auf, die oft genug auch tatsächlich nicht vorherzusehen waren. Trotzdem müssen gerade Solo-Selbstständige schnell und flexibel darauf reagieren, indem sie sich durch Aus- und Weiterbildung stets auf dem neuesten Stand halten. Wer einmal den Anschluss verloren hat und dadurch vielleicht sogar Kunden verliert, hat es doppelt so schwer, die Defizite wieder aufzuholen.

Arbeitsbedingungen von Freiberuflern und neuen Selbstständigen

▸ Arbeit von zu Hause aus
▸ Alles muss man selbst machen
▸ Schwankende Arbeitsauslastung
▸ Betriebswirtschaftliche Schwächen
▸ Man muss Experte mit Kundenorientierung sein
▸ Zeitverluste durch Ärger mit Behörden und Kunden
▸ Unterentwickelte Soft Skills
▸ Wenig Zeit für Aus- und Weiterbildung

Die drei Aufgabengebiete des Freiberuflers

Freiberufler und neue Selbstständige haben nicht nur ein Aufgabengebiet wie normalerweise Gehaltsempfänger, sondern drei:

▸ Sie müssen Kunden akquirieren und sich Arbeit besorgen,
▸ sie müssen die Arbeit selbst organisieren und
▸ sie müssen die Arbeit selbst erledigen.

Es kommt darauf an, alle drei Aufgaben in Balance zu halten. Bei der Erledigung einer Aufgabe dürfen Freiberufler die anderen beiden Aufgaben nie aus den Augen verlieren.

Für die meisten Freiberufler ist das größte Problem, Kunden zu akquirieren und sich Arbeit zu besorgen, denn das haben sie in der Regel nicht gelernt. Als sie in Ausbildung waren, war das noch kein Thema, und falls sie vorher abhängig beschäftigt waren, lag die Zuständigkeit des Verkaufs in anderen Händen, es sei denn, sie waren schon vorher im Vertrieb tätig.

Die Arbeit zu organisieren, beinhaltet auch, dass der Freiberufler sämtliche Nebentätigkeiten, die in Unternehmen meist von Fachabteilungen übernommen werden, selbst erledigen muss. Und das ist mehr Arbeit, als die meisten erwarten. Sie sind erstaunt, wie viele Dinge sie erledigen müssen, bevor sie zu ihrer eigentlichen Arbeit kommen, die ihnen Geld bringt. Das geht vom Einkauf von Büromaterialien bis zum Abwimmeln von Vertretern, die bei jedem Selbstständigen ein Geschäft wittern.

Praxistipp:
Was Freiberufler am besten können, ist, ihre eigentliche Arbeit zu erledigen. Doch das geht eben nur dann, wenn auch die beiden anderen Bereiche funktionieren. Nur wer das akzeptiert, wird dauerhaft erfolgreich sein.

Aus der Praxis für die Praxis – Die 3 K: Können, Kunden, Kosten

Ausgehend von den Wünschen und Arbeitsbedingungen der Freiberufler und neuen Selbstständigen lassen sich drei Themenfelder definieren, mit denen die wichtigsten Probleme und ihre Lösungen abgedeckt werden. Das sind: Können, Kunden und Kosten.

Beim Können geht es darum, die Fähigkeiten zu mobilisieren, die der Einzelne am erfolgreichsten dazu einsetzen kann, um seinen Lebensunterhalt zu verdienen. Die Erkenntnisse und Betrachtungsweisen im Hinblick auf die Fähigkeiten einzelner Personen haben sich gerade in der jüngeren Vergangenheit ganz erheblich gewandelt. Es erschien deshalb notwendig, besonders ausführlich auf die Einzelheiten einzugehen.

Unter dem Stichwort Kunden geht es darum, diese nicht nur erkennen zu können, sondern auch den Verkaufsprozess durch neue Betrachtungsweisen zu optimieren. Denn nichts hassen Freiberufler und Selbstständige so sehr, wie sich selbst anzubieten und zu verkaufen. Auch über das Marketing gibt es oft genug falsche Vorstellungen, mit dem Resultat, dass das ohnehin knappe Geld falsch investiert und dadurch verschleudert wird.

Unter dem Stichwort Kosten sind all die verschiedenen Aspekte gesammelt, die zu den ungeliebten, aber unumgänglichen Aufgaben eines jeden Freiberuflers und Selbstständigen gehören. Auch hier kann eine neue Perspektive weiterhelfen, mit dem Unvermeidlichen besser fertig zu werden.

Können – Talente und Professionalität

Das Märchen von der Unternehmerpersönlichkeit lässt sich leider beim besten Willen nicht ausrotten. Ja, es bekommt sogar dadurch neue Nahrung, dass Psychologen immer wieder neue Typologien und Modelle entwerfen, die die optimale Unternehmerpersönlichkeit beschreiben sollen. Dabei übersehen sie, dass sich jeder Mensch situativ verhält, und das heißt nichts anderes als: Nicht die Persönlichkeit macht einen Menschen zum Unternehmer, sondern seine Handlungen, und die kann man erlernen.

Trotzdem werden Existenzgründern zahlreiche Tests angeboten, mit deren Hilfe sie feststellen sollen, ob sie überhaupt geeignet sind, den Schritt in die Selbstständigkeit zu tun. Das ist ungefähr so, als wenn jemand testet, ob er ein ganz bestimmtes Auto fahren kann, noch bevor er die erste Fahrstunde genommen hat. Aber es gibt eben nicht nur ein Automodell und nicht nur einen Fahrstil, dennoch kommen die meisten Autofahrer an ihr Ziel.

Mit der Freiberuflichkeit und Selbstständigkeit ist es nicht anders als mit anderen Aufgaben im Leben. Das meiste lernt man erst dann richtig, wenn man es tatsächlich tut. Man muss weder genial sein, noch über außergewöhnliche Begabungen verfügen. Manche Berufe wie Straßenmusiker oder Filmschauspieler gibt es überhaupt nicht in angestellter Form.

Dass sich 54 Prozent der Frauen und 43 Prozent der Männer in

Deutschland dennoch nicht den Schritt in die Selbstständigkeit zutrauen, ist kein Wunder, wenn man ihnen immer wieder weismacht, dass man ein ganz bestimmter Typ sein muss, um selbstständig erfolgreich zu sein. Natürlich sind Eigeninitiative und Selbstverantwortung unabdingbare Erfolgsvoraussetzungen, aber das gilt für Angestellte genauso. Wer morgens nur deshalb aus dem Bett steigt, weil er Angst vor seinem Chef hat, und wer in seinem Zeugnis nur stehen hat, dass er „alle ihm übertragenen Aufgaben zur Zufriedenheit ausführte", also tat, was er gesagt bekam, wird es auch in einer abhängigen Beschäftigung nicht weit bringen.

Aber alle sonstigen Eigenschaften, die in Unternehmer- und Existenzgründertypologien immer wieder auftauchen, wie zum Beispiel Kreativität, Risikobereitschaft und so weiter, kann man getrost vergessen. Man braucht davon keine Extraportion.

Selbstständige sind ganz normale Menschen. Das Einzige, was sie vielleicht von den vielen unglücklichen abhängig Beschäftigten unterscheidet, ist die Tatsache, dass sie ihre Talente erkannt haben, dass sie das Wissen erworben haben, um ihre Talente zu entfalten, und dass sie mit einiger Übung ein Können erworben haben, für das andere bereit sind, zu bezahlen.

Man kann sich natürlich fragen, woran es liegt, dass in Deutschland nur fünf von hundert Erwachsenen sich selbstständig machen, während es in der Schweiz immerhin sieben und in den USA sogar mehr als zehn sind. Aber immerhin hat sich die deutsche Nachkriegsgesellschaft seit fast fünf Jahrzehnten bemüht, den Bürgern klar zu machen, dass eine abhängige Beschäftigung die beste Lebensform darstellt. Politik, Unternehmen und Gewerkschaften waren sich lange einig, dass zu viel Eigeninitiative nur schade. „Etwas lernen, etwas leisten, gut verdienen", predigte noch der damalige Bundeskanzler Helmut Schmidt. Tarifverträge sorgten für ein sicheres, vorhersehbares Einkommen, garantierten Urlaub und Weihnachtsgeld. Die Freizeit- und Konsumgesellschaft sah das Ideal nicht in einer Selbstverwirklichung durch Arbeit, sondern durch Reisen und Hobbys. Möglichst früh in Rente zu gehen, war das Hauptziel, um dann mit dem wirklichen Leben beginnen zu können.

Das alles hat sich inzwischen als Illusion herausgestellt. Jetzt möchte man den Selbstständigen, der jahrzehntelang als raffgieriger und uneinsichtiger Außenseiter der Arbeitswelt galt, plötzlich zum neuen Ideal stilisieren. Dass das nicht von heute auf morgen geht, leuchtet sicherlich jedem ein.

Selbstständigkeit ist heute immer häufiger die einzige Alternative zur Arbeitslosigkeit. Dabei sind sich die Fachleute darüber einig, dass Notgründungen aus der Arbeitslosigkeit nachweislich nicht besonders erfolgreich sind. Das Kleinstunternehmen existiert häufig nur so lange, wie Existenzgründungszuschüsse und Überbrückungsgeld vom Arbeitsamt reichen. Warum ist das so?

Die Hauptursache dafür liegt wohl darin, dass das Hauptaugenmerk von Existenzgründern in erster Linie auf die Geschäftsidee und auf das Startkapital gelenkt wird. Beide sind sicherlich extrem wichtig. Doch noch wichtiger ist die Kenntnis der eigenen Talente als Ausgangspunkt. Und das gilt nicht nur für Existenzgründer, sondern auch für alle Praktiker, die ihre Existenzgrundlage sichern und weiterentwickeln wollen.

Das eigene Talent entdecken

In den vergangenen 30 Jahren hat die Gallup Organization mit rund zwei Millionen Interviews die umfassendste Studie darüber zusammengetragen, was Menschen erfolgreich macht. Das Ergebnis klingt vergleichsweise simpel: Die meisten, die erfolgreich sind, tun das, was sie am besten können. Sie nutzen ihre Talente.

Nur muss man allerdings noch zwei Begriffe klären: erfolgreich und Talente.

Was heißt erfolgreich?

Erfolgreich zu sein, bedeutet nicht unbedingt auch, reich zu sein. Erfolgreich ist, wer zu den Besten seines Fachs gehört und wer bei seiner Tätigkeit eine tiefe, innere Befriedigung empfindet. Das, was er tut, tut er gern, und er tut es so gut, dass er damit nicht nur vor anderen, sondern insbesondere vor sich selbst bestehen kann.

Manche Menschen sind sehr erfolgreich als Zimmermädchen, andere als Buchhalter und wieder andere als Komponisten. Allen gemeinsam ist, dass sie einen Beruf gewählt haben, in dem sie ihre ganz speziellen Talente zur Geltung bringen können.

Was sind Talente?

Jeder Mensch hat ganz bestimmte Talente, und es gibt keine Arbeit, die mit Hilfe von bestimmten Talenten nicht besser und schneller zu erledigen ist als gänzlich ohne. Selbst wer am Fließband sitzt und nur einen einzigen Handgriff machen muss, braucht bestimmte Talente, nämlich die, die es ihm ermöglichen, mit der Monotonie umzugehen, nicht einzuschlafen oder schon nach wenigen Tagen frustriert zu kündigen.

Talente sind die Eigenschaften und Fähigkeiten, die sich aus Denk-, Gefühls- und Verhaltensmustern ergeben und die produktiv genutzt werden können.

Stärken nutzen, statt Schwächen zu beseitigen

Unser gesamtes deutsches Bildungssystem ist darauf ausgelegt, Schwächen zu beseitigen. Das mag durchaus seine Berechtigung haben, wenn es darum geht, Grundfertigkeiten wie Lesen, Schreiben und Rechnen zu erwerben. Auch ein Grundwissen in Geschichte, Gesellschaftskunde, Geografie, Biologie und anderen Naturwissenschaften muss vorhanden sein. Aber leider geht unser Bildungssystem auch vom Ideal des Durchschnitts aus, und das bedeutet nichts anderes als Mittelmaß. Die Schwächen sollen beseitigt werden, um dem Durchschnitt zu entsprechen. Gleichzeitig werden Stärken nicht gefördert, da sie ja bereits über dem Durchschnitt liegen und eine weitere Förderung nur eine Störung des Systems darstellen würde.

Unglücklicherweise werden diese Grundannahmen von der Schule und der Universität auch auf die Arbeitswelt übertragen und von den meisten Menschen als gut und richtig akzeptiert. Nicht nur die Vorgesetzten in Unternehmen arbeiten daran, die Schwächen ihrer Mitarbeiter zu verringern, sondern auch diese selbst glauben an einen Nutzen, der sich einstellt, wenn man Schwächen, die man wahrscheinlich nie ganz beseitigen kann, zumindest mildert.

Davon leben ganze Heerscharen von Trainern und Lehrern, die in Fortbildungsveranstaltungen, Seminaren und Kursen an den Schwächen ihrer Teilnehmer herumdoktern. Und natürlich folgen auch Freiberufler und Selbstständige diesem gesellschaftlichen Leitbild. Auch sie sind auf ihre Schwächen fixiert und nicht auf ihre Stärken. Auch sie streben eher Mittelmäßigkeit in allen Leistungen an als Exzellenz in einigen wenigen.

Schwächen haben die unangenehme Eigenschaft, eher ins Auge zu fallen und sich leichter identifizieren zu lassen als Stärken. Was nicht funktioniert, sehen wir sofort. Was funktioniert, nehmen wir als selbstverständlich hin. Stärken zu erkennen, ist weitaus schwieriger.

Schwächen erkennt man daran, dass man etwas schlecht macht. Und es ist nun die Frage, ob man etwas schlecht macht, weil man es ungern tut, oder ob man es ungern tut, weil man es ohnehin nur schlecht kann. Wahrscheinlich spielt beides zusammen.

Und wie ist es nun mit den Stärken? Sind Stärken nun das, was man gut macht, oder das, was man gern macht? Hier ist die Antwort eindeutig: Eine Stärke erkennt man immer daran, dass man die jeweilige Aufgabe gern erledigt. Es kommt nun darauf an, möglichst viele Aufgaben zu finden, die man wirklich gern macht, und sich, wenn man Freiberufler und Selbstständiger ist, so weit wie möglich auf solche Aufgaben zu konzentrieren.

Erst wenn man das getan hat, kann man noch einmal getrost einen Blick auf seine Schwächen werfen und versuchen, herauszufinden, worin die Ursachen dieser Schwächen bestehen.

▸ Das kann zum Beispiel ein Defizit an Wissen und Kenntnissen sein. Die lassen sich erwerben.

▸ Fehlen bestimmte Fertigkeiten, so lassen sich auch diese erlernen.

▸ Die dritte Kategorie von Schwächen gehört in den Bereich der mangelnden Einsichten. Es gibt begabte Musiker, die eingesehen haben, dass sie nur dann auch finanziell erfolgreich sein können, wenn sie ein bestimmtes Eigenmarketing betreiben, weil die Gesellschaft so etwas erwartet. Und es gibt andere, die sich zum Beispiel strikt weigern, Interviews zu geben oder in Talkshows aufzutreten. Dadurch stehen sie ihrer Bekanntheit und den damit verbundenen höheren Honoraren im Weg. Wenn sie diese Schwäche durch Einsicht überwinden, steigt ihr Erfolg automatisch.

▸ Und es gibt auch noch Schwächen, die nur auf schlechten Gewohnheiten beruhen. Man hat sich einfach angewöhnt, seine Buchhaltung zu vernachlässigen, und bleibt dann über Jahre hinaus dabei. Solche dummen Angewohnheiten waren sogar bei hervorragenden Politikern und Mitgliedern des Deutschen Bundestages zu finden. Jeder sollte annehmen, dass ein Politiker über die Pflicht des Steuerzahlens Bescheid weiß. Schließlich macht er ja selbst die entsprechenden Gesetze. Trotzdem gab es einige, sogar zu den Regierungsparteien gehörende Repräsentanten des Staates, die kistenweise Belege horteten und sich wunderten, dass eines Tages das Finanzamt Hunderttausende von Euro von ihnen forderte. Auch solche Schwächen lassen sich beseitigen und damit Schwierigkeiten vermeiden. Man sieht an diesem Beispiel, dass Stärken und Schwächen nicht unbedingt zwei Seiten derselben Medaille sein müssen.

Persönliche Stärken neu definiert

Die Gallup Organization hat im Rahmen ihrer Untersuchung 34 verschiedene Talente identifiziert, von denen immer einige in unterschiedlicher Mischung und Ausprägung bei jedem Menschen vorhanden sind. Zur Beschreibung der Talente hat die Gallup Organization eine eigene Systematik entwickelt, die nichts mit den gängigen Persönlichkeitsprofilen oder Intelligenztests der Psychologie gemeinsam hat.

In ihrem Buch „Entdecken Sie Ihre Stärken jetzt" haben Marcus Buckingham und Donald O. Clifton nicht nur die verschiedenen Talente beschrieben, mit dem Erwerb des Buches erhält man auch die Möglichkeit, per Internet seinen ganz persönlichen Talenttest zu machen. Bedauernswerterweise leidet die Beschreibung der verschiedenen Talente in der deutschen Übersetzung darunter, dass es nicht immer exakte Entsprechungen zu den ursprünglich verwendeten englischen Begriffen gibt.

Wer seine Talente ohne Hilfe dieses Buches und ohne Internet-Test selbst entdecken will, kann dies auch tun. Er muss nur sehr genau in sich selbst hineinschauen. Immer dann, wenn einen eine Aufgabe oder Tätigkeit so fasziniert, dass man die Umgebung um sich herum nahezu vergisst und Zeit keine Rolle mehr zu spielen scheint, sich der Moment unendlich lange dehnt oder aber Stunden zu Minuten zu schrumpfen scheinen, dann tut man genau das, was dem eigenen Talent entspricht.

Der Psychologieprofessor Mihaly Csikszentmihalyi beschreibt dieses Erlebnis als „Flow". Es ist das, was die meisten Menschen wahrscheinlich als Glück erleben. Flow ist ein anderes Glücksgefühl als das, was eintritt, wenn man im Lotto gewonnen hat, ein wunderbares Geschenk bekommt oder mit dem Menschen zusammen ist, den man am meisten liebt. Flow entsteht aus einem selbst heraus und nicht durch einen äußeren Anlass. Wer dieses Gefühl schon einmal gehabt hat, genau zu wissen, dass das, was man tut, gut und richtig ist, der weiß auch, was mit Flow gemeint ist.

Doch leider wird dieses Gefühl immer mehr Menschen vorenthalten. Sie haben nicht die Chance, zu entdecken, was sie wirklich gut können. Sie werden in Berufe gedrängt, die sie nicht mögen, und sie werden zu Arbeiten genötigt, die sie eigentlich gar nicht übernehmen wollen. Das ist nicht nur bei der Angestelltentätigkeit so, sondern ebenso beim Schritt in die Selbstständigkeit.

Wie viele Leute werden freie Versicherungsvertreter, nicht etwa deshalb, weil sie gern beraten oder weil sie das Thema Versicherungen fasziniert, sondern einzig und allein deshalb, weil sie mit hohen Einkommen gelockt werden oder weil ihnen keine andere Alternative einfällt? Wie viele Leute machen sich als Spediteur selbstständig, nur weil sie einen Führerschein haben? Und wie viele Menschen entscheiden sich für den Lehrerberuf, nur weil sie an die vielen Ferien denken?

Dass so viele Existenzgründungen schon nach kurzer Zeit scheitern, besonders wenn sie aus der Arbeitslosigkeit heraus gestartet werden, liegt einzig und allein daran, dass die Existenz nicht nur in Unkenntnis der eigenen Talente, sondern häufig sogar gegen sie gegründet wurde.

Man glaubt, dass es reicht, einfach im erlernten Beruf weiterzumachen. Eine Krankenschwester, die eine Abneigung gegen kranke Menschen hat und deshalb im Krankenhaus nicht gut zurechtkam, wird dies auch als Selbstständige nicht schaffen. Ein Ingenieur, der keinen Spaß an seiner Tätigkeit hat, wird diesen auch nicht finden, wenn er sich ohne einen Chef im Nacken allein nach Kunden umschauen muss.

Praxistipp:
Um mit selbstständiger Arbeit erfolgreich zu sein, kommt es weitaus mehr als bei einer Angestelltentätigkeit darauf an, seine Stärken in den Mittelpunkt zu stellen, um das, was man tut, darum herum zu gruppieren.

Vielleicht hat der eine oder andere mit der Beschreibung der Talente durch die Gallup Organization Probleme. Es werden nämlich keine Berufe oder Tätigkeiten beschrieben, sondern Stärken. Das ist etwas anderes. Man kann ein und dasselbe Talent durchaus in höchst unterschiedlichen Berufen einsetzen, denn es geht nicht so sehr darum, was man tut, sondern wie man es tut. Dieses Wie ist entscheidend.

Jemand, der zum Beispiel Verantwortungsgefühl besitzt, kann durchaus in der Lage sein, Versicherungen zu verkaufen. Vielleicht ist er sogar erfolgreich, weil er sich sehr engagiert um die Wünsche und tatsächlichen Belange seiner Kunden kümmert. Wo er jedoch niemals reüssieren würde, das wäre in einer Drückerkolonne, die auch noch Achtzigjährigen gnadenlos Bausparverträge mit zwanzigjähriger Laufzeit aufs Auge drückt.

Man sollte auch beachten, dass es nicht immer nur ein einziges Talent ist, über das ein Mensch verfügt, sondern mehrere, die unterschiedlich stark ausgeprägt sind, von denen aber meist drei bis fünf einen wichtigen Einfluss ausüben.

Wer jetzt die Talentbeschreibungen liest, wird vielleicht zunächst den Eindruck haben, dass sich manche wiederholen und nur mit anderen Worten dasselbe ausdrücken. Das ist jedoch nicht so. Selbst wenn sie sich scheinbar nur in Nuancen unterscheiden, so sind diese doch von gravierender Bedeutung.

Wer selbstbewusst handelt und denkt, agiert anders als jemand, der nach Bedeutsamkeit strebt, oder als jemand, der Autorität besitzt. Diese Nuancen sind wichtig und sollten auf jeden Fall beachtet werden. Es kann auch durchaus sein, dass dem Leser das eine oder andere Talent überhaupt nicht als solches erscheint, sondern allenfalls als eine unangenehme Charaktereigenschaft. Es ist jedoch so, dass man jedes dieser Talente in eine nützliche Stärke verwandeln kann. Behutsamkeit muss nicht Schwäche bedeuten, und Autorität muss nicht so ausgelebt werden, dass sie andere unterdrückt.

Insgesamt geht es bei den Talenten eigentlich immer wieder nur um drei Fragen:

▸ Wie geht man mit sich selbst und den Mitmenschen um?
▸ Wie geht man mit Ideen um?
▸ Wie geht man mit der Realität um?

Wenn man auf diese drei Fragen die richtigen Antworten findet und das Leben um seine Stärken herum aufbaut, hat man die Grundlagen für den persönlichen Erfolg gelegt.

Schauen wir uns also an, welche Talente es gibt und wie man aus ihnen Nutzen ziehen kann.

Die 34 Talent-Leitmotive der Gallup Organization

Achiever/ *Leistungsorientierung*
Activator/ *Tatkraft*
Adaptability/ *Anpassungsfähigkeit*
Analytical/ *Analytisch*
Arranger/ *Arrangeur*
Belief/ *Überzeugung*
Command/ *Autorität*
Communication/ *Kommunikationsfähigkeit*
Competition/ *Wettbewerbsorientierung*
Connectedness/ *Verbundenheit*
Context/ *Kontext*
Deliberative/ *Behutsamkeit*
Developer/ *Entwicklung*
Discipline/ *Disziplin*
Empathy/ *Einfühlungsvermögen*
Fairness/ *Gerechtigkeit*
Focus/ *Fokus*
Futuristic/ *Zukunftsorientierung*
Harmony/ *Harmoniestreben*
Ideation/ *Vorstellungskraft*
Includer/ *Integrationsbestreben*
Individualization/ *Einzelwahrnehmung*
Input/ *Ideensammler*
Intellection/ *Intellekt*
Learner/ *Wissbegier*
Maximizer/ *Exzellenz*
Positivity/ *Positive Einstellung*
Relator/ *Bindungsfähigkeit*
Responsibility/ *Verantwortungsgefühl*
Restorative/ *Problemlösung*
Self-Assurance/ *Selbstbewusstsein*

Significance/ *Bedeutsamkeit*
Strategy/ *Strategie*
Woo/ *Kontaktfreudigkeit*

1. Achiever/ *Leistungsorientierung*

Eine stark ausgeprägte Leistungsorientierung zeigt sich bei einem Menschen dadurch, dass er ständig das Bedürfnis hat, etwas erreichen zu wollen. Eine Zeit, in der nichts geleistet wird, ist für ihn verloren. Und selbst wenn er ein Ziel erreicht hat, sucht er schon bald nach dem nächsten. Diese Leistungsorientierung sorgt für ein starkes Durchhaltevermögen, ohne innerlich auszubrennen, vereinfacht den Einstieg in neue Aufgaben, liefert ein hohes Arbeitstempo und immer neue Produktivität.

Der Nachteil dieses Talents liegt darin, dass leistungsorientierte Menschen eine ständige Unzufriedenheit spüren und nicht wie andere auch einmal zur Ruhe kommen können, weil sie das eigentlich auch gar nicht wollen. Leistungsorientierung ist für Freiberufler und Selbstständige sicherlich von Vorteil. Wird jedoch erwartet, dass sich ein leistungsorientierter Mensch auf andere Menschen einlässt, die bei dem Tempo nicht mithalten können oder wollen, kann es zu Schwierigkeiten kommen.

2. Activator/ *Tatkraft*

Wer über eine ausgeprägte Tatkraft verfügt, setzt Gedanken in die Realität um. Das Handeln und die damit verbundenen Erfahrungen bilden eine Einheit, um anschließend immer weiter machen zu können. Tatkräftige Menschen sind oft ungeduldig, weil das Tun an sich für sie das Wichtigste ist. Sie preschen schnell vor und bevorzugen die Methode „Learning by Doing".

Eine Entwicklung einfach nur abzuwarten, ist ebenso wenig die Sache von tatkräftigen Menschen, wie die nächsten Schritte detailliert vorauszuplanen und mögliche Konsequenzen bis ins Detail abzuwägen. Die Selbstständigkeit gibt ihnen den Raum, durch Trial und Error Erfahrungen zu sammeln, was in einer abhängigen Beschäftigung nicht immer möglich sein würde.

3. Adaptability/ *Anpassungsfähigkeit*

Anpassungsfähigkeit bedeutet hier, das Leben in der Gegenwart zu gestalten und mit Flexibilität auf Veränderungen zu reagieren. Wenn eine Entwicklung anders ist als erwartet, wenn plötzlich Probleme auftauchen, bereitet das dem anpassungsfähigen Menschen keine Schwierigkeit. Er kann augenblicklich alle Planungen über den Haufen werfen und das tun, was notwendig und gefordert ist.

Auch wenn verschiedene, miteinander konkurrierende Anforderungen gestellt werden, kann der anpassungsfähige Mensch sich darauf einrichten. Wechselnde Themen und Aufgaben nimmt er gern an, und das schnelle Reagieren auf Veränderungen macht ihm Freude. Wenn es um schnelle Entscheidungen geht, ist er in seinem Element. Das heißt aber auch, dass langfristiges und sehr kontinuierliches Arbeiten ihn langweilen kann.

4. Analytical/ *Analytisch*

Wer ein Talent für analytisches Denken hat, ist ständig auf der Suche nach Gründen und Ursachen. Er will der Sache auf den Grund gehen und verlangt, dass Theorien tragfähig sind.

Daten und Fakten sind für analytische Menschen die Grundlage ihres Handelns, und oft sind sie in der Lage, Strukturen, Formate und Muster zu erkennen, die andere übersehen. Fantasie und Kreativität akzeptieren sie nur in dem Maße, wie sie in ihren Ergebnissen und Resultaten logisch nachzuvollziehen sind.

5. Arranger/ *Arrangeur*

Ein Arrangeur kann komplexen Situationen eine Ordnung geben und durch seine Flexibilität schnell auf Veränderungen reagieren. Er ist das geborene Organisationstalent.

Der Arrangeur ist stets auf der Suche nach der besten Lösung, geht gern neue Wege und nutzt Möglichkeiten, die andere nicht erkennen. Er hält sich auch gern Optionen offen, um keine neu auftretenden Chancen zu verpassen. Komplizierte Problemstellungen bereiten einem Arrangeur kein Kopfzerbrechen, und er kann beinahe unendlich viele Variable in Einklang bringen, weil er Strukturen erkennt und Dinge im richtigen Zusammenhang sieht.

6. Belief/ *Überzeugung*

Wer aus einer inneren Überzeugung heraus handelt, verfügt auch über eine stabile Werteskala, die zwar von Mensch zu Mensch unterschiedlich ausgeprägt ist, aber doch stets die gleiche Wirkung hat.

Die Überzeugung ist die Grundlage für verantwortungsbewusstes und moralisches Handeln. Sie gibt dem Leben Sinn und Zweck, und das ist Menschen mit diesem Talent mehr wert als Geld oder Prestige. Die Beziehungen zu anderen Menschen sind dauerhaft und vertrauensvoll. Eine Arbeit, die sie nicht für sinnvoll halten, würden Menschen, die aus Überzeugung handeln, gar nicht erst beginnen.

7. Command/ *Autorität*

Menschen mit einer starken Autorität übernehmen gern Verantwortung und verfügen über eine Präsenz, die darauf beruht, dass sie sich eine eigene Meinung gebildet haben und diese auch vertreten. Ein Konflikt ist für sie immer der erste Schritt, um ein Problem zu lösen.

Wenn andere die Wahrheit fürchten, sprechen Menschen mit starker Autorität sie aus und treffen klare Entscheidungen. Die Grundlage ihres Handelns sind Realitätssinn und Ehrlichkeit. Ihre Autorität erwächst aus einer klaren Linie, die sie vertreten und nicht ohne triftige Gründe aufgeben oder ändern. Dadurch sind sie immer Herr der Lage.

8. Communication/ *Kommunikationsfähigkeit*

Zum Talent der Kommunikationsfähigkeit gehört es nicht nur, seine Gedanken in Worte fassen zu können, sondern im Bereich der interpersonellen Kommunikation andere mit seinen Gedanken anzustecken und für Ideen zu begeistern. Zu moderieren und zu referieren fällt Menschen mit diesem Talent besonders leicht.

Sie können auch gut abstrakte Sachverhalte in Geschichten kleiden, die von jedem verstanden werden. Dabei kommen sie schnell auf den Punkt, denn sie wissen, dass andere ihnen nicht unendlich lange ihre Aufmerksamkeit schenken werden. Nicht eine Idee oder ein Ereignis stehen für sie im Mittelpunkt, sondern die Art und Weise, darüber möglichst effizient sprechen zu können.

9. Competition/ *Wettbewerbsorientierung*

Wer Wettbewerbsorientierung zu seinen Talenten zählt, liebt nicht so sehr den Kampf mit anderen, sondern er liebt es, zu siegen. Um siegen zu können, braucht er den Wettbewerb. Nur dabei zu sein reicht nicht. Wettbewerbsorientierte Menschen werden sich hauptsächlich auf solche Kämpfe einlassen, aus denen sie als Sieger hervorgehen können. Was von vornherein aussichtslos ist, meiden sie.

Sie suchen immer nach dem kleinen Vorteil, der ihnen ihren Vorsprung vor anderen sichert, und sie sind oft bereit, alles zu tun, um als Sieger hervorzugehen. Manche können gute Verlierer sein, aber nicht immer und nicht in jedem Fall. Lieber ist ihnen, dass der Sieg von vornherein gewiss ist. Dann sind sie bereit, die Regeln zu akzeptieren.

10. Connectedness/ *Verbundenheit*

Das Gefühl, dass alle Menschen irgendwie miteinander verbunden sind und einen Teil von etwas Größerem darstellen, hat zur Folge, dass Menschen mit diesem Talent über ein Wertesystem verfügen, das sie veranlasst, anderen gegenüber rücksichtsvoll und fürsorglich zu sein. Sie bemühen sich um Verständnis und um Vermittlung zwischen den Menschen.

Sie werden von ihrer Überzeugung getragen und empfinden durch die Verbundenheit gleichzeitig eine große Geborgenheit, die sie auch anderen vermitteln können. Sie geben und empfangen Vertrauen. Sie glauben nicht an den Zufall, sondern daran, dass alles, was geschieht, einen bestimmten Sinn hat.

11. Context/ *Kontext*

Menschen, die im Kontext denken und handeln, verstehen oder klären die Gegenwart immer im Zusammenhang mit vorhergehenden Ereignissen. Sie untersuchen die Vergangenheit, um dort Gründe für die Verhaltens- und Denkweisen anderer Menschen zu finden, und antworten auf aktuelle Fragen.

Die Gegenwart ohne Vergangenheit erscheint ihnen unübersichtlich. Sie möchten um die Ursprünge wissen, wenn sie Entscheidungen treffen sollen. Bei neuen Personen oder Ereignissen versuchen sie, die jeweilige Vergangenheit zu analysieren, um Fehler kein zweites Mal zu machen und Verständnis für die Gesamtheit zu entwickeln.

12. Deliberative/ *Behutsamkeit*

Behutsame Menschen rechnen mit der Unberechenbarkeit der Welt. Sie wollen auf Nummer Sicher gehen und sind deshalb vorsichtig. Wenn sie etwas planen, versuchen sie auch vorauszusehen, was schief gehen kann. Dabei sind sie sehr sorgfältig.

Das gilt auch für den Umgang mit anderen Menschen, die die Behutsamkeit häufig als Reserviertheit empfinden und die schnelle Begeisterung vermissen. Für behutsame Menschen ist es wichtig, von einer Sache möglichst alles zu wissen, um Unwägbarkeiten auszuschließen. Nur dann fühlen sie sich sicher.

13. Developer/ *Entwicklung*

Bei diesem Talent geht es um die Fähigkeit, die Potenziale anderer Menschen zu erkennen und deren Entwicklung anzuregen. Menschen mit diesem Talent geht es hauptsächlich darum, anderen zum Erfolg zu verhelfen, ganz einfach deshalb, weil es ihnen selbst Befriedigung gibt.

Sie motivieren andere, in sich selbst etwas zu entdecken, was diese nie vermutet hätten. Sie machen Mut und spornen an. Die meisten

Menschen nehmen ihre Hilfe gern an, denn die Hilfsbereitschaft und die Fähigkeit, Potenziale zu entdecken, beruht nicht auf irgendwelchen Hintergedanken.

14. Discipline/ *Disziplin*

Disziplinierte Menschen haben ein Bedürfnis nach Ordnung, Planung und Struktur. Eine gewisse Routine ist ihnen ebenso wichtig wie feste Gewohnheiten, überschaubare Fristen und konkrete Termine. Erst wenn sie alles auf den Punkt gebracht haben, können sie es abarbeiten. Und diese Art von Präzision erwarten sie auch von anderen.

Durch Zeitpläne und Checklisten verlieren sie nie die Kontrolle und Übersicht. Manchmal nervt es andere, und sie vermissen die Flexibilität. Aber disziplinierte Menschen sichern sich so vor Überraschungen ab und behalten ihre Ziele im Auge. Man kann sich darauf verlassen, dass das, was vorgesehen ist, bei ihnen auch tatsächlich passiert.

15. Empathy/ *Einfühlungsvermögen*

Einfühlungsvermögen bedeutet die Fähigkeit, sich in die Gefühle der Mitmenschen hineinzuversetzen und ihre Sichtweise zu verstehen. Das bedeutet jedoch nicht, dass man sich deren Einstellung zu eigen macht oder zu großem Mitleid neigt. Mit Einfühlungsvermögen kann man aber anderen Menschen bewusst machen, was sie tatsächlich denken und fühlen, um ihnen dadurch Klarheit zu verschaffen. Das trifft sogar auf Gruppen zu.

16. Fairness/ *Gerechtigkeit*

Menschen mit einem stark entwickelten Gerechtigkeitsgefühl haben eine Abneigung gegen soziale Ungleichheit und Unfairness. Sie halten nichts von Egoismus und unberechtigter Vorteilsnahme. Für sie ist es wichtig, dass es klare Regeln gibt, an die sich alle zu halten haben, und dass jeder möglichst die Chance bekommt, die er verdient. Das Gerechtigkeitsgefühl ist keineswegs abstrakt, sondern immer wieder stark auf den Einzelfall bezogen.

Wird das Gerechtigkeitsgefühl des entsprechenden Menschen verletzt, setzt er sich ohne große Bedenken für die Benachteiligten ein. Natürlich zeigt er auch selbst Fairness gegenüber den anderen und befolgt die Regeln, wenn er sie für richtig erkannt hat. Er möchte andere Menschen nicht enttäuschen, deshalb ist Zuverlässigkeit für ihn ein wichtiges Element, um das richtige Gleichgewicht zu finden.

17. Focus/ *Fokus*
Wer das Talent zur Fokussierung hat, entwickelt klar umrissene Ziele und verfolgt diese ohne unnötige Umwege. Das bedeutet jedoch nicht, dass er nicht unter bestimmten Umständen die Ziele neu definiert oder auch andere Wege einschlägt. Wichtig ist immer, dass das jeweilige Ziel nicht aus den Augen verloren wird und man es so schnell wie möglich erreicht. Von den Zielen leiten sich alle anderen Prioritäten und Maßnahmen ab.

Der fokussierte Mensch unterscheidet ganz klar zwischen wichtig und unwichtig, zielführend oder nicht zielführend. Was er nicht mag, sind Verzögerungen, Ablenkungen und überflüssige Diskussionen. Er ist auch gut in der Lage, andere auf Kurs zu halten und durch die Entwicklung eines Kontrollinstrumentariums Abweichungen vom Ziel auszuschließen.

18. Futuristic/ *Zukunftsorientierung*
Menschen mit starker Zukunftsorientierung lassen sich nicht von der Gegenwart in Beschlag nehmen. Ihre Vorstellung von dem, was sein kann und was sein sollte, beflügelt sie und gibt ihnen Energie. Das kann auch auf andere Menschen ansteckend wirken.

Zukunftsorientierte Menschen sind der Überzeugung, dass man nicht auf der Stelle stehen bleiben kann. Entweder man bewegt sich vorwärts oder geht zurück. Je besser es ihnen gelingt, die Zukunft auszumalen, umso leichter werden sie andere für ihre Ideen einnehmen können.

19. Harmony/ *Harmoniestreben*

Wer nach Harmonie strebt, ist davon überzeugt, dass Konflikte nicht zum Ziel führen, sondern nur das Suchen nach Gemeinsamkeiten und Übereinstimmungen. Es kommt nicht so sehr darauf an, andere von der eigenen Meinung zu überzeugen oder unbedingt eine Führungsrolle zu übernehmen. Einigkeit und Gemeinsamkeit stehen im Vordergrund.

Auch wenn jemand nach Harmonie strebt und lieber Friedensstifter oder Vermittler in Konflikten ist, bedeutet das noch lange nicht, dass er keine festen Überzeugungen hat. Er behält sie nur für sich und drängt sie anderen nicht auf.

20. Ideation/ *Vorstellungskraft*

Wer eine starke Vorstellungskraft besitzt, schaut auf die Ideen, die hinter den Dingen stecken oder stecken können. Er sucht und kennt Zusammenhänge sowie Verknüpfungen und findet neue Erklärungen, die anderen nicht in den Kopf kommen. Seien es neuartige Erkenntnisse oder ungewöhnliche Perspektiven, mit Hilfe der Vorstellungskraft entsteht eine neue Ordnung hinter den Dingen.

Ob man sich nun Geschichten ausdenkt, die vielleicht wahr, auf jeden Fall aber interessant sind, oder ob man Gegenstände gestaltet oder neu arrangiert: Wer das Talent zur Vorstellungskraft hat, ist in erster Linie von den Ideen an sich begeistert und bezieht schon allein aus dem Vorgang des Denkens seine Energie und Befriedigung.

21. Includer/ *Integrationsbestreben*

Das Bestreben nach Integration beruht auf der Annahme, dass alle Menschen in gewisser Weise gleich sind und Teil einer Gemeinschaft sein sollten. Niemand sollte ausgeschlossen werden und niemand sollte sich selbst ausschließen. Nur durch die Integration aller lassen sich Probleme lösen und Widerstände überbrücken. Das Gefühl der Zusammengehörigkeit ist größer und wichtiger als die Unterschiede.

Wer Menschen gern integriert, ist ihnen gegenüber offen und lässt sie auch nicht fallen, wenn ihre Probleme sichtbar werden. Wer die Fähigkeit hat, andere Menschen einzubeziehen statt sie auszugrenzen, ist auch in der Lage, den Nutzen der verschiedenen Gruppenmitglieder für die Gesamtheit zu optimieren.

22. Individualization/ *Einzelwahrnehmung*

Wer über dieses Talent verfügt, besitzt die Fähigkeit, die verschiedenen Menschen stark differenziert wahrzunehmen und ihre besonderen Eigenschaften zu erkennen. Dazu braucht es eine besonders gute Beobachtungsgabe, der kein Detail in den Bewegungen, in der Sprache und in der Mimik entgeht.

Pauschalierungen, Vorurteile und Schubladendenken sind das genaue Gegenteil von dem, worum es hier geht: um die Einzigartigkeit jedes einzelnen Menschen, seine besonderen Fähigkeiten und die Notwendigkeit, ihn auch entsprechend seiner ganz speziellen Persönlichkeit zu behandeln. Die Beurteilung anderer Menschen beruht nicht auf abstrakten Vorstellungen, sondern in der Einschätzung anderer auf Grund von Fakten.

23. Input/ *Ideensammler*

Wer gern Informationen sammelt, tut dies aus reiner Freude am Wissen. Eigentlich interessiert sich derjenige für fast alles. Deshalb liest er gern und reist auch gern. Wichtig ist ihm, Neues zu finden. Natürlich können auch ergänzend zum Wissen materielle Dinge gesammelt werden, aber auch dabei geht es weniger um ihren Wert als um die Informationen, die sich aus ihnen ergeben oder um sie herum ranken.

Der Ideensammler archiviert sein Material, ohne genau zu wissen und auch danach zu fragen, wozu er es jemals brauchen könnte. Sicher gibt es Verwendungszwecke, aber sie spielen nicht die entscheidende Rolle.

24. Intellection/ *Intellekt*

Hier steht die geistige Aktivität im Vordergrund. Der intellekt-orientierte Mensch hat eine Vorliebe fürs Nachdenken. Dabei kann es ganz zielgerichtet um die Lösung bestimmter Probleme gehen oder um die Entwicklung von Ideen. Hauptsache, der Verstand ist beschäftigt. Zu denken und zu diskutieren, wenn man in der Gemeinschaft anderer ist, kann genauso anregend sein wie das In-sich-hinein-Horchen im stillen Kämmerlein.

25. Learner/ *Wissbegier*

Bei dieser persönlichen Stärke geht es um den Prozess, in dessen Verlauf Unwissenheit in Kompetenz verwandelt wird. Nicht das Wissen oder Können als Endergebnis steht im Mittelpunkt der Aufmerksamkeit, sondern der Lernprozess als solcher.

Es geht nicht um Perfektion auf einem bestimmten Gebiet, sondern um die immer wieder neue Erfahrung, etwas erlernt zu haben. Ob es nun eine neue Sprache ist, Faktenwissen oder die Fähigkeit, ein Instrument zu spielen, ist für den am Lernprozess Interessierten oft eher Nebensache. Wichtig ist ihm, die eigene Entwicklung zu erfahren.

26. Maximizer/ *Exzellenz*

Die Stärke eines Menschen, der an Höchstleistungen interessiert ist, besteht darin, dass er nach seinen eigenen Talenten forscht und diese zur optimalen Entfaltung bringen möchte. Sich mit den eigenen Schwächen auseinanderzusetzen und hierfür Energie aufzubringen, interessiert ihn nicht. Sich auf die Stärken zu konzentrieren, hält er für produktiver. Deshalb möchte er auch kein netter Durchschnittsmensch sein und verweigert sich dahin gerichteten Umerziehungsversuchen.

Durchschnittliche Leistungen, aber auch Lebensweisen findet er langweilig. Folglich zieht er die Gesellschaft anderer Hochtalentierter vor und akzeptiert auch deren Schwächen. Der Umgang mit den an Höchstleistungen interessierten Menschen ist für solche, die das ausgeglichene Mittelmaß lieben, oft nicht leicht, weil sie mehr Wert auf den Ausgleich von Schwächen und weniger auf die Steigerung von ohnehin vorhandenen Stärken legen.

27. Positivity/ *Positive Einstellung*

Auch Lebensfreude ist ein ganz spezielles Talent. Wer dem Leben stets etwas Positives abgewinnt, Begeisterung und Enthusiasmus versprüht, ist auch in der Lage, andere Menschen damit anzustecken. Für ihn ist das Leben weder monoton noch eine Quälerei.

Selbst Rückschläge kann der Optimist gut verdauen, und er möchte, dass es anderen genauso geht. Manchmal löst der Optimist auch Probleme ganz einfach dadurch, dass er negativen Erfahrungen konsequent aus dem Wege geht.

28. Relator/ *Bindungsfähigkeit*

Wer seine Stärken aus der Bindungsfähigkeit zu anderen Menschen bezieht, wünscht sich eine vertraute Umgebung mit Freunden, denn die geben Sicherheit und Zufriedenheit. Das schließt Kontakte zu anderen Menschen nicht aus, sie spornen aber auch nicht an.

Erst wenn ein bindungsfähiger Mensch gemeinsam mit Freunden Probleme bewältigt und Schwierigkeiten aus dem Weg räumt, ist er in seinem Element. Er gibt Vertrauen und erwartet es im Gegenzug. Doch dazu sind andere Menschen nicht immer bereit.

29. Responsibility/ *Verantwortungsgefühl*

Wenn die Stärke eines Menschen darin liegt, ein großes Verantwortungsgefühl zu entwickeln, wird er stets versuchen, seinen Verpflichtungen nachzukommen, und das mit aller Kraft. Von Ausreden und Entschuldigungen hält er nichts. Für ihn zählen Ehrlichkeit und Loyalität mehr als der schnelle Gewinn.

Zwischen einer geschäftlichen Ethik, die sich nur am Gewinn orientiert, und einer persönlichen Ethik unterscheidet der verantwortungsvolle Mensch nicht. Schließlich steht er in der Verantwortung und zu seinem Wort. Man kann sich hundertprozentig auf ihn verlassen. Deshalb wird auch oft versucht, ihn auszunutzen oder mit Aufgaben zu überhäufen.

30. Restorative/ *Problemlösung*

Unvorhergesehene Ereignisse, Schwierigkeiten und Fehler sind das Lebenselixier des Problemlösers. Wenn etwas nicht funktioniert, repariert er es, egal, ob es sich um eine Maschine oder um ein Lebewesen handelt. Manche Probleme können praktischer, andere intellektueller Natur sein. Der Problemlöser wird versuchen, sie in Angriff zu nehmen.

Dabei schreckt er weder vor komplexen noch vor neuartigen Problemen zurück. Egal, wie groß oder klein ein Fehler ist, der Problemlöser liebt es, die alte Ordnung oder die richtige Ordnung wiederherzustellen. Und egal, was schief geht: Nur wenn er das Problem gelöst hat, fühlt er sich wohl.

31. Self-Assurance/ *Selbstbewusstsein*

Ein selbstbewusster Mensch ist von seinen Stärken und Fähigkeiten fest überzeugt. Ihm ist klar, was er kann, und er weiß, weshalb er etwas tut. Denn er vertraut nicht nur sich selbst, sondern auch seinem Urteilsvermögen.

Dabei lässt er sich von anderen nicht gern Vorschriften machen. Unabhängigkeit ist ihm sehr wichtig, und er steht zu seinen Entscheidungen, weil er fest von deren Richtigkeit überzeugt ist. Das wirkt sich auch auf andere Menschen aus, denen er Halt und Orientierung geben kann.

32. Significance/ *Bedeutsamkeit*

Anerkennung durch andere ist für einen Menschen, der bedeutsam sein möchte, die größte Kraftquelle. Er setzt alles daran, glaubwürdig und professionell zu sein. Wird ihm die Anerkennung verweigert, wendet er sich ab.

Mittelmäßigkeit ist nicht sein Ziel, deshalb erledigt er alles, was ihn voranbringt, mit besonderer Energie und Kraft. Seine Stärke erwächst daraus, dass er stark ist und dies anerkannt wird.

33. Strategic/ *Strategie*

Das Talent für strategisches Denken zeichnet sich dadurch aus, immer einen Weg zum Ziel zu finden. Der Stratege sieht Muster, wo für andere nur Chaos herrscht. Für ihn ist es nicht wichtig, was das Ziel ist, sondern wie er auf dem richtigen Weg dorthin kommt.

Wie bei einem Schachspiel hat ein Stratege schon die nächsten Züge im Kopf und lässt sich auch nicht von seinem Gegner beeindrucken. Er ist sich sicher, dass er durch die richtige Planung Probleme umgehen kann. Und wenn ein Plan tatsächlich nicht funktioniert, hat er schnell geeignete Alternativen bereit.

34. Woo/ *Kontaktfreudigkeit*

Kontaktfreudige Menschen haben keine Probleme, auf andere zuzugehen. Sie finden immer einen Weg, Menschen für sich zu erschließen und eine Beziehung aufzubauen. Diese muss nicht tief sein, aber kontaktfreudigen Menschen gelingt es immer, Gemeinsamkeiten festzustellen und diese zur Basis für weitere Kontakte zu machen.

Wenn Sie in dieser Liste nun einige Punkte gefunden haben, die in ganz besonderem Maße auf Sie zutreffen, sollten Sie sich fragen, inwieweit diese mit Ihren bisher durchgeführten Aufgaben in Einklang stehen. Gehen Sie davon aus, dass Sie Ihre Persönlichkeit nicht ändern können. Was Sie sehr wohl ändern können, sind die Aufgaben, vielleicht nur in einigen Details. Vielleicht brauchen Sie aber auch eine grundsätzliche Neuorientierung, denn es kommt darauf an, dass Sie sich kompromisslos auf erkannte Stärken konzentrieren.

Das bedeutet auch, dass Sie bereit sind, Ihre Schwächen in Kauf zu nehmen. Wenn Sie sie schon nicht beseitigen können, kann es Ihnen doch gelingen, sie durch die Stärken zu kompensieren, und das bedeutet in der Regel, sie für andere akzeptabel zu machen. Die Gesellschaft ist immer bereit, Genialität dadurch zu honorieren, dass sie über Schwächen hinwegsieht.

Pablo Picasso war ein hervorragender Maler, aber sein Verhalten gegenüber anderen Menschen ließ deutlich zu wünschen übrig, worunter besonders seine diversen Frauen litten. Thomas Mann war ein hervorragender Schriftsteller, aber das Kaufmännische überließ er seiner Frau. Und genauso können auch Sie vorgehen. Konzentrieren Sie sich nicht darauf, Ihre Schwächen zu kompensieren, sondern delegieren Sie sie an andere.

Bei Geschäftspartnerschaften ist es meist im höchsten Maße ungünstig, wenn zwei Partner über die gleichen Stärken und oft genug auch über die gleichen Schwächen verfügen. In der Werbung ist es meist so, dass sich ein begabter Grafiker mit einem begabten Texter zusammentut. Gemeinsam sind sie fast unschlagbar. Zwei begabte Grafiker oder zwei begabte Texter würden sich das Leben nur gegenseitig schwer machen.

Und da Sie als Freiberufler nun einmal keinen Chef haben, der Ihnen, wenn er ein guter Chef ist, hilft, die richtige Konstellation zwischen Talent, Aufgabe und Schwächenkompensation zu finden, müssen Sie dies selbst machen. Wenn Sie es nicht allein schaffen, suchen Sie sich einen Coach. Die dafür eingesetzten Geldmittel sind in der Regel gut angelegt.

Professionalität durch Selbstmanagement und Soft Skills

Um als Freiberufler oder neuer Selbstständiger dauerhaft erfolgreich zu sein und den sich wandelnden Rahmenbedingungen entsprechen zu können, bedarf es nicht nur bestimmter Talente und persönlicher Voraussetzungen, sondern es ist auch notwendig, ganz bestimmten berufsspezifischen Anforderungen gerecht zu werden.

Der Management-Consultant Prof. Fredmund Malik geht davon aus, dass man zur Ausübung eines jeden Berufs bestimmte Aufgaben beherrschen muss. Außerdem muss man fähig sein, bestimmte Werkzeuge einzusetzen, und man muss bestimmte Grundsätze befolgen, die für jeden Beruf von elementarer Natur sind. Das alles gilt natürlich auch für Freiberufler und Selbstständige.

Das, worauf Malik sich bezieht, sind alles erlernbare Fähigkeiten, sie setzen keine oder kaum besondere Talente voraus. Wer es allerdings in seinem Beruf zur Meisterschaft bringen will, wird – auch davon ist Malik überzeugt – ohne Talente oder besondere Begabungen nicht auskommen können. Bei den meisten Menschen reicht es ja auch schon, wenn sie mit anständiger Arbeit gutes Geld verdienen.

Es ist natürlich nicht möglich, die einzelnen Aufgaben zu beschreiben, die jeden der Hunderte von verschiedenen Berufen ausmachen. Aber es gibt einige grundsätzliche Elemente, die als Teil des Selbstmanagements und der Soft Skills nahezu überall beherrscht werden müssen.

Die Grundsätze der Professionalität:

▸ Ziele setzen,
▸ organisieren,
▸ entscheiden,
▸ realisieren,
▸ kontrollieren,
▸ auf das Resultat orientieren,
▸ auf das Wesentliche konzentrieren.

Ziele setzen, aber richtig

Grundsätzlich sollte man sich immer nur wenige Ziele vornehmen und nicht viele. In diesem Zusammenhang ist es wichtig, sich auch die Frage zu stellen, ob ein bestimmtes Ziel nicht vielleicht in der Zwischenzeit an Bedeutung verloren hat und was passieren würde, wenn man es nicht mehr weiter verfolgt. Es ist einfach unzweckmäßig, zu viele, vielleicht sogar unwichtige Dinge zum Ziel zu erheben.

Die Bewältigung von Routineaufgaben gehört zum Beispiel nicht zu den Zielen, die man sich setzen sollte. Sie müssen zwar gemacht werden, aber immer so schnell und mit so wenig Aufwand wie mög-

lich. Verleiht man ihnen den Rang eines Ziels, können es die Nebensächlichkeiten schaffen, den größten Teil der Zeit aufzufressen.

Man sollte sich auch nicht nur wenige Ziele setzen, sondern auch
große. Das sind Ziele, die einen einerseits motivieren, weil ihr Erreichen ein wirklicher Schritt nach vorn sein wird, und andererseits einem
auch die Möglichkeit bieten, sich weiterzuentwickeln. Große Ziele
müssen Herausforderungen sein, und nur solche zählen.

Wenn man seine Ziele festlegt, sollte man auch festlegen, was kein
Ziel mehr ist. Das heißt: Welche Arbeiten möchte ich nicht mehr tun?
Zu welchen Preisen möchte ich nicht mehr arbeiten? Und mit wem
möchte ich nicht mehr zusammenarbeiten? Nur wenn man für sich
auch diese negativen Ziele festlegt, hat man eine Chance, schlechten
Routinen und Gewohnheiten, aber vielleicht auch Zwängen zu entgehen.

Viele Freiberufler ärgern sich immer wieder darüber, dass sie unbe-
friedigende Aufträge annehmen. Das geschieht aber nur, weil sie keine
Zeit in die Akquisition besserer Aufträge investiert haben und sich deshalb genötigt sehen, um überhaupt Geld zu verdienen, etwas zu tun,
was sie eigentlich nicht mehr wollen.

Ziele sollten stets quantifizierbar und damit ihr Erreichen messbar
sein. Das ist natürlich nicht immer einfach, und deshalb muss man oft
zu einer Art Hilfskonstruktion greifen. Wenn man zum Beispiel die
Qualität seiner Arbeit verbessern möchte, so ist das oft genug kaum in
Zahlen und Fakten auszudrücken.

Qualität ist aber auch in der Akzeptanz erkennbar. Wer bessere Arbeit liefert, wird leichter akzeptiert und erhält wahrscheinlich auch höhere Honorare. Also kann man sich das Ziel setzen, die Qualität derge-
stalt zu verbessern, dass sie zu höheren Honoraren führt. Die lassen
sich dann wieder messen.

Alle Ziele sollten so präzise wie möglich formuliert werden. Was
soll bis wann wie geschehen? Es reicht nicht, nur eine dieser Fragen
konkret zu beantworten, um daraus ein Ziel zu machen. Außerdem
sollten sowohl der Zeitrahmen als auch die Definition des Zieles selbst

zwar anspruchsvoll, aber realistisch bleiben. Ein Ziel ist immer erst dann erreicht, wenn man es tatsächlich nicht mehr vor Augen hat, sondern das, was man tun wollte, vollendet ist.

Praxistipp:

Es ist besonders wirkungsvoll, wenn man seine Ziele auch für sich selbst schriftlich formuliert und fixiert. So haben Sie die Möglichkeit, sich immer wieder konkret daran zu erinnern, was Sie eigentlich vorhatten, auch wenn Sie vom Kurs abkommen. Außerdem ist es so, dass die meisten Menschen sich einer schriftlichen Verpflichtung eher verbunden fühlen als einer nur gedachten oder gesagten. Das trifft sogar auf Selbstverpflichtungen zu.

Organisieren als Aufgabe

Sich zu organisieren, ist ein wesentlicher Teil des Selbstmanagements. Es gibt wahrscheinlich niemanden, der bei seiner Arbeit nichts zu organisieren hätte. Das können Ordnungen oder Strukturen von Dingen, Gedanken oder Abläufen sein. Es können Systeme oder Termine sein. Es kann die Routine sein, die organisiert werden muss, oder das Notfallprogramm. Die Organisation findet auf der Festplatte eines Computers ebenso statt wie auf dem Schreibtisch, in der Regalwand oder im Kofferraum eines Autos.

Das Organisieren ist aber kein Selbstzweck, sondern nur ein Hilfssystem, um Aufgaben zu erfüllen. Dafür gibt es zwei Regeln:

1. Es gibt keine perfekte Organisation.

   Organisationen sind deshalb nie perfekt, weil sie statisch und auf einen zurückliegenden Zeitpunkt gerichtet sind und weniger auf aktuelle Veränderungen reagieren.

2. Man soll nie ohne Not bestehende Verhältnisse reorganisieren. Reorganisationen sind deshalb so gefährlich, weil sie leicht zum Selbstzweck werden, und da es keine perfekte Organisation gibt, kommt man so im Zweifelsfall nie zum eigentlichen Ziel.

Praxistipp:
Jeder Freiberufler und Selbstständige muss im Hinblick auf seine Organisation nur eine einzige Frage beantworten: „Wie muss ich mich organisieren, damit das, wofür der Kunde mich bezahlt, im Zentrum meiner Aufmerksamkeit steht und nicht durch andere Aufgaben beiseite gedrängt wird?"

Entscheidungen müssen sein

Eine der wichtigsten Fähigkeiten von Freiberuflern und Selbstständigen besteht darin, die richtigen Entscheidungen zu treffen. Das mag manchen überraschen, weil er glaubt, vielleicht nur einfache Dienstleistungen zu erbringen, die überhaupt keiner Entscheidung bedürfen, und ihm die Idee, eine Entscheidung zu treffen, nur im Zusammenhang mit großen und wichtigen Ereignissen in den Kopf kommt.

Tatsächlich ist es aber so, dass wir ständig Entscheidungen treffen und dass diese immer richtig oder falsch, brauchbar oder unbrauchbar sein können. Freiberufler und Selbstständige sind dabei fast immer in der unangenehmen Lage, alles oder zumindest das meiste allein entscheiden zu müssen, ohne wie in einem Unternehmen den Rückhalt durch Vorgesetzte oder auch Mitarbeiter zu haben. Deshalb ist es für sie besonders wichtig, sich damit auseinanderzusetzen, wie Entscheidungen funktionieren.

Die Ausgangssituation bei Entscheidungen ist immer dieselbe: Probleme sind nie klar. Man muss sich also stets fragen: Worum geht es bei dieser Entscheidung wirklich? Um diese Frage zu klären, braucht man möglichst viele Fakten. Man sollte davon ausgehen, dass es bei Entscheidungen immer mehr Alternativen gibt, als man zunächst glaubt.

Praxistipp:
Die Qualität jeder Entscheidung wächst mit der Zahl möglicher Alternativen, die zur Auswahl standen. Es ist besser, wenige Entscheidungen langsam, dafür aber im Endeffekt richtig zu fällen als viele schnell und falsch. Falsche Entscheidungen wieder zu korrigieren, ist oft nicht nur mit einem erheblichen Aufwand verbunden, sondern auch mit Frustration und Ärger.

Viele Menschen glauben, dass es richtig ist, sich bei Entscheidungen auf seine Intuition zu verlassen. Sie sprechen dann vom Bauchgefühl, das ihnen den richtigen Weg weist. Das Problem hierbei besteht nur darin, dass sie sich nicht im Klaren darüber sind, wie Intuition funktioniert.

Jede Information, die in unserem Gehirn ankommt, ob wir sie nun sehen, lesen oder hören, wird, bevor sie uns bewusst wird, durch den Filter des Unbewussten geschickt. Dort entscheidet sich, ob eine Information überhaupt wichtig ist. Und wenn sie wichtig ist, wird sie durch weitere Informationen ergänzt, die bereits im Gehirn gespeichert sind.

Das sind Erfahrungen, wie man in einem früheren Fall mit einer solchen Information umgegangen ist. Das sind Gefühle, die man in einer früheren Situation empfunden hat. Es sind aber auch Fakten und Verhaltensweisen, die im Zusammenhang mit der neu eingehenden Information stehen. Das alles taucht gemeinsam im Bewusstsein auf, wenn wir eine Entscheidung fällen müssen.

Je mehr Erfahrungen wir haben, je mehr Wissen uns im Zusammenhang mit einer Information zur Verfügung steht und je besser wir schon früher Entscheidungen im Zusammenhang mit solchen Informationen trainiert haben, desto schneller und besser können wir auch in einer neuen Situation entscheiden. Die Intuition braucht also Erfahrung, Wissen und Gefühle.

Praxistipp:

Je unerfahrener ein Freiberufler in einer bestimmten Entscheidungssituation ist, desto eher wird er falsch entscheiden, weil ihm vielleicht nur Gefühle zur Verfügung stehen. Deshalb ist es besser, auf seine Intuition zu verzichten und seine Entscheidungen nach einem ganz bestimmten Schema zu fällen.

Dieses Schema sieht wie folgt aus:

1. Die präzise Beschreibung des Problems.
   Ist das, was wir für das Problem halten, wirklich das Problem, über das entschieden werden muss, oder sehen wir nur einen Teilaspekt? Haben wir eine falsche Perspektive und ist überhaupt eine Entscheidung notwendig?

2. Welches Ergebnis soll die Entscheidung herbeiführen?
   Hier sind die Ziele der Entscheidung gefragt. Stehen wir vor zwei verschiedenen Übeln, muss nicht unbedingt das kleinere das Richtige sein. Vielleicht ist es einfach besser, gar keine Entscheidung zu fällen, sondern abzuwarten.

3. Welche Alternativen stehen zur Verfügung?
   Wenn es mehr Alternativen gibt, als man auf den ersten Blick annimmt, welche könnten es noch sein? Hier ist der Zeitfaktor von Bedeutung. Man sollte nicht schnell entscheiden, sondern sich Ruhe und Spielraum zum Überlegen gönnen.

4. Welche Folgen hat die Entscheidung?
   Wenn es verschiedene Alternativen gibt, werden sie auch verschiedene Konsequenzen haben? Sind sie ausreichend bedacht worden?

Wenn man bisher all diese Schritte gegangen ist, wird es einem auch möglich sein, einen Entschluss zu fassen. Vielleicht birgt er dann noch eine gewisse Unsicherheit, weil man nicht alles und jedes übersehen kann. Vielleicht ist der Entschluss auch unangenehm, weil er nicht nur Vorteile bringt. In diesem Moment kann es durchaus richtig sein, auf die innere Stimme zu hören. Denn nach Prüfung aller Fakten können die Gefühle eine Rolle spielen, aber auf keinen Fall vorher.

Praxistipp:
Wenn es Ihnen schwer fällt, eine bestimmte Entscheidung zu treffen, gehen Sie nach der Mind-Mapping-Methode vor. Nehmen Sie ein großes Blatt Papier und legen Sie es quer vor sich. Schreiben Sie auf die linke Seite „Problem" und auf die rechte Seite „Folgen". Dann formulieren Sie in Stichworten Ihr Problem.

Setzen Sie nun eine Liste mit den gewünschten Ergebnissen daneben und im dritten Viertel eine Liste mit zur Verfügung stehenden Handlungsalternativen. Verbinden Sie dann die Teile des Problems mit dem gewünschten Ergebnis und diese wiederum mit den zur Verfügung stehenden Alternativen.

Leiten Sie daraus die Folgen ab. Im Zweifelsfall kann es sinnvoll sein, mit farbigen Stiften zu arbeiten. Durch die Visualisierung des Entscheidungsprozesses werden Gehirnregionen in den Denkprozess eingebunden, die sonst nicht aktiviert werden. Sie werden sehen, dass es Ihnen so leichter fällt, die richtige Entscheidung zu erkennen.

Realisieren heißt tun statt lassen

Entscheidung und Realisierung gehören zusammen. Wenn man eine Entscheidung getroffen hat, soll man sie auch realisieren. Viele Menschen entscheiden sich oft nach langem Nachdenken für ein Ziel und verfolgen es dann trotzdem nicht. Oder sie treffen eine Vereinbarung und halten sich nicht daran.

Wenn man eine Entscheidung nicht realisiert, könnte man daraus schließen, dass die Entscheidung falsch war. Aber das ist keinesfalls immer so. Oft genug war die Entscheidung richtig, nur war sie mit unangenehmen Folgen verknüpft, denen man nicht ausweichen, die man aber aufschieben konnte. Besser ist es in so einem Fall, von vornherein den Zeitplan mit in die Entscheidung einzubeziehen, also nicht nur, was man tun will, sondern auch wann.

Entscheidungen, die man nur aus Gefälligkeit für andere getroffen hat, werden ebenfalls oft nicht realisiert. Wenn man selbst Auftraggeber ist, weckt man vielleicht bei einem Dienstleister Hoffnungen, die enttäuscht werden. Damit schafft man nur zusätzliche Probleme. Der Grundsatz sollte lauten: Tun, was man sagt, und sagen, was man tut. Das bedeutet nicht, dass man sämtliche Betriebsgeheimnisse ausplaudern muss, sondern nur, dass man die Beziehung zu anderen Menschen auf Sicherheit und Vertrauen aufbaut.

Praxistipp:
Entscheiden Sie sich nur für die Dinge, die Sie auch wirklich realisieren können und wollen. Machen Sie sich selbst gegenüber klar, was Sie nicht wollen und nicht können, weil es zum Beispiel an Zeit mangelt. So vermeiden Sie Illusionen bei sich selbst und bei anderen.

Kontrolle gibt Selbstvertrauen

Noch etwas gehört zur Entscheidung: In der Schweizer Armee gibt es den Grundsatz: kommandieren, kontrollieren, korrigieren. Und genau das trifft auch auf Entscheidungsfindungen zu. Wenn man sich entschieden hat, sollte man kontrollieren, ob das eintritt, was man erwartet hat. Und wenn das nicht der Fall ist, sollte man seine Entscheidung nicht als schicksalhaft betrachten, sondern mit dem Entscheidungsprozess erneut beginnen, um entsprechende Korrekturen einfügen zu können.

Damit sind wir beim Punkt Kontrollieren. Für den Freiberufler bedeutet Kontrolle in allererster Linie Selbstkontrolle. Er muss gegenüber sich selbst eine kritische Haltung einnehmen und sich fragen, ob das, was er tut, was er leistet und was er liefert, dem entspricht, was sein Kunde will.

Die Selbstkontrolle kann sich auf viele Aspekte der Arbeit erstrecken. Der Grundsatz lautet zwar: Was man nicht messen kann, kann man auch nicht kontrollieren. Aber das ist ein Irrtum. Bei der Kontrolle geht es nicht nur ums Messen, sondern auch um Achtsamkeit und Selbstbeurteilung, also um die Bewertung dessen, was man tut und wie man es tut.

Praxistipp:
Je achtsamer man ist, desto weniger Fehler wird man machen. Die Kontrolle dient dazu, Routinen und Automatismen immer wieder aufzubrechen und auf den Prüfstand zu stellen. Das wird oft nur zu kleinen, manchmal aber auch zu sehr großen Korrekturen führen.

Damit ist der Kreis geschlossen. Er beginnt wieder bei den Zielen, führt über das Organisieren und Entscheiden hin zu erneuten Kontrollen. Wie bei einer unendlichen Spirale gibt es keinen Anfang und kein Ende.

Resultatorientierung muss sein

Betrachtet man die Wunschliste der Freiberufler und neuen Selbstständigen, so hat man zunächst den Eindruck, dass ihnen Resultate gar nicht so wichtig sind. Anerkennung, Selbstbestimmung und Selbstverwirklichung beziehen sich offensichtlich auf etwas ganz anderes als auf Resultate.

Nun muss man sich natürlich fragen, was mit diesem Begriff gemeint ist. Ein Resultat ist kein Zufallsprodukt, sondern das Ergebnis gezielter Bemühungen. Es ist keineswegs nur der Gewinn gemeint, sondern alles, was angestrebt wird. Und insofern ist die Verwirklichung von Anerkennung, Selbstbestimmung und Selbstverwirklichung ebenfalls ein Resultat.

Freiberufler sind viel stärker als angestellte Arbeitnehmer darauf angewiesen und davon abhängig, Resultate vorweisen zu können. Denn es gibt wohl kaum einen Freiberufler, abgesehen vom hauptberuflichen Babysitter, der ausschließlich oder überwiegend nur für seine Anwesenheit bezahlt wird.

Um Resultate vorweisen zu können, ist der Freiberufler darauf angewiesen, zu wissen, was geht. Damit unterscheidet er sich ebenfalls von vielen anderen Menschen, die in erster Linie wissen, was nicht geht. Kein Freiberufler bekommt einen Auftrag, wenn er seinem Kunden sagt: „Das geht nicht." Vielleicht kann er ihm Alternativen aufzeigen, und vielleicht gibt es auch nur einen Weg: „Nur so geht's." Aber ohne Perspektiven und ohne das Versprechen eines Resultats wird jeder Freiberufler ohne Aufträge und damit auch ohne Einnahmen bleiben. Selbst ein Künstler, der nicht für einen Kunden arbeitet, wird irgendwann ein Kunstwerk vorweisen müssen, das sein Künstlerleben rechtfertigt.

Fredmund Malik spricht im Zusammenhang mit der Professionalität von Führungskräften gern vom so genannten „Dreijahreswunder". Es gebe viele Manager und besonders viele junge Manager, die in den ersten drei Jahren in einer neuen Funktion außergewöhnliche Resultate vorwiesen und von allen Seiten bejubelt und bewundert würden. Malik ist der Ansicht, dass es keine Kunst sei, drei Jahre lang Spitzenergebnisse vorzuweisen, denn Fehler und Mängel zeigten sich erst in der Zeit danach. Vorher ließen sie sich unterdrücken und vertuschen. Viele der Dreijahreswunder würden nach dieser Zeit wieder in der Versenkung verschwinden oder den Job wechseln, bevor deutlich würde, was sie nicht geleistet hätten.

Das Gleiche gilt auch für Freiberufler und neue Selbstständige. In der Anfangsphase scheint vieles leicht und mühelos zu gehen, man setzt zu einem Höhenflug an und beginnt sich zu überschätzen. Und genau den Fehler sollte man nicht machen, denn auch für Freiberufler gilt: Nur wer nach 30 Jahren immer noch Spitze ist, gehört wirklich zur Elite seiner Branche.

Vielen Freiberuflern geht es nicht anders als den meisten Menschen in unserer Gesellschaft. Auch sie werden Opfer gängiger Denkklischees. Eines dieser Klischees lautet, dass Arbeit Spaß machen soll. Von daher sehen sie auch einen Widerspruch zwischen dem, was sie tun wollen – der selbstbestimmten und der Selbstverwirklichung dienenden Arbeit –, und dem, was sie tun müssen, weil sie nämlich den Mangel an Zeit für die eigentlichen Aufgaben beklagen.

Praxistipp:
Wenn man das Denkklischee vom Spaß an der Arbeit durch das Denkmuster Freude an Ergebnissen ersetzt, kommt man zu einer ganz anderen, viel befriedigenderen Betrachtungsweise dessen, was man tut.

Jeder Beruf hat Elemente, die keine Freude machen. Und gerade als Freiberufler, wenn man wirklich alles allein machen muss und nichts delegieren kann, ist man mit einem besonders hohen Anteil an Pflichtaufgaben konfrontiert. Man muss nicht unbedingt eine Freude an der

Pflicht entwickeln, aber wenn es einem gelingt, das Resultat der Gesamtheit aller Bemühungen in den Mittelpunkt zu stellen, macht man sich das Leben deutlich leichter.

Es ist eine altbekannte Tatsache, dass jede Aufgabe umso interessanter wird, je ernsthafter man sich mit ihr befasst, je gründlicher und effektiver man sie erledigt. Wenn man sich bemüht, eine Aufgabe effizient zu erledigen, das heißt, sie zu durchdenken und Umwege zu vermeiden, umso leichter wird sie sich erledigen lassen. Und je effizienter man ist, desto größer können auch die einzelnen Aufgaben sein. Und je größer die Aufgaben sind, die man bewältigt hat, desto größer ist auch der Erfolg, an dem man sich erfreuen kann.

Es hat also keinen Sinn, um der Selbstbestimmung und der Selbstverwirklichung willen krampfhaft all das zur Seite zu drängen, was einem keine Freude bringt, sondern das Unumgängliche zu akzeptieren und nur auf das Endergebnis zu schauen. Nicht der Weg ist das Ziel, sondern die Arbeit ist der Weg zum Ziel.

Praxistipp:
Gewöhnen Sie sich daran, sich vorzustellen, wie es ist, wenn eine Aufgabe vollendet ist. Sehen Sie sie nicht als einen Berg, den Sie besteigen müssen, sondern als einen Berg, auf dessen Gipfel Sie bereits stehen. Blicken Sie sich von da aus um und genießen Sie die Aussicht.

Sie haben die unangenehme Buchhaltung erledigt. Jetzt können Sie sich eine Auszeit nehmen. Sie haben ein Projekt beendet, die Rechnung geschrieben und das Geld ist auf Ihrem Konto eingegangen. Jetzt haben Sie finanziellen Spielraum, um sich einen Wunsch zu erfüllen oder sich durch die Bezahlung anderer Dinge eine Last von der Seele zu nehmen.

Konzentration auf das Wesentliche

Wenn Freiberufler und Selbstständige sich beklagen, dass sie nicht genügend Zeit für die eigentlichen Aufgaben haben, dann liegt das nicht nur daran, dass sie als Einzelkämpfer alles selbst erledigen müssen, was schon in einem kleinen oder mittelständischen Betrieb auf mehrere verschiedene Schultern verteilt wird. Es liegt vielfach auch daran, dass sie ihre Kernaufgaben falsch, und das heißt in erster Linie zu breit definieren; dass sie möglichst alle Aufgaben, die ihnen angeboten werden, übernehmen möchten; oder dass sie über Talente verfügen, für die es ein breites Einsatzspektrum gibt. All das steht der Konzentration auf das Wesentliche entgegen.

Oft genug haben es Menschen mit einem Handikap, einer Behinderung oder chronischen Krankheit, erstaunlicherweise leichter, sich auf das Wesentliche zu konzentrieren. Sie sind gezwungen, mit ihren Kräften hauszuhalten, und können sich gar nicht mit Nebensächlichkeiten abgeben. Natürlich ist niemandem ein solches Handikap zu wünschen, nur um die Notwendigkeit zu erkennen, dass weniger in diesem Fall mehr ist.

Praxisbeispiel: PR-Berater

Nehmen wir einen freiberuflichen PR-Berater als Beispiel, denn dieses lässt sich auf viele andere freiberufliche Tätigkeiten übertragen. Welches sind die Fähigkeiten, die er verkauft? Er weiß, wie Kommunikation funktioniert, er kann Konzepte machen, er kann Pressetexte schreiben, er weiß, welche Pressefotos bei den Medien ankommen, er weiß, wie man ein Event planen und durchführen kann, und er hat auch eine Vorstellung davon, wie man mit welchen Themen bei den elektronischen Medien am besten auftritt.

Darüber hinaus hat er eine Vorstellung davon, wie man Broschüren gestaltet, und weiß, welche Anforderungen Gesetzgeber und Kapitalanleger an Geschäftsberichte stellen. Dieses breit gefächerte, umfangreiche Wissen stellt er nun seinen Auftraggebern zur Verfügung. Diese kommen aus den unterschiedlichsten Branchen: aus der Tourismusindustrie, von den Automobilzulieferern, aber es sind auch Verbände und Behörden darunter.

Allen will es der PR-Mann recht machen, und auf keinen Auftrag will er verzichten, denn die Zeiten sind hart und der Wettbewerb ist groß. Trotzdem stellt sich der gewünschte Erfolg nicht ein. Während er einerseits versucht, die Aufträge der bestehenden Kunden abzuarbeiten, ist er ständig damit beschäftigt, für neue Kunden Präsentationen auszuarbeiten, vorzustellen und nachzubessern.

Er hat das Gefühl, etwas falsch zu machen. Aber was? Ihm fehlt ganz einfach das Profil, das sich aus der Konzentration auf weniges ergeben würde. Stattdessen versucht er das Leistungsspektrum einer großen Agentur mit vielen Mitarbeitern zu imitieren, nicht, weil er es unbedingt will, sondern weil er sich vom Markt in diese Rolle gezwungen sieht.

Andere PR-Berater und sogar viele Agenturen wählen einen anderen Weg. Sie konzentrieren sich auf einen speziellen Markt, sei es der Pharma- oder Food-Bereich, Medienmarketing, die Kosmetikbranche oder Mode. Dadurch schließen sie zwar zahlreiche andere potenzielle Kunden aus, und natürlich können sie auch innerhalb einer Branche nicht für Wettbewerber arbeiten. Aber die einzelnen Aufträge, die sie haben, sind größer, sie werden besser erledigt und bringen somit auch auf Grund des ständig wachsenden Know-hows die besseren Resultate.

Zeitsouveränität

Die Konzentration auf das Wesentliche wird aber nicht nur dadurch bestimmt, was man tut, sondern auch, wie man es tut. Die Zeitsouveränität spielt gerade für Einzelkämpfer eine ganz herausragende Rolle. Für die Auftraggeber von Freien dagegen nehmen Sitzungen, Besprechungen und Konferenzen einen ganz überragenden Part in ihrem Berufsleben ein: Schließlich werden sie für die Anwesenheit bezahlt.

Für den Freien kann das zu einem Problem werden, besonders dann, wenn er nicht nach Stunden, sondern nach Resultaten bezahlt wird. Auf keiner Rechnung macht es sich gut, wenn dort steht: Teilnahme an der Besprechung 2,5 Stunden plus An- und Abfahrt. Solche Positionen sieht kein Kunde gern. Also sollte der Freie darauf achten, mit den tatsächlichen Entscheidern auf Kundenseite konzentrierte Briefing- und Präsentationsgespräche zu führen.

Das größte Konzentrationshindernis ist jedoch das Telefon, und besonders das Handy. Die meisten Freien haben das Gefühl, dass jeder Anruf wichtig sein kann und dass sie auf alles und jedes schnell reagieren müssen. Konzentriertes Arbeiten ist so oft genug erst in den Abend- und Nachtstunden möglich.

Telefonieren mag vielleicht für die Kunden eine Hauptbeschäftigung sein, für den Freien ist sie es in der Regel nicht. Zu den besten Arbeitszeiten, am Vormittag oder späten Nachmittag, sollte er sich im Rahmen seiner Zeitsouveränität auf das konzentrieren, was wirklich wichtig ist, und am Stück daran arbeiten, ohne sich im Zehn-Minuten-Takt das Ergebnis zerhacken zu lassen. Anrufbeantworter oder entsprechende Dienste der Telefongesellschaften sollten deshalb für jeden Freiberufler ein Muss sein, um unterbrechungsfrei arbeiten zu können.

Praxistipp:

„Mehr von demselben, weniger vom Übrigen", so sollte Ihre Grundregel lauten. Machen Sie für jeden Tag einen Plan und sortieren Sie Ihre Aufgaben nach Wichtigkeit. Geben Sie allen wichtigen Aufgaben genügend Zeit und den besten Zeitpunkt mit der größten Leistungsfähigkeit. Unterscheiden Sie Ihre Aufgaben nach dringend und wichtig, und Sie werden feststellen, wie groß der Unterschied zwischen diesen beiden Kategorien ist.

15 Schritte zur Freelancer-Persönlichkeit

1. Bauen Sie Ihr Wissen konsequent aus.
2. Definieren Sie für sich Sicherheit neu.
3. Lernen Sie ergebnisorientiertes Handeln.
4. Üben Sie die Selbstvermarktung.
5. Vom Anspruch zur Selbstverantwortung.
6. Vom Fremdbestimmtsein zum Selbstbewusstsein.
7. Lernen Sie aus Fehlern.
8. Halten Sie Optionen offen, statt auf Nummer Sicher zu gehen.
9. Schaffen Sie sich ein neues Verhältnis zum Geld.
10. Schaffen Sie sich ein neues Verhältnis zur Zeit.
11. Eine neue Basis für Kooperationen.
12. Üben Sie Selbstmotivation.
13. Üben Sie Selbstdisziplin.
14. Seien Sie optimistisch.
15. Vermeiden Sie Perfektionismus.

Versuchen Sie diese 15 Punkte aus Ihrem eigenen bisherigen Erleben heraus mit Beispielen zu füllen und notieren Sie sich alle Ideen, die Ihnen dabei einfallen.

1. Bauen Sie Ihr Wissen konsequent aus

Früher war Kapital, sprich Geld, der wichtigste Faktor für eine erfolgreiche freiberufliche oder selbstständige Tätigkeit. Heute besteht das wichtigste Kapital aus Ihrem Wissen, Ihren Fähigkeiten und Ihrer Zeit. Auch wenn daneben noch die soziale Herkunft, der familiäre Hintergrund, Erziehung, Benehmen, soziales Verhalten und Beziehungen eine wichtige Rolle spielen, kann sich heute praktisch jeder Wissen aneignen.

Erwerben Sie also Wissen, und zwar genau das, was Sie persönlich einsetzen wollen und was von anderen Menschen oder Unternehmen nachgefragt wird. Dabei geht es nicht nur um fachliches Wissen, sondern insbesondere auch um Kenntnisse über soziale und wirtschaftliche Zusammenhänge.

Wissen über die Funktion der Gesellschaft ist ein Machtwissen. Sie können und müssen es immer anwenden, wenn Sie Ihre Interessen zu vertreten haben. Je mehr Sie wissen, desto besser können Sie erkennen, was alles möglich ist. Wissen ist allerdings heute ständigen Veränderungen und Erneuerungen unterworfen. Es hat kaum noch etwas mit dem starren Lexikonwissen, was früher zählte, zu tun.

2. Definieren Sie für sich Sicherheit neu

Die größte Angst eines Freiberuflers oder neuen Selbstständigen ist, kein Einkommen zu erwirtschaften. Denn das Einkommen muss er selbst schaffen, im Gegensatz zum angestellten Einkommensempfänger. Eine feste Anstellung gibt gewisse Sicherheiten, wenn auch nur begrenzt. Denn heute müssen immer mehr Festangestellte mit dem Verlust ihres Arbeitsplatzes rechnen.

Freiberufler und auch Festangestellte müssen sich ganz einfach daran gewöhnen, dass es keine Sicherheit gibt. Dort wie da muss jemand da sein, der Aufträge besorgt und durch seinen Einsatz, seine Arbeit und sein Wissen die Wünsche eines zahlenden Kunden erfüllt. Das ist nicht nur bei Freiberuflern so, sondern auch in größeren Unternehmen. Dort haben allerdings die meisten Angestellten mit diesen direkt erfolgsabhängigen Tätigkeiten nichts zu tun; sie fühlen sich deshalb relativ sicher. Ihr Schicksal liegt dann in den Händen des Managements und des Verkaufs.

Die einzige wirkliche Sicherheit, die ein Einzelner haben kann, ist die Sicherheit, dass er für sich selbst sorgen kann. Sie zeigt sich in einem festen Gefühl, einem begründeten Vertrauen darauf, dass man für seinen Lebensunterhalt selbst aufkommen kann. Hinzu kommt die Zuversicht, dass man auch bei Problemen in kürzester Zeit eine Verbesserung herbeiführen kann. Das ist die Sicherheit der Selbstständigen.

3. Lernen Sie ergebnisorientiertes Handeln

Es gibt für Freiberufler und neue Selbstständige keine allgemein gültige Regel für den Erfolg. Jeder Einzelne muss seinen eigenen Weg finden. Wichtig ist deshalb, dass Sie sich selbst kennen. Sie müssen sich zunächst ein klares Bild von sich selbst machen, nur dann können Sie die für Sie richtigen Strategien entwickeln.

Wie sind Sie? Wie wollen Sie sein? Wie wollen Sie leben? Stellen Sie sich alles in Bildern vor. Gehen Sie dabei in Details. Mit wem wollen Sie leben? Wo wollen Sie leben? Wie soll das Umfeld sein? Es ist sehr häufig so, dass die Wünsche der Menschen völlig unpräzise sind. Dann können sie sich auch niemals erfüllen. Wenn man dagegen genau weiß, wohin man will, sind Wünsche ein wichtiges Hilfsmittel auf dem Weg zum Erfolg. In Zusammenarbeit mit dem Unbewussten sorgen sie dafür, dass man den eingeschlagenen Weg nicht verlässt.

Viele bekannte Erfolgstrainer haben diese Kraft der klaren Wunschbilder erkannt und nutzen sie entsprechend. Ihr Rezept ist, das Unbewusste zu aktivieren und in die Zielerreichung einzubinden. Versuchen Sie dies auch. Wenn Sie ein sprachorientierter Typ sind, dann schreiben Sie Ihre Ziele detailliert auf. Sind Sie eher visuell orientiert, zeichnen oder malen Sie ein Bild. Besonders geeignet ist eine Collage. Betrachten Sie Ihr Bild und stellen Sie sich dabei das Ihrem Wunsch entsprechende Leben vor. So entsteht Ihr persönlicher Geschäftsplan.

Es ist wichtig, dass Ihr Geschäftsplan von einer Vision gestützt wird. Nur dann können Sie Ihren eigenen Weg zum Erfolg finden. Das ist wichtig, denn es gibt kein Patentrezept. Nutzen Sie Ihre Fantasie und Kreativität. Wenn die eine Strategie bei Ihnen nicht den gewünschten Erfolg bringt, dann suchen Sie eine andere. Sie sollten aber auch nicht in rascher Folge eines nach dem anderen austesten, ohne ausreichend lange abzuwarten, ob die Strategien nun wirken oder nicht.

Enttäuschungen und Fehler gehören zu Ihrem Leben als Selbstständiger. Sie müssen Ihren eigenen Weg stetig neu überdenken und anpassen. Sie dürfen Ihr Ziel nicht aus den Augen verlieren.

Ein Selbstständiger muss Ergebnisse bringen, sonst wird er nicht bezahlt. Gefordert ist ein ergebnisorientiertes Denken und Handeln, denn die Kunden erwarten Ergebnisse. Es kommt darauf an, herauszufinden, was die Kunden wollen, wie man seine Fähigkeiten dabei einsetzen kann und welcher Weg zu dem gewünschten Ergebnis führt.

Sie können auch wie im Unternehmens-Controlling Zielwerte für sich bestimmen und sie mit den Ist-Werten vergleichen. Denken Sie dann darüber nach, welche Maßnahmen Sie Ihren Zielen näher bringen könnten.

4. Üben Sie die Selbstvermarktung

Es ist ein großer Fehler vieler Freiberufler und neuen Selbstständigen, zu glauben, sie bräuchten nur irgendwo ihre Leistung anzubieten, und schon kämen die Kunden von selbst. Hüten Sie sich vor dieser Denkweise. Sie müssen sich aktiv vermarkten, und es besteht ein direkter Zusammenhang zwischen Ihren Marketingaktivitäten und Ihrem Erfolg.

Gerade die neuen Selbstständigen haben die meisten Probleme damit, sich selbst zu verkaufen. Oftmals widerstrebt es ihnen, sich selbst zu vermarkten. Die Gründe dafür liegen in unserer Erziehung zur Bescheidenheit. Befreien Sie sich von diesen Vorstellungen. Das ist notwendig. Denn um Ihre Ziele zu erreichen, müssen Sie ausreichend viele Kunden davon überzeugen, dass Sie in der Lage sind, ihnen etwas zu bieten, was ihr Leben verbessert.

Als Grundlage für Ihre Marketingmaßnahmen kann folgende Checkliste dienen:

1. Beschreiben Sie Ihre Leistung.
2. Beschreiben Sie Ihren USP (Unique Sales Proposition). Was ist das Besondere, was unterscheidet Ihre Leistung von der anderer Anbieter?
3. Schreiben Sie alle potenziellen Kundengruppen für Ihre Leistung auf.
4. Schreiben Sie die Maßnahmen auf, die diesen potenziellen Kunden einen Nutzen bieten können. Wie kann das geschehen?
5. Erstellen Sie eine Liste mit unterschiedlichen Wegen, wie Sie diese Gruppen erreichen können, wie Briefe, Anrufe, Faxe, Anzeigen, E-Mail-Aussendungen etc. Ergänzen Sie diese Liste ständig.
6. Suchen Sie ständig nach neuen Möglichkeiten, wie Sie sich und Ihre Dienstleistung bekannt machen können. Sagen Sie jedem, was Sie tun. Sie können auch ein kleines Faltblatt entwickeln und verteilen, in dem Sie sich und Ihre Dienstleistung vorstellen.

Erstellen Sie also eine Liste mit möglichst vielen Adressen, Telefonnummern und den Namen der Ansprechpartner dieser potenziellen Kunden. Mindestens fünfzig Positionen sollte diese Liste enthalten, es können aber auch hundert sein. Gliedern Sie die Kunden in sehr wichtige (A-Kunden) und nicht ganz so wichtige (B-Kunden). Nehmen Sie sich fest vor, pro Woche mindestens zehn Adressen zu kontaktieren.

Verschicken Sie keine Serienbriefe, sondern schreiben Sie individuelle Briefe, in denen Sie für diesen Kunden speziell beschreiben, wer Sie sind, was Sie machen und welchen Nutzen Sie ihm speziell bieten können. Das heißt nicht, dass Sie nicht einige vorformulierte Brieftexte verwenden können, die Sie jeweils individuell anpassen.

Der Brief muss klar gegliedert und in einer schnörkellosen, leicht lesbaren Schrift abgefasst sein. Er sollte etwa 1,5 Seiten lang sein. Es ist ein Irrtum, dass ein Akquisitionsschreiben kurz sein muss; vielmehr sollte es eine der angebotenen Leistung entsprechende Länge haben.

Achten Sie darauf, dass Sie in diesem Brief auf die Situation Ihres potenziellen Kunden eingehen. Der Adressat muss erkennen können, dass Sie seine Probleme verstehen und wie Sie ihm helfen können. Gemeinplätze und umfangreiche Selbstdarstellungen sollten Sie vermeiden. Es geht darum, dem potenziellen Kunden zu zeigen, dass Sie ein Problemlöser sind.

Es ist auch nicht egal, wann Sie Ihre Briefe abschicken. Sie sollten nicht am Freitag oder Samstag beim Adressaten sein, sondern am besten am Dienstag oder Mittwoch. Rufen Sie ein paar Tage später an und vereinbaren Sie einen Gesprächstermin.

Wenn Sie jede Woche zehn Briefe und zehn Anrufe erledigt haben, könnte dann bald der Zeitpunkt kommen, an dem sich Ihre Bemühungen zu lohnen beginnen und Sie genügend Arbeit haben. Viele Freiberufler oder neuen Selbstständigen glauben dann, sie könnten nun auf Marketingmaßnahmen verzichten und sich nur der Erledigung der Aufträge widmen. Das ist ein großer Fehler. Ihre Marketingbemühungen von heute sind die Aufträge von morgen.

Ihre Leistung verkauft sich nicht von selbst, das müssen Sie machen. Vielen Menschen widerstrebt der Gedanke, sich selbst zu verkaufen, weil sie im Zusammenhang mit „verkaufen" an „Unfreiheit" und

„Fremdbestimmung" denken. Ihre Freiheit besteht darin, dass Sie selbst bestimmen, was Sie verkaufen und an wen Sie es verkaufen.

Auch in einem festen Arbeitsverhältnis verkaufen Sie sich mit Ihrem Wissen, Ihrer Erfahrung und Ihrem Einsatz. Genauer gesagt, Sie werden verkauft, merken es aber meist nur nicht, weil das Verkaufen in den Unternehmen von speziellen Kräften erledigt wird.

Selbstverständlich muss Ihre angebotene Dienstleistung gut sein und von zahlungsfähigen und zahlungswilligen Kunden gebraucht werden. Das reicht aber nicht. Sie müssen Ihre Kunden suchen und ihnen glaubhaft machen, wie Sie deren Leben verbessern und ihnen Sorgen abnehmen können und dass Sie derjenige sind, der ihnen schließlich hilft, Träume zu realisieren.

5. Vom Anspruch zur Selbstverantwortung

Machen Sie sich klar, dass Sie für sich selbst verantwortlich sind und dass Sie auch in der Lage sind, für sich selbst zu sorgen. Niemand sorgt für Sie, niemand hat mit Ihnen Mitleid, nicht Ihre Eltern, der Partner oder auch Ihre Freunde. Befreien Sie sich von allen kindlichen Erwartungen, verlassen Sie die gemütliche Sofaecke.

Verhalten Sie sich wie ein Erwachsener. Dies ist nicht so selbstverständlich, wie Sie vielleicht denken. Seien Sie ehrlich: Haben Sie nicht schon oft die Gründe für einen Misserfolg bei anderen gesehen, sei es Ihr Chef, Ihr Partner, das Wetter oder die schlechte Konjunktur?

Vergessen Sie nie: Wer sich selbstständig macht, muss auch wirklich selbstständig sein. Entschuldigungen und Ausreden, weshalb irgend etwas schief gegangen ist, interessieren niemanden.

Befreien Sie sich von jeglicher Gehaltsempfängermentalität. Sie müssen sich damit abfinden, dass Sie weder Recht auf Urlaub, auf Krankheitstage, auf Sonderzahlungen, auf Kündigungsschutz noch auf ein regelmäßiges Einkommen haben.

6. Vom Fremdbestimmtsein zum Selbstbewusstsein

Es gibt keine absolute Sicherheit, erst recht nicht für Freiberufler und neue Selbstständige. Die Sicherheit des Selbstständigen ist sein festes Vertrauen, für sich selbst sorgen zu können. Das ist ein großes Gefühl, das die Selbstsicherheit stärkt. Diese Selbstsicherheit können Sie trainieren, genau wie bei sportlichen Aktivitäten. Wenn Sie dann Erfolge haben, geben diese Ihnen wiederum Sicherheit und Selbstvertrauen. Nehmen Sie sich Zeit zum Training.

Scheuen Sie sich nicht, Trainer, Lehrer und Berater in Anspruch zu nehmen. Beim Sport tun Sie es schließlich auch. Dass ein einigermaßen anspruchsvoller Beruf eine Ausbildung voraussetzt, ist jedem klar. Eine selbstständige Tätigkeit beginnen dagegen die meisten Menschen noch immer ohne vorherige Schulung und Beratung.

Stellen Sie sich einmal die Frage: Würden Sie sich selbst einen Auftrag geben? Verfügen Sie über die entsprechenden Talente und Fähigkeiten? Versuchen Sie ehrlich zu ermitteln, welche Anforderungen Sie bereits erfüllen, was Sie noch lernen müssen und wo Sie externen Rat oder Hilfe brauchen. Arbeiten Sie ständig daran, sich zu verbessern. Wie beim Sport müssen Sie auch als Selbstständiger Niederlagen hinnehmen können. Wenn Sie ausdauernd trainieren, werden Sie immer besser. Aber das geht nicht von heute auf morgen.

7. Lernen Sie aus Fehlern

Freiberufler und Selbstständige arbeiten ergebnisorientiert. Fehler gehören dabei zum Geschäft und bedeuten weder Versagen noch Unfähigkeit. Vor allem wer neue Wege austestet, macht auch Fehler. Inzwischen gibt es sogar Unternehmen, die ihre Mitarbeiter dazu auffordern, Fehler zu machen. Denn aus Fehlern kann man lernen und Schwächen erkennen. Allerdings sollte man nicht denselben Fehler immer wieder machen. Übrigens, man kann nicht nur aus eigenen Fehlern lernen, sondern auch aus Fehlern anderer.

Wenn Sie einen Fehler gemacht haben, ist es nicht so wichtig, lange zu überlegen, woran das gelegen hat und ob er vermeidbar gewesen wäre. Schauen Sie lieber nach vorn und konzentrieren Sie sich auf den nächsten Schritt zu Ihrem Ziel.

8. Halten Sie Optionen offen, statt auf Nummer Sicher zu gehen

Ein Auftrag ist erst ein Auftrag, wenn er wirklich erteilt ist. Lehnen Sie deshalb nie Aufträge ab, weil Sie mit anderen Interessenten „ernsthaft im Gespräch" sind. Sie brauchen keine Sorgen zu haben, dass Sie in Aufträgen ersticken werden, wenn alle Interessenten zusagen. Das wird nicht so schnell geschehen.

Wahrscheinlicher ist, dass auf fünf oder zehn „ernsthafte" Interessenten nur ein echter Auftrag kommt. Halten Sie sich alle Optionen offen, aber setzen Sie nie Ihre Kunden mit der Begründung unter Druck, dass Sie Ihre Arbeitszeit jetzt einteilen müssten und deshalb eine Entscheidung bräuchten.

Lehnen Sie nie mit der Begründung einen Auftrag ab, Sie hätten zu viel zu tun. Ihr Ansprechpartner würde das als Desinteresse werten, und das kann sich später bitter rächen. Auch wenn Sie einige große Kunden haben, die Sie relativ gut auslasten, sagen Sie bei anderen nicht Nein.

Schaffen Sie sich eine breite Basis, um nicht von einzelnen Auftraggebern zu sehr abhängig zu werden. In Zweifelsfall geben Sie eine Arbeit an andere Freie weiter, aber achten Sie darauf, dass Ihre Kunden die Leistung wirklich in der Qualität und dem Umfang bekommen, die Sie zugesichert haben.

9. Schaffen Sie sich ein neues Verhältnis zum Geld

Es ist nicht unanständig, Geld zu verdienen. Befreien Sie sich von der anerzogenen Bescheidenheit. Sie sind ein Profi. Ihre Leistung bringt Ihrem Kunden einen Nutzen. Und wenn er erhalten hat, was Sie ihm versprochen haben, zahlt er auch gern. Sorgen Sie dafür, dass Ihr

Kunde zufrieden ist, dann können Sie auch eine angemessene Bezahlung verlangen. Das haben Sie sich verdient.

Falls Sie dagegen vor einer angemessenen Forderung zurückschrecken, weil Sie von der Qualität Ihrer Leistungen nicht überzeugt sind, ist es gefährlich. Schlechte Bezahlung und schlechte Leistung darf für Sie keine geschäftliche Grundlage sein. Erbringen Sie eine gute Leistung und betrachten Sie eine angemessene Bezahlung als Bestätigung für Ihre gute Arbeit.

Wenn Sie sich und Ihre Arbeit verkaufen, müssen Sie auch fähig sein, offen und frei über die Bezahlung zu sprechen. Falsche Scham ist unangebracht. Und das Geld kommt nicht von selbst. Sie müssen die Preise aushandeln, Rechnungen schreiben, mahnen und in einigen Fällen auch Ihr verdientes Geld eintreiben.

Auch wenn jemand nach einer oder zwei Mahnungen nicht bezahlt, geben Sie nicht auf, bis Sie Ihr Geld oder einen vollstreckbaren Titel haben. Warten Sie nicht, bis Ihre Außenstände Sie selbst in wirtschaftliche Schwierigkeiten bringen. Wenden Sie sich im Zweifelsfall an einen Anwalt.

10. Schaffen Sie sich ein neues Verhältnis zur Zeit

Es ist ganz natürlich, wenn Sie in der Anfangsphase Ihrer freiberuflichen Tätigkeit noch nicht den erhofften Erfolg haben und abwechselnd Höhen und Tiefen erleben. Seien Sie geduldig.

Auch bei einem Festangestellten dauert es mehrere Jahre, bis er die erstrebte Karriere macht. Und auch größere Unternehmen, die ganz andere Mittel als Sie zur Verfügung haben, schreiben oft jahrelang rote Zahlen, bevor sich die ersten Gewinne einstellen.

11. Eine neue Basis für Kooperationen

Als Freiberufler oder neuer Selbstständiger sind Sie auf sich allein gestellt und müssen Ihre Probleme selbst lösen. Das bedeutet aber nicht, dass Sie auch immer allein arbeiten müssen. Ganz im Gegenteil. Versuchen Sie Kooperationen einzugehen, etwa mit anderen Freiberuflern oder zum Beispiel größeren Beratungsunternehmen. Denn Ihre Fähigkeiten und Mittel sind begrenzt. Es ist unmöglich, alles zu können, und für größere Projekte haben Sie weder die Zeit noch die notwendige finanzielle Ausstattung. Größere Auftraggeber verzichten auch häufig darauf, Aufträge an Einzelkämpfer zu vergeben, einerseits wegen der hohen organisatorischen Aufwendungen, andererseits, weil ihnen die Haftungsmöglichkeiten nicht ausreichen.

Bitten Sie Ihren potenziellen Kooperationspartner nicht um Hilfe, sondern zeigen Sie ihm, wie Sie ihm helfen können. Damit ersparen Sie sich die peinliche Situation eines Bittstellers. Gehen Sie also immer mit einem Angebot auf denjenigen zu, von dem Sie Unterstützung erwarten. Zeigen Sie, was Sie tun können, um ihm zu nützen. So treten Sie als ernst zu nehmender Kollege und Partner auf, der ein interessantes Angebot macht.

12. Üben Sie Selbstmotivation

Als Festangestellter hat man normalerweise kein Problem mit der Selbstmotivation. Man erledigt die Arbeit, die da ist und getan werden muss. Außerdem ist man inzwischen in den meisten Unternehmen der Auffassung, dass die Motivation der Mitarbeiter eine Aufgabe des Unternehmens ist.

Als Freiberufler oder neuer Selbstständiger sind Sie aber Ihr eigener Chef und gleichzeitig Ihr eigener Angestellter. Es bleibt Ihnen nichts anderes übrig: Die Aufgabe, sich zu motivieren, liegt bei Ihnen selbst.

Darüber hinaus haben Sie auch die Aufgabe der Personalentwicklung selbst zu erledigen. Das heißt, Sie müssen Ihre Stärken und Schwächen erkennen und sich entsprechend fördern, damit Sie Ihren Zielen und somit Ihren Träumen näher kommen.

Große Träume – hohe Ziele

Es gibt Menschen, die keine Ziele, keine Träume haben. Sie kennen die Richtung nicht, in die sie gehen wollen. Sie machen einen kleinen Schritt nach dem anderen und hangeln sich von einem Tag zum anderen, von einem Problem zum nächsten. Kein Wunder, dass sie als Selbstständige nicht richtig vorankommen.

Andere Menschen haben große Ziele und Visionen, kennen aber keine Wege, um diese zu erreichen. Und sie bemühen sich auch nicht darum. Sie warten auf die große Gelegenheit und haben eine Vielzahl von Entschuldigungen parat, warum sie ihre Visionen nie verfolgt haben. Einmal ist es die Familie, dann irgendwelche Verpflichtungen, zu wenig Geld, ganz einfach Pech und so weiter. Mit solchen Lebenslügen lässt sich natürlich keine freiberufliche Existenz aufbauen und sichern.

Dann gibt es noch die Traumtänzer. Sie machen unkoordinierte Schritte, einmal in die eine, einmal in die andere Richtung. Einmal sind sie überaktiv, dann wieder depressiv. Sie sehen weder ihr Ziel vor Augen noch einen Weg zum Erfolg.

Wir hoffen, Sie gehören nicht zu den vorher genannten Menschengruppen. Es ist nicht falsch, wenn Sie große Träume haben und Ihre Ziele hoch stecken. Sie brauchen aber auf dem Weg dahin Erfolgserlebnisse. Nachdem Sie also Ihre Ziele festgelegt haben, denken Sie darüber nach, welche Schritte Sie diesen Zielen näher bringen.

Teilen Sie die Schritte so ein, dass Sie in einer überschaubaren Zeit für Sie erreichbar sind. Nehmen Sie sich nur Schritte vor, die Sie auch tatsächlich machen können und wollen. Ihr erster Erfolg ist dann, dass Sie das, was Sie sich vorgenommen haben, auch erledigt haben. Darauf können Sie ruhig stolz sein. Sehen Sie es nicht als Misserfolg an, wenn dadurch nicht sofort Aufträge folgen.

Versprechen Sie auch keinem Kunden, etwas zu tun, was Sie nicht können oder aus welchen Gründen auch immer nicht machen wollen. Das wird mit einer Enttäuschung auf beiden Seiten enden. Lernen Sie „nein" zu sagen. Vergessen Sie, was man Ihnen als Kind beigebracht hat: „Nein" sei ein Zeichen von Unhöflichkeit, Renitenz und Verweigerung.

Als Erwachsener, und vor allem als Freiberufler oder neuer Selbstständiger, müssen Sie ständig „nein" sagen können. Sicherlich ist es in manchen Fällen besser, statt eines Nein einen Weg zu suchen, der alle Beteiligten zufrieden stellt. Aber oftmals ist es die einzig richtige Antwort. Dieses Nein sollten Sie dann allerdings auch begründen können.

Sich selbst kennen und akzeptieren

Jeder Mensch ist mit einer ganz bestimmten Kombination aus Erfahrungen, Talenten, Fähigkeiten und Vorzügen ausgestattet. Er hat persönliche Grenzen, Sorgen, Zweifel und Erfahrungslücken. Die Summe Ihrer Eigenschaften stellt Ihre Persönlichkeit dar, die Sie kennen und akzeptieren müssen. Das heißt aber keineswegs, dass Sie sich ein für alle Mal darauf einstellen und alles bleibt, wie es ist.

Sehen Sie Ihre derzeitige Situation vielmehr als Ausgangspunkt Ihrer persönlichen Weiterentwicklung hin zu einer Freelancer-Persönlichkeit.

Es ist ähnlich wie beim Sport: Es geht darum, Ihre Stärken auszubauen und Ihre Schwächen möglichst gut zu umgehen. Dazu ist es sehr wichtig, dass Sie sich zunächst ein realistisches Bild von sich machen. Listen Sie Ihre wesentlichen Stärken und Schwächen auf. Gliedern Sie diese in Fähigkeiten und charakterliche Merkmale. Gewichten Sie diese von eins bis zehn, wobei eins „nicht vorhanden" bedeutet und zehn „extrem stark ausgebildet". Daraus können Sie dann ein grafisches Profil erstellen.

Bitten Sie dann einige Personen, die Sie gut kennen, Sie ehrlich und ohne falsche Rücksicht nach demselben Schema zu beurteilen, und erstellen Sie daraus entsprechende Profile. Sie können davon ausgehen, dass diese Profile etwas geschönt sein werden. Achten Sie deshalb besonders auf die Form des Profils, nicht so sehr auf seine Ausprägung.

Dann sollten Sie mit Ihrem persönlichen Trainingsprogramm beginnen. Das Ziel muss es sein, Ihr Profil zu verstärken, das heißt, erwünschte Eigenschaften auszubauen und unerwünschte abzuschwächen. Sie können auch daran arbeiten, das Profil, das genügend ausgeprägt ist, in eine gewünschte Richtung zu verschieben.

Zu den wesentlichen Fähigkeiten und Talenten einer Freelancer-Persönlichkeit gehören neben der Kreativität und dem Organisationstalent Problemlösungsfähigkeiten, konstruktive Fähigkeiten, Führungsfähigkeiten sowie soziale und kommunikative Fähigkeiten.

Überlegen Sie, wo Ihre Kernkompetenz liegt: mehr im schöpferisch-konstruktiven Bereich oder mehr im sozialen und kommunikativen. Wenn Sie die Fähigkeit haben, Zusammenhänge zu erkennen, sind Sie ein Berater- oder Problemlösertyp. Führungsqualitäten sind heute sehr komplex, dabei geht es in erster Linie um die Fähigkeit, komplizierte psychologische und soziale Situationen zu erkennen und dann problemorientiert zu handeln.

Nachdem Sie Ihre Fähigkeiten und Schwächen erforscht haben, sollten Sie sich fragen, warum Sie eigentlich das wollen, was Sie tun oder planen. Damit Sie Ihre Aufgabe, sich selbst zu motivieren, erfüllen können, müssen Sie sich darüber im Klaren sein, was Sie motiviert, was Ihrer Arbeit einen Sinn gibt. Geht es um Geld oder um gesellschaftliche Anerkennung? Geht es darum, nützlich zu sein und anderen zu helfen? Arbeiten Sie gern unter Zeitdruck? Wie gehen Sie mit Kritik um? Was motiviert Sie mehr, Kritik oder Lob?

Es ist eine Tatsache, dass jeder Mensch, wenn er nicht gerade schläft, ständig denkt, das heißt, er redet mit sich selbst. Dieses ständige innerliche Gespräch ist es, womit wir uns motivieren oder demotivieren. Es kommt nun darauf an, dass Sie dieses Gespräch in die richtigen Bahnen lenken. Das schaffen Sie dadurch, dass Sie die richtigen Worte benutzen, bestimmte Ausdrücke vermeiden oder auch in bestimmten Situationen einfach das Thema wechseln.

Ihr Denken muss genau wie Ihr Handeln zielorientiert sein. Man erwartet von Ihnen, dass Sie einen Nutzen bringen, dass Sie helfen, Probleme zu lösen. Vermeiden Sie es, ständig die jeweiligen Situationen zu analysieren. Fragen wie „Was denkt der von mir?" oder „Was passiert, wenn ich die versprochene Leistung nicht bringe?" sind der häufigste Grund der Demotivation. Hier zeigt sich wieder die kindliche Angst, nicht zu gefallen, die Sie vermeiden müssen. Denken Sie immer daran: Sie sehen sich selbst sehr viel wichtiger, als es andere tun.

Trainieren Sie deshalb, sich keine Sorgen zu machen. Denken Sie positiv. Statt zu denken: „Was passiert, wenn ich bis zum Ersten nicht genug Geld verdient habe und meine Rechnungen nicht bezahlen kann?", denken Sie: „Ich werde mich verstärkt um Aufträge bemühen und alle anschreiben und anrufen, die ich kenne." Oder: „Ich werde mit dem Lieferanten reden und eine Ratenzahlung vereinbaren."

Immer wenn trübe Gedanken auftauchen, vertreiben Sie diese sofort. Konzentrieren Sie sich stattdessen auf Ihre Ziele, auf Ihre Wünsche und Träume. Stellen Sie sich diese Dinge bildlich vor und sagen Sie: „Das erreiche ich, wenn nicht heute, dann morgen."

13. Üben Sie Selbstdisziplin

Für einen Freiberufler oder neuen Selbstständigen ist die Selbstdisziplin von ganz besonderer Bedeutung. Sie sind von einer Vielzahl Versuchungen umgeben, die Sie als Festangestellter nicht kannten, besonders wenn Sie zu Hause arbeiten. Die Selbstdisziplin fängt beim Aufstehen an. Verschlafen Sie nicht den halben Vormittag, sondern machen Sie es sich zur Regel, morgens zu einer bestimmten Zeit, zum Beispiel um 9.00 Uhr, an Ihrem Arbeitsplatz zu sein.

Zur Arbeitsdisziplin gehört, dass Sie vor Arbeitsbeginn gefrühstückt haben, denn nur dann sind Sie in der Lage, sich auf Ihre Arbeit zu konzentrieren. Sie sollten sich auch nicht unrasiert und ungekämmt im Bademantel an Ihren Schreibtisch setzen.

Auch beim Telefonieren ist Disziplin angesagt. Sie glauben vielleicht, dass es niemand merkt, ob Sie sitzen, stehen, liegen oder Ihre Beine auf dem Schreibtisch rumlümmeln. Das stimmt nicht. Setzen Sie sich so hin, als wenn Sie mit jemandem reden würden, der Ihnen direkt gegenüber sitzt. Falls Sie während Ihrer Arbeit Musik hören, schalten Sie diese während des Telefonierens ab. Hintergrundmusik gehört ebenso wie Kinderstimmen, Hundebellen oder das Geräusch einer laufenden Geschirrspülmaschine nicht zu einem professionellen Auftritt.

Wenn Sie geschäftlich telefonieren, müssen Sie sich voll darauf konzentrieren. Sie können nichts nebenbei erledigen. Außerdem merkt es Ihr Gesprächspartner, wenn Sie nebenbei auf der Computer-Tastatur hacken oder in irgendwelchen Unterlagen blättern.

Bereiten Sie sich auf geschäftliche Telefonate vor wie auf persönliche Akquisitionsgespräche. Legen Sie vorher die nötigen Unterlagen bereit und notieren Sie, was Sie sagen und welches Ziel Sie erreichen wollen.

Wichtig ist auch, dass Sie nach dem Gespräch in einem speziellen Heft oder in Ihrem Kalender, wenn er groß genug ist, aufschreiben, wann Sie mit wem gesprochen haben, was das Ergebnis des Gesprächs war und wann welcher weitere Schritt folgen soll. Nehmen Sie dafür keine einzelnen Zettel; die haben die Angewohnheit, leicht einmal zu verschwinden.

14. Seien Sie optimistisch

Ein wesentliches Charaktermerkmal erfolgreicher Menschen ist ihr Optimismus. Das wurde wissenschaftlich ermittelt. Die meisten Menschen, die sich selbst als Realisten bezeichnen, sind vielmehr Pessimisten. Um Enttäuschungen zu vermeiden, setzen diese ihre Erwartungen sehr niedrig an. Wenn sie sich dann erfüllen, dann hatten sie mit ihrer Einschätzung Recht. Wenn es besser wird als erwartet, umso besser.

Optimismus bedeutet nicht, dass Sie Ihre Augen vor der Realität verschließen sollen. Es bedeutet vielmehr, dass Sie an sich glauben:

▸ Ich habe alles im Griff.
▸ Situationen, die ich nicht ändern kann, akzeptiere ich.
▸ Ich habe immer Chancen, die ich erkenne und nutze.
▸ Ich werde den gewünschten Erfolg erreichen.

Während in Deutschland Optimismus noch häufig mit Naivität und Einfältigkeit gleichgesetzt wird, ist er in den USA die Grundlage des „american dream", einer Denkweise, die davon ausgeht, dass jeder erfolgreich sein kann, wenn er es nur will.

15. Vermeiden Sie Perfektionismus

Häufig ist bei Freiberuflern zu beobachten, dass sie nichts zustande bringen und überhaupt nicht vorankommen, weil sie sich in perfektionistischer Weise in Details verbeißen. Hüten Sie sich vor jedem Perfektionismus. Die Alternative ist nicht Schlamperei oder Pfuscherei, sondern eine genau dem Kundenwunsch entsprechende Leistung. Die Arbeit muss so gut sein, dass der Kunde begeistert ist, aber sie muss nicht perfekt sein.

Arbeit ist nur das, wofür der Kunde bezahlt. Alles andere ist Verschwendung. Perfektionismus führt auf direktem Weg in die Unwirtschaftlichkeit, weil der Kunde nicht bereit ist, dafür zu bezahlen. Es kommt darauf an, herauszufinden, was der Kunde wirklich will. Nur die genaue Kenntnis von Kundenwünschen und die Erfüllung dieser Wünsche führen zum Erfolg.

Beruf und Privatleben überschneiden sich

Wenn jemand sich entscheidet, eine selbstständige oder freiberufliche Existenz zu gründen, wird häufig und besonders von Frauen der Grund genannt, dass man sich dadurch mehr Zeit für die Familie und das Privatleben verschaffen möchte. Das stellt sich in der Praxis jedoch meist als Irrtum heraus.

Für die allermeisten Freiberufler steht die Sicherung der beruflichen Existenz im Vordergrund. Und das bedeutet nicht nur, dass sie mehr arbeiten als die überwiegende Zahl der angestellten Arbeitnehmer, sondern dass sie auch zu Zeiten arbeiten, die für andere Arbeitnehmer, die nicht im Schichtdienst und nicht im Krankenhaus, bei der Polizei oder Feuerwehr tätig sind, als Tabu gelten.

„Samstags und sonntags gehört Papa uns", diese Forderung der meisten Gewerkschaften ist bei Freiberuflern in der Regel ebenso unbekannt wie bei den Topmanagern der Wirtschaft, nur dass diese dafür besser bezahlt und besser abgesichert werden. Kundenorientierung schließt beim Freiberufler nahezu selbstverständlich die Wochenendarbeit ein.

Schwankende Arbeitsauslastung bedeutet für die meisten Freiberufler nicht etwa mehr Zeit für Familie und Freunde, sondern Sorge um die nächsten Aufträge, und daher wird die Zeit, wenn nicht genug Arbeit da ist, für Akquisitionen genutzt. Freiberufler und Selbstständige finden immer einen Grund, um zu arbeiten. Und das ist nicht gut.

Es kommt für Sie als Freiberufler gerade deshalb darauf an, die beiden Bereiche Ihres Lebens, den beruflichen und den privaten, zu koordinieren. Sie dürfen nicht ständig zwischen den beiden Bereichen hin und her wechseln, mit dem Ergebnis, dass Sie sich auf keine Aufgabe ausreichend konzentrieren können. Planen Sie feste Zeiten für Ihre Partnerin/Ihren Partner und Ihre Familie ein.

Wichtig ist eine räumliche Trennung zwischen dem Arbeitsplatz und dem privaten Bereich. Sie können zwar durchaus in einem Arbeitszimmer leben, aber es ist nicht möglich, aus einem Wohnzimmer oder einer Küche heraus effektiv zu arbeiten. Auch wenn bei vielen Geschäftsideen behauptet wird, dass man sie vom Wohnzimmertisch aus starten könne – es stimmt nicht. Sie brauchen einen speziellen Arbeitsplatz. Wenn kein eigenes Zimmer zur Verfügung steht, grenzen Sie Ihren Arbeitsplatz auf andere Weise ab.

Besonders wichtig ist, dass Ihre Kinder vom Arbeitsbereich ferngehalten werden. Nichts ist schlimmer, als wenn geschäftliche Telefongespräche durch plärrende oder dazwischen redende Kinder gestört werden oder auf Ihrem Akquisitionsbrief Schokoladenreste kleben.

Auch wenn Sie selbst es ganz lustig finden und stolz darauf sind, dass Ihr kleiner Sohn oder Ihre Tochter das Telefon abnehmen können und den Gesprächspartner in einen spannenden Dialog über Teddybären oder Schokoladenkuchen verwickeln, werden viele Anrufer das nur bedingt zu schätzen wissen, auch wenn sie es Ihnen nicht sagen. Das richtet sich nicht gegen Ihre Kinder und auch nicht gegen Ihren Wunsch oder die Notwendigkeit, von zu Hause zu arbeiten, sondern hier geht es allein darum, dem Kunden das zu geben, was er wünscht: Professionalität.

Auch wenn es Ihnen gelingt, eine unsichtbare Trennlinie zwischen Beruf und Privatem zu ziehen, werden Sie doch feststellen, dass die Überschneidungen in einer freiberuflichen oder selbstständigen Tätigkeit in der Regel größer sind als bei den meisten angestellten Tätigkeiten. Eine der Hauptursachen liegt darin, dass Sie nicht in eine feste Organisation eingebunden sind, die Ihren Platz und Ihre Kommunikationswege bestimmt. Freundschaften und Netzwerke werden heute in allen Bereichen des Arbeitslebens als unentbehrlich angesehen. In der Freiberuflichkeit und Selbstständigkeit waren sie es schon immer.

Erfolgsfaktor Freundschaft

Nirgendwo sind Freunde für Sie nützlicher als im Geschäftsleben. Digby Anderson, Direktor des Instituts „The Social Affairs Unit" in London, setzt sich deshalb für mehr Freundschaften ein. Sein Hauptargument ist: Freunde sagen die Wahrheit.

Die Regeln für Freundschaft lauten:

▸ Unterscheiden Sie zwischen guten Bekannten, Sportpartnern und Freunden.
▸ Freunde haben die gleichen moralischen Werte und verfolgen ähnliche Projekte.
▸ Voraussetzung für Freundschaft ist Loyalität und Treue, Vertrauen und Charakter.
▸ Materielle Vorteile sind nicht das Ziel von Freundschaft, aber ein angenehmer Nebeneffekt.
▸ Der größte Feind der Freundschaft ist Betrug. Wer seine Freunde betrügt, betrügt auch die Firma.
▸ Freundschaft ist keine Einbahnstraße, in der sich nur einer bedient. Wer Freunde unter Druck setzt, handelt eigennützig.

Netzwerke geben Sicherheit

Wir alle leben in einem riesigen Netzwerk, nur sind wir uns dessen oft nicht bewusst, weil wir dieses Netzwerk weder benutzen noch gezielt pflegen. Bereits in den Sechzigerjahren hat der amerikanische Psychologe Stanley Milgram in Experimenten nachgewiesen, dass jeder Mensch mit jedem beliebigen anderen in der Regel über sechs Zwischenschritte verbunden ist. Das klingt unglaublich, wurde aber in der.

darauf folgenden Zeit durch immer neue Versuche bestätigt. Man nennt es das Small-World-Phänomen.

Es zeigt uns, dass niemand vollkommen isoliert ist und dass auch Sie aus diesem unendlichen Vorrat an Beziehungen Nutzen schöpfen können, wenn Sie die Verbindungen aktiv mobilisieren und innerhalb des großen Netzwerkes Ihr eigenes, kleines installieren.

Regel:

Netzwerke sind Verbindungen, die man hat, bevor man sie braucht.

Fünf gute Gründe für Networking

1. Networking macht Veränderungen in Ihrer Arbeitswelt vorhersehbar und handhabbar.
2. Networking verhilft Ihnen zu mehr Spaß an der Arbeit.
3. Networking führt zu einer höheren Wertschätzung Ihrer Arbeit.
4. Networking verhilft Ihnen zu neuen Aufträgen.
5. Networking hilft Ihnen, neue Ideen zu finden und für Ihre Auftraggeber immer wieder interessant zu sein.

Netzwerk-Checkliste für den Start als Freiberufler

1. Welche Freiberufler gibt es in Ihrem Netzwerk, von denen Sie lernen können?
2. Gibt es Lieferanten oder Dienstleister in Ihrem Netzwerk, deren Unterstützung Sie dringend brauchen?
3. Gibt es bereits Kunden in Ihrem Netzwerk?
4. Wer aus Ihrem Netzwerk kann Ihnen mit Rat und Tat zur Seite stehen?
5. Gibt es Rechts-, Finanz- und Steuerberater in Ihrem Netzwerk?
6. Kann Ihnen jemand den Weg bei den Behörden ebnen?
7. Gehören Ansprechpartner in Banken zu Ihrem Netzwerk?
8. Gehören Ansprechpartner aus der Presse zu Ihrem Netzwerk?
9. Haben Sie Ihre Netzwerk-Partner darüber informiert, dass Sie als Freiberufler arbeiten?
10. Informieren Sie Ihre Netzwerk-Partner über Ihre Fortschritte?

Fünf Dinge, die man mit Networking leichter schafft:
Vieles im Leben lässt sich erarbeiten, manches erzwingen, aber es gibt auch Dinge, die man sich nur durch Beziehungen erschließen kann, und das sind:

1. Zugehörigkeit
   Leistung und Geld allein öffnen nicht alle Türen. Oft ist es notwendig, zu einer bestimmten Gruppe zu gehören, und das schaffen Sie nur, wenn Sie Ihre Beziehungen so gestalten, dass Sie als Person akzeptiert werden.

2. Vertrauen
   Vertrauen entsteht aus der Mischung von Zuverlässigkeit und Beständigkeit im Zusammenhang mit Sympathie und Autorität.

3. Bekanntheit
   Gerade in der medienorientierten Gegenwart zählt Bekanntheit mehr als Geld und Können. Aber Bekanntheit lässt sich nicht kaufen, sondern erfordert kontinuierliche Beziehungsarbeit.

4. Zugang zu Informationen
   Die richtigen Informationen sind manchmal mehr wert als Geld. Deshalb ist der Umgang mit ihnen Vertrauenssache.

5. Zugang zu Erfahrungswissen
   Das Erfahrungswissen ist im Beruf besonders wichtig, weil es oft nirgendwo niedergeschrieben ist und nur in den Köpfen gespeichert wurde. Es ist das Wissen über andere Menschen und deren Verhaltensweisen, aber auch über deren Fehler in der Vergangenheit.

Die zehn goldenen Regeln des Networking:
1. Sie können nicht „nicht kommunizieren".
2. Jede Kommunikation hat einen Inhalts- und einen Beziehungsaspekt.

3. Lernen Sie Nein zu sagen.

4. Erzeugen Sie mit kleinen Ursachen große Wirkung.

5. Akzeptieren Sie Ihre eigenen Gefühle.

6. Erkennen Sie, was Sie wirklich wollen.

7. Seien Sie da, wenn man Sie braucht.

8. Planen Sie, aber ändern Sie auch Ihre Pläne.

9. Unterschätzen Sie nie die Macht der Situation.

10. Leben Sie in der Gegenwart, nicht im Gestern und nicht im Morgen.

Mit Ideen zum Gewinn

Die richtigen Ideen sind es, die das Geschäft eines jeden Freiberuflers und selbstständig Arbeitenden am Laufen halten. Wer glaubt, dass die Ideenfindung allein ein Teil der Existenzgründungsphase ist und man sich später nur noch Gedanken um die Realisierung dieser Idee zu machen braucht, irrt. Jede Geschäftsidee muss kontinuierlich beobachtet und überdacht werden, und sie muss sich weiterentwickeln.

Jede Geschäftsidee steht in einem Spannungsverhältnis, das aus dem Dreieck zwischen Idee, Kunde und Realisation gebildet wird.

Spannungsdreieck:

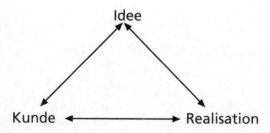

Eine Geschäftsidee zu haben, ist heute verhältnismäßig einfach. Nichts wird in Deutschland zurzeit so stark thematisiert und gefördert wie die Existenzgründung, ganz einfach deshalb, weil der Staat hofft, so die hohen Arbeitslosenzahlen nach unten drücken zu können. Und auch die großen und mittleren Unternehmen hoffen, über das Oursourcing von

Aufgaben ihre Fixkosten zu reduzieren. Deshalb steht man dort Existenzgründungen ebenfalls sehr aufgeschlossen gegenüber.

An Ideen mangelt es also wahrlich nicht. Schwieriger wird es schon, wenn es um die Beziehung zwischen der Geschäftsidee und den potenziellen Kunden geht. Und noch schwieriger wird es bei der Realisation der Ideen, wo man dann auf eine ganze Reihe von Fakten stößt, die nur zum Teil zu beeinflussen sind.

Widerstände gegen neue Ideen

Wir müssen uns ganz einfach klar darüber werden, dass unsere gesamte Gesellschaft auf dem Prinzip der abhängigen Lohnarbeit aufgebaut ist. Das betrifft hauptsächlich die Sozialsysteme und das Steuersystem, aber auch unendlich viele Regelungen, die dem Schutz der Arbeitnehmer, der Wettbewerbsordnung, der Volksgesundheit, der Rechtssicherheit oder der sozialen Gerechtigkeit dienen sollen.

All diese Systeme sind über mehr als hundert Jahre dahingehend optimiert worden, den lohnabhängigen Arbeitnehmer zu schützen. Alle anderen, die nicht in diese Kategorie gehörten, galten als stark, als nicht schützenswert, ja mitunter sogar als potenziell gefährlich für die soziale Ordnung. Deshalb steckte man Freiberufler, Handwerker und Kleingewerbetreibende immer wieder in die gleiche Schublade mit Global Playern wie DaimlerChrysler, Deutsche Bank, Siemens oder Thyssen-Krupp.

Bis sich diese Denkweise ändert, wird es wohl noch Jahre, vielleicht sogar Jahrzehnte dauern. Damit muss aber der Freiberufler und der Selbstständige schon heute fertig werden und dies nicht nur bei der Ideenfindung beachten, sondern eben auch in seinem ganzen Arbeitsalltag. Je mehr Dinge er anders machen möchte, je neuer und ungewöhnlicher seine Lösungen sind, desto mehr Widerstand wird ihm entgegengebracht werden.

Ideen sind wie Eis

Ideen sind wie Eis. Manche sind unendlich lange tragfähig, andere schmelzen schon nach kurzer Zeit dahin, werden brüchig, und wer auf sie vertraut, bricht dann unweigerlich ein. Die Ursachen dafür liegen oft genug nicht in der Idee selbst, sondern in den Veränderungen der Rahmenbedingungen, und die können vielfältiger Natur sein.

Beispiel: Vom Fax zum Internet

Um 1980 herum benutzten sowohl die Firmen als auch die Medien, wie Zeitungen, Zeitschriften und Nachrichtenagenturen, ausschließlich Briefe oder so genannte Fernschreiber, um mit anderen schriftliche Kommunikation zu betreiben. In dieser Zeit boomte die Geschäftsidee des Kurierdienstes. Ob als Fahrradkuriere in den Großstädten oder als Schnellkuriere mit dem Auto oder Kleinlaster, das Heer der Solo-Selbstständigen in dieser Branche wuchs ebenso schnell wie die Zahl der Firmen, die wiederum ein Heer von Subunternehmern koordinierten und einsetzten. Kurierdienste wurden für viele Studenten, aber eben nicht nur für diese, zu echten Alternativen zum Taxifahren.

Wenige Jahre später tauchten die ersten Faxgeräte auf. Sie waren ungefähr so groß wie eine Waschmaschine und kosteten in der Anfangsphase um die 30.000 DM pro Stück. Ihre Verbreitung war entsprechend gering. Zunächst wurden sie zur betriebsinternen Kommunikation innerhalb von multinationalen Unternehmen eingesetzt, später sicherten sich die ersten Zulieferer, wie zum Beispiel PR-Agenturen, einen Wettbewerbsvorteil dadurch, dass sie auch diese Maschinen aufstellten. Den Kurierdiensten konnten die Faxgeräte durch schlechte Qualität und mangelhafte Bildübertragung noch nicht viel anhaben.

Der Siegeszug der Faxgeräte, bis dahin noch Fernkopierer genannt, begann erst im zweiten Drittel der Achtzigerjahre, als ihre Preise auf wenige tausend DM sanken. Anfang der Neunzigerjahre entwickelte sich dann eine neue Dienstleistung, die der Fax-Informationsdienste. Man hatte hochleistungsfähige Faxgeräte entwickelt, die Tausende von Telefonnummern speichern konnten, und es gab das so genannte Polling, die Möglichkeit, gezielt Faxnachrichten durch die Anwahl einer bestimmten Telefonnummer abrufen zu können.

Wieder gab es Neugründungen von Dienstleistern, die Firmen die Möglichkeit anboten, auf diese Weise mit Kunden und Medien in Kontakt zu treten. Mit Hilfe von Computern, Modems, Programmen und dem richtigen Know-how entstand hier eine neue boomende Branche, die zunächst gute Gewinne einspielte. Der Bildschirmtext Btx als Konkurrenzmedium war zu dieser Zeit kaum verbreitet und nach der ersten Einführungsphase fast wieder am Aussterben. Btx mit seiner Bauklotzgrafik schaffte es eigentlich nie, über die Rolle eines exotischen Mediums hinauszukommen.

Das änderte sich erst, als Mitte der Neunzigerjahre das Internet seinen rasanten Siegeszug antrat und die E-Mails mit ihrer Möglichkeit, Dateien anzuhängen, nicht nur die Telefaxgeräte nahezu überflüssig machten, sondern auch die damit verbundenen Dienstleistungen und natürlich erst recht die Kurierdienste in eine Nische drückten.

War es zu Telefax-Zeiten noch notwendig, zum Beispiel farbige Ausdrucke von der Werbeagentur schnell zum Kunden zu befördern, damit der eine Entscheidung treffen konnte, so ließ sich das nun auch per E-Mail erledigen. Mit geeigneten Computerprogrammen arbeiten heute Grafiker, Werbeagenturen und Auftraggeber in den Unternehmen am selben Dokument, ohne dass sie ihr Büro verlassen müssen. Telefax-Dienstleistungen und Kurierdienste sind somit zum Teil überflüssig geworden. Diese Geschäftsideen haben sich erledigt.

Was bei neuen Ideen zu beachten ist

80 Prozent aller neuen Produkte verschwinden innerhalb von sechs Monaten wieder vom Markt. Mit Geschäftsideen ist es nicht viel anders. Das hat nicht unbedingt etwas damit zu tun, dass die Idee nicht gut ist, aber vielleicht ist die Zeit noch nicht reif oder es braucht mehr Zeit, um die Menschen mit der neuen Idee vertraut zu machen.

Die meisten Ideen sind auch nicht wirklich neu, sondern entstehen aus der Abwandlung oder Ergänzung bereits bestehender. Wo sich eine 1:1-Kopie wirklich lohnt, das ist nur im Franchise-Bereich. Ansonsten ist es besser, eine Idee an die bestehenden Verhältnisse anzupassen. Kreatives Kopieren ist gefragt.

Die erste Frage, die man sich stellen muss, ist: Weshalb war die Idee, dort, wo sie realisiert wurde, erfolgreich? Es heißt immer so schön über New York: „If you can do it there, you can do it anywhere." (Wenn man es dort machen kann, kann man es überall machen.) Aber genau das stimmt nicht.

Metropolen und die Menschen, die dort leben, verhalten sich nach anderen Gesetzen als die Einwohner einer deutschen Kleinstadt. Wenn sich nur ein Prozent der Bevölkerung für die Idee begeistert, sind es bei einer Million Menschen immer noch 10.000, die als Kunden in Frage kommen. Wohnen in einer Stadt aber nur 10.000 Menschen, dann gibt es nur noch 100 potenzielle Kunden.

Die zweite Frage lautet: Welche Bedeutung hatte der Zeitpunkt für die Idee? Manche Ideen kommen zu früh, andere zu spät. Das beste Beispiel dafür sind die Internet-Brokerhäuser, die im Rahmen der New Economy boomartig aus dem Boden schossen und heute fast alle wieder verschwunden sind, es sei denn, sie wurden von großen Banken übernommen oder fusionierten untereinander.

Der richtige Zeitpunkt in New York kann der falsche in Hamburg sein. Da durch die elektronischen Medien heute aber alle Nachrichten und damit auch alle Trends überall auf der Welt zeitgleich präsent sind, ist die Chance, mit einer Verzögerung von einigen Monaten oder sogar Jahren den Erfolg einer Idee woanders zu kopieren, immer geringer.

Von welchen Schlüsselfaktoren ist der Erfolg einer Idee abhängig? Ist es die Kaufkraft der Kunden? Ist es die Kundenzahl? Ist es der Standort oder ist es vielleicht sogar die Persönlichkeit des Freiberuflers?

Die Zeit der Managementgurus und Erfolgstrainer ist in Deutschland vorbei – spätestens seit Jürgen Höller ins Gefängnis gehen musste, nicht zuletzt deshalb, weil er am Schluss seine eigenen Erfolgslehren geglaubt hat: „Du schaffst es" – oder eben auch nicht. Erfolgstraining war letztlich eben auch nur eine Trendidee und kein Dauerbrenner.

Um Ideen wirklich zur Blüte zu bringen, muss man flexibel sein. Es gehört die Bereitschaft dazu, zum richtigen Zeitpunkt zu erkennen, wenn eine Sache schief geht, und nicht dem verlorenen Geld noch mehr hinterherzuwerfen, ganz einfach, weil man sich nicht eingestehen will, dass man sich geirrt oder einen Fehler gemacht hat.

Es gehört dazu die Bereitschaft, im Zweifelsfall den Standort zu wechseln, sich immer wieder selbst zu kontrollieren und zu korrigieren. Denn niemand kann in die Zukunft sehen, und die Bedeutung externer Einflussfaktoren wächst beständig. Flexibilität heißt, einerseits ein Ziel beharrlich zu verfolgen und langfristig für die Realisation zu kämpfen, andererseits aber auch kurzfristig Änderungen vorzunehmen.

Von Anfang an dabei sein – neue Produkte und Ideen nutzen

Fast täglich tauchen neue Produkte, Technologien, Trends und Ideen auf. Aber niemand weiß, wie sie sich entwickeln werden und welchen Nutzen sie wem tatsächlich bringen. Grundsätzlich gibt es zwei Strategien, damit umzugehen. Die eine lautet: „Abwarten und Tee trinken." Das, was neu ist, beobachten, aber sich so lange nicht engagieren, bis man weiß, wohin der Hase läuft. Die andere nennt sich in den USA das „Early Harvest Prinzip" (das Prinzip der frühen Ernte).

Die Early-Harvest-Verfechter gehen davon aus, dass es besser ist, sich so früh wie möglich mit Neuem zu befassen, um selbst Erfahrungen zu machen und früher als andere zu wissen, was sich ändern wird. Tatsache ist, dass sich mit Dienstleistungen und Verfahren besonders in der Anfangsphase schnell und viel Geld machen lässt. Wenn es erst einmal alle machen, sacken die Preise oft genug in den Keller oder die Märkte brechen vollkommen zusammen.

Praxisbeispiel:

Eine Grafikdesignerin, die hauptsächlich Imagebroschüren und Kunden-zeitschriften gestaltet, legte sich zu einem sehr frühen Zeitpunkt eine Digi-talkamera zu, als andere solche Geräte noch für Amateur-Spielereien hiel-ten. Sie machte damit nicht nur Fotos von Personen oder Gebäuden ihrer Kunden, sondern nahm auch kleinere Objekte als so genannte Tabletop-Fo-tografien auf. Sie lernte früher als die Wettbewerber, per Computer die Bil-der zu bearbeiten und in ihre Layouts zu integrieren.

Damit war sie nicht nur schneller und aktueller, sie konnte ihren Kun-den auch etwas Neues bieten. Und natürlich sind digitale Fotos viel preis-werter als Fotografien auf klassischem Material, die erst noch gescannt wer-den müssen, um sie dann digital bearbeiten zu können.

Die Kunden waren gern bereit, für diese innovativen Gestaltungen so-wie die größere Aktualität und höhere Flexibilität mehr zu zahlen als für klassisches Layout. Die größere Spanne zwischen eingesetztem Material und besserem Honorar zahlte sich für die Grafikdesignerin richtig aus. Und als die Wettbewerber nachzogen, war sie mit ihren Angeboten längst etabliert.

Heute gibt es Handys mit eingebauter Digitalkamera. Ist das nur ein Spielzeug oder können Sie diese konkret bei Aufträgen einsetzen? Das muss jeder selbst herausfinden.

Praxistipp:

Halten Sie Ausschau nach neuen Produkten und Ideen und versuchen Sie diese in Ihren Arbeitsablauf zu integrieren. Nur wer als Erster dabei ist, wird auch schnell Geld verdienen.

Mehr Schwung in schweren Zeiten – Neuorientierung statt Spezialisierung

Als Freiberufler bekommen Sie die Veränderungen in Wirtschaft und Konjunktur viel früher zu spüren als Angestellte in Unternehmen derselben Branche. Und gerade erfahrene Freiberufler stellen sich heute immer häufiger die Frage, ob sie sich in ihrer Tätigkeit mehr spezialisieren oder lieber Ausschau nach Variationsmöglichkeiten halten sollten. Job-Extension (Job-Ausweitung) ist das Schlagwort für viele, die feststellen, dass sie auf einem Bein nicht mehr stehen können.

Die Nachfrage nach Dienstleistungen in der Personalberatung hat ebenso dramatisch nachgelassen wie die Auftragsvergabe im Bereich Werbung. Gegen die einseitige Abhängigkeit von einer bestimmten Branchenkonjunktur hilft nur eine Neuorientierung – der Einstieg in den Umstieg.

Gerade Freiberufler, die lange Zeit gut im Geschäft waren, hatten wenig Gelegenheit, sich mit Veränderungen und neuen Chancen zu befassen. Wenn die Aufträge dann wegbrechen, muss man schnell handeln. Zunächst gilt es, den eigenen Standort zu bestimmen und die persönlichen Schwächen und Stärken herauszufinden.

Dass Rundfunkjournalisten ihr Know-how als Medientrainer anbieten, liegt schon fast auf der Hand, oder auch, dass IT-Dienstleister Senioren-Computerkurse organisieren und durchführen. Auch wenn ein Headhunter zum Management-Coach oder zum Veranstaltungsmanager wird, ist der gedankliche Sprung bei einer solchen Job-Extension nicht besonders groß. Ungewöhnlicher ist es schon, wenn ein Grafikdesigner die Entwicklung von Motiven für Tätowierungen als neues Trend-Geschäftsfeld entdeckt und zukünftig statt mit der Airbrush mit der Tätowiernadel arbeitet.

Gerade in Zeiten großer Veränderungen entstehen neue Aufgabenfelder und -kombinationen, für die erst noch neue Bezeichnungen gefunden werden müssen. Zum Beispiel wurde unter der Trägerschaft des Bayrischen Volkshochschulverbandes ein Projekt für spezielle Stadtführungen entwickelt, was seinen Ursprung in einem Angebot für arbeitslose kulturschaffende Frauen hatte. Es ist der neue Beruf „Kulturkurator/in". In Städten mit interessanter Geschichte werden vom Kulturkurator Stadtführungen angeboten, die sich deutlich von den monotonen Sightseeing-Touren unterscheiden. Mit Geschichten macht er Geschichte lebendig, selbst kostümiert wie ein Nachtwächter oder ein mittelalterlicher Pestarzt, weckt er die Fantasie seiner Zuhörer. Auftraggeber und Geschäftspartner eines solchen Kulturkurators können die örtlichen Touristenbüros, aber auch Hotelketten oder Seminarveranstalter sein, die wiederum ihren Kunden etwas Besonderes bieten möchten.

Checkliste Job-Extension

1. Ideen entwickeln
Machen Sie eine Bestandsaufnahme:
- ☐ besondere Fertigkeiten (manuelles Geschick, sportliche Talente, kommunikative Fähigkeiten etc.)
- ☐ besondere Kenntnisse (kunsthistorisches Wissen, Fremdsprachen, Pflanzenkenntnisse, Kenntnisse in der Ernährung oder Lebensführung etc.)
- ☐ regionale Möglichkeiten (historischer Ort, Messestadt, Standort internationaler Konzerne etc.)

2. Ideen festigen
Die zentrale Frage lautet: Woran mangelt es den Menschen oder Unternehmen am meisten?
- ☐ Zeit
- ☐ Know-how
- ☐ Lebensqualität
- ☐ Kommunikation

3. Ideen umsetzen
Testen Sie Ihre Idee und sammeln Sie Erfahrungen:
- ☐ Zusatzangebote an bestehende Kunden
- ☐ Testjobs im Bekanntenkreis
- ☐ Testanzeige in der lokalen Tageszeitung
- ☐ Versand gezielter Werbebriefe und Telefonakquisition

Franchise – eine bereits bewährte Idee nutzen

Beim Franchise-Verfahren stellt ein Unternehmen, der Franchise-Geber, dem Franchise-Nehmer Name, Marke, Know-how und Marketing zur Verfügung. Für das Recht, die Waren und Dienstleistungen des Gebers zu verkaufen, und die Gewährleistung, dass kein anderer Franchise-Nehmer am selben Ort tätig wird, zahlt der Nehmer eine Gebühr.

In der Regel wird das komplette Unternehmenskonzept dem Nehmer in einem Handbuch zur Verfügung gestellt. Er erhält Unterstützung und Beratung bei Markteinschätzungen, Kalkulationen, Werbung, Public Relations und anderen geschäftlichen Dingen.

Dem Franchise-Nehmer bietet das Franchise-System einerseits eine gewisse Sicherheit, weil er in ein bereits erprobtes Geschäft einsteigt. Andererseits aber wird das selbstständige Handeln stark eingeschränkt.

Franchise-Existenzgründungen werden öffentlich gefördert, aber nicht in jedem Fall. Erkundigen Sie sich deshalb rechtzeitig vor Abschluss eines Vertrages am besten bei der Deutschen Ausgleichsbank. Lassen Sie sich von den Franchise-Verbänden, Industrie- und Handelskammern beziehungsweise Handwerkskammern bei der Auswahl des geeigneten Franchise-Gebers beraten. So können Sie auch vermeiden, unseriösen Geschäftsleuten auf den Leim zu gehen.

Auf jeden Fall müssen Sie sich Zeit nehmen und sich nicht unter Druck setzen lassen. Lassen Sie auf jeden Fall vor der Unterzeichnung den Franchise-Vertrag und die kaufmännischen Unterlagen des Gebers von einem Fachmann, zum Beispiel einem spezialisierten Rechtsanwalt, prüfen.

Checkliste Franchising

1. Macht es Ihnen nichts aus, dass Sie als Franchise-Nehmer durch die Franchise-Vorgaben einen großen Teil Ihrer Entscheidungsfreiheit verlieren?
2. Wie schätzen Sie beziehungsweise andere Fachleute die Marktchancen der Franchise-Idee ein?
3. Wer sind Ihre potenziellen Kunden?
4. Wie gut ist Ihr Standort?
5. Gibt es Konkurrenz am Ort? Wenn ja, welche?
6. Wie unterscheiden sich Ihre Produkte und Dienstleistungen von denen der Wettbewerber vor Ort?
7. Welche Vorteile haben Ihre Produkte und Dienstleistungen?
8. Welche Preise verlangt Ihre Konkurrenz? Welche Preise planen Sie?
9. Ist der geplante Verkaufspreis am Standort realisierbar?
10. Sind Ihre Produkte oder Dienstleistungen saisonabhängig?
11. Ist der Markenname geschützt? Sind Patente und Warenzeichen erteilt?
12. Wie lange ist der Franchise-Geber im Geschäft?
13. Wie erfolgreich läuft das Geschäft?
14. Wie ist seine Kapital-Situation?
15. Wie ist das Firmen-Image?
16. Wie gut ist das Management?
17. Wie viele Franchise-Nehmer gibt es?
18. Sind die Franchise-Nehmer mit dem Franchise-Geber zufrieden?
19. Ist der Franchise-Geber Mitglied in einem Fachverband?
20. Will der Franchise-Geber die Preise für Ihr Produkt bestimmen? Das ist nicht zulässig.
21. Müssen Sie Betriebsmittel und Waren zu 100 Prozent

beim Geber beziehen oder dürfen Sie Teile selbst kaufen?

22. Welche Voraussetzungen muss ein Franchise-Nehmer erfüllen? Ist eine fachliche und kaufmännische Erfahrung erforderlich?
23. Werden Eignungstests durchgeführt?
24. Gibt es eine ausreichende Schulung, Betriebsvorbereitung und Weiterbildung?
25. Erhält der Franchise-Nehmer ein Handbuch zur Betriebsführung?
26. Gibt es Beratung und Hilfe bei Problemen?
27. Welche Service-Leistungen bietet der Geber in den Bereichen Einkauf, Werbung und Public Relations?
28. Ist der Finanzplan schlüssig?
29. Was kann ich unterm Strich verdienen?
30. Passen Produkt, Partner und Franchise-Paket zu Ihnen? Vertrauen Sie Ihrem Vertragspartner?
31. Wie hoch ist Ihr notwendiger Kapitaleinsatz für den Start?
32. Wie viel davon haben Sie bereits zur Verfügung und wie viel müssen Sie finanzieren lassen?
33. Woher bekommen Sie das fehlende Geld?
34. Sind im Finanzplan alle Kosten berücksichtigt? Auch die kalkulatorischen?
35. Sind Einstiegsgebühr und die laufenden Franchise-Gebühren, die abhängig vom Bruttoumsatz gezahlt werden müssen, angemessen und der Marktsituation entsprechend?
36. Welche zusätzlichen Zahlungen kommen auf Sie zu?
37. Wie stellen Sie die Liquidität in den nächsten drei Jahren sicher?
38. Unterstützt Sie der Franchise-Geber bei der Erstellung des Liquiditäts- und Umsatzplans?

39. Haben Sie ausreichend Zeit, den Franchise-Vertrag vor Ihrer Unterschrift zu prüfen? Ziehen Sie dabei einen Fachmann zu Rate.
40. Wird Ihnen Gebietsschutz garantiert?
41. Ist der Vertrag von der Deutschen Ausgleichsbank anerkannt?
42. Wie lang ist die Laufzeit des Vertrages? Welche Verlängerungsmöglichkeiten gibt es? Und wie sind die Kündigungsfristen?
43. Wie sind Vertragsverstöße geregelt? Kündigt der Geber mit sofortiger Wirkung bei Vertragsverstößen Ihrerseits oder ist eine Abmahnungsmöglichkeit vorgesehen?
44. Wie hoch sind die Vertragsstrafen?
45. Welche Möglichkeiten des Verkaufs gibt es bei Beendigung der Partnerschaft?
46. Gibt es ein Ausübungs- beziehungsweise Wettbewerbsverbot? Gibt es eine Konkurrenzklausel?
47. Können Sie eventuell weiterhin in der Branche tätig sein, wenn Sie kleine oder größere Veränderungen im Warensortiment, Erscheinungsbild und so weiter vornehmen?

Existenzsicherung – Jobs mit Zukunft für Freiberufler und neue Selbstständige

Um die Erfolgschancen eines Projekts vorauszusagen, reichte es früher, einen Blick in die Vergangenheit zu werfen und von bereits gemachten Erfahrungen zu profitieren. Von den Fünfzigern bis in die Siebzigerjahre hinein ging es ja in Europa hauptsächlich darum, die durch den Zweiten Weltkrieg verursachten Schäden zu reparieren, wiederaufzubauen und an das anzuknüpfen, was in den USA bis dahin bereits an Entwicklungen stattgefunden hatte.

In den Achtzigerjahren glaubte man dann, das bis dahin Erreichte bewahren und konservieren zu können und zu müssen. In den Neunzigern merkte man, nicht zuletzt durch die Auflösung der alten Strukturen in Osteuropa, dass sich erneut ein Wandel abzeichnete. Nur war man nicht bereit, die Konsequenzen zu ziehen, sondern machte sich Illusionen, dass alles wieder so werden könnte, wie es früher, das heißt zehn Jahre zuvor, einmal gewesen war.

Heute hat die Zukunft eine neue Kontur gewonnen, die kaum noch Gemeinsamkeiten mit der jüngeren Vergangenheit aufweist. Die Bevölkerung in Europa wird älter, Wissen ist der zentrale Wert der Wirtschaft, und die Internationalisierung dringt bis in den letzten Winkel eines jeden Landes vor.

Bis 2010 werden bereits 58 Prozent der Deutschen über 40 Jahre alt sein. Und 2030 ist jeder Dritte älter als 60 Jahre. Wahrscheinlich wird man in Deutschland dann die älteste Bevölkerung der Welt haben, so das Statistische Bundesamt. Spätestens 2015 wird das Arbeitsleben bis zum 70. Lebensjahr dauern. Diesem Trend entkommen wahrscheinlich nur jene, die heute schon älter als 55 Jahre sind.

Alle anderen sollten sich auf diese Perspektiven einrichten, entweder dadurch, dass sie genügend Kapital ansammeln, um auch ohne Arbeit leben zu können, oder dadurch, was wohl die Mehrheit betrifft, dass sie ihre Planung so ausrichten, dass sie auch noch in zwanzig Jahren vom Markt akzeptiert werden.

Trend 1: Es gibt nur noch einen großen Markt

Das Wort „Globalisierung" mögen viele Menschen heute schon nicht mehr hören, so häufig wird es benutzt. Aber an der Tatsache ändert sich nichts: Wie Professor Hermann Simon von der Unternehmensberatung Simon, Kucher & Partners beont, werden auch mittelständische und sogar kleine Unternehmen in Zukunft gezwungen sein, sich intensiv mit fremden Kulturen auseinanderzusetzen. Seien es nun eigene Mitarbeiter oder externe Fachleute, die aus einem anderen Kulturkreis kommen, seien es vielleicht sogar die Kunden oder die Lieferanten.

Es kommt nicht nur darauf an, die Sprache, sondern auch die Gepflogenheiten anderer Kulturen zu kennen und zu verstehen. In großen Unternehmen gibt es den Diversity Manager schon längst. Seine Aufgabe liegt in der Bewältigung von Unterschieden. Er sorgt dafür, dass internationale Teams funktionieren und dass unproduktive Reibungen beseitigt werden. Dabei spielen oft nicht nur die kulturellen Unterschiede eine Rolle, sondern auch Alter, Geschlecht oder Religion.

Und weil sich Mittelständler keine eigenen Diversity Manager leisten können, werden sie darauf angewiesen sein, freie Berater mit hochspezialisiertem Know-how zu engagieren. Die Beherrschung exotischer Sprachen wie Thailändisch, Vietnamesisch oder sogar bestimmter chinesischer Dialekte kann plötzlich nicht mehr nur eine akademische

Laufbahn eröffnen, sondern durchaus zu einem lukrativen Beratungsgeschäft werden, wenn auch noch die Fähigkeit vorhanden ist, Gegensätze zu überbrücken und Verständnis zu vermitteln.

Selbst innerhalb Europas sind die kulturellen Unterschiede und Feinheiten größer und wichtiger, als viele Menschen glauben, und das gilt erst recht im globalen Maßstab. Wer annimmt, ein zusätzlicher englischer Sprachkurs und eine Vierwochenreise im Wohnmobil durch Kalifornien machten ihn fit für das internationale Business, befindet sich im Irrtum. Das erkennen auch immer mehr mittelständische Unternehmen. Nur finden sie keine geeigneten Mitarbeiter, einerseits, weil sie keine Gehälter zahlen können, die dem Wettbewerb der großen Konzerne standhalten, und andererseits, weil sie nicht die Aufgaben bieten, die sich entsprechende High Potentials wünschen. Die einzige brauchbare Lösung bieten dann externe Berater. Allerdings gibt es die bisher kaum. Und weil es sie nicht gibt, werden sie auch nicht gesucht.

Wer in diesem Arbeitsfeld aktiv werden möchte, muss seine Dienste ganz gezielt anbieten. Das mag zwar am Anfang etwas zäh sein, aber es wird sich lohnen. Wer bisher vielleicht als Dolmetscher, Übersetzer, Kulturwissenschaftler oder vielleicht auch nur als Reiseleiter gearbeitet hat, kann mit diesem Aufgabenfeld des Diversity Managers seiner bisherigen Tätigkeit einen neuen Akzent hinzufügen oder ihr sogar eine vollkommen neue Richtung geben.

Trend 2: Die Grey Economy

Im Jahre 2003 gab es in 60 Prozent aller deutschen Unternehmen keine Mitarbeiter mehr, die älter als 50 Jahre waren. Das wird sich in den kommenden Jahren rasant ändern, belegen die Zahlen des Statistischen Bundesamtes. Danach werden schon 2005 die über 50-Jährigen mit knapp einem Viertel die größte Gruppe der Arbeitnehmer darstellen, größer als die der unter 30-Jährigen. Um 2020 herum wird bereits jeder Dritte, der arbeitet, älter als 50 Jahre sein.

Viele, die heute noch angestellt arbeiten, werden dann in einen freien Beruf oder in die neue Selbstständigkeit wechseln, um als Berater, Trainer, Coach oder Mentor eine zweite Karriere zu beginnen. Weiterbildung speziell für über 50-Jährige wird ein großes Geschäftsfeld werden. Und die Chancen für unter 30-Jährige, in diesen Markt einzusteigen, sind auf Grund der Akzeptanzprobleme sehr klein.

In ungefähr 15 Jahren wird die wichtigste Konsumentengruppe, die so genannten „Master Consumer", aus den heute 35- bis 45-Jährigen bestehen, sagt Axel Börsch-Supan, Direktor des Forschungsinstituts für Ökonomie und demografischen Wandel in Mannheim. Sie sind schon heute konsumfreudig und aktiv, und das wird sich nicht ändern. Aber es kommt noch eines hinzu: Sie sind dann wohlhabend und in den meisten Fällen von familiären Pflichten entbunden.

Um diese Qualitätszielgruppe weiterhin bei der Stange zu halten, werden sich nicht nur die Produkte ändern, sondern auch das ganze Marketing. Es werden keine grauen Panther mehr sein, die sich für ein menschenwürdiges Leben im Altersheim einsetzen, sondern selbstbewusste und zahlungskräftige Verbraucher, die lieber unter den Begriffen „Woopies" (Well-off old People) oder „Selpies" (Second-Life People) firmieren und anspruchsvoller sind als jede Zielgruppe zuvor.

Wer sich als Freiberufler oder neuer Selbstständiger schon heute darauf einrichtet, in wenigen Jahren fit für diesen Markt zu sein, dürfte auf jeden Fall auf der Gewinnerseite stehen.

Trend 3: Können wird knapper

Die große Zahl der Arbeitslosen in Deutschland darf nicht täuschen. Schon in wenigen Jahren wird die Nachfrage nach hoch qualifizierten Knowledge-Workern (Wissensarbeitern) das Angebot deutlich übersteigen. Der Arbeitsmarkt wird sich spalten.

Auf der einen Seite befinden sich dann hoch qualifizierte Spezialisten, die sich immer häufiger gegen eine Festanstellung entscheiden und als Freie oder Selbstständige im Rahmen von Projekten Funktionen in verschiedenen Unternehmen wahrnehmen, und auf der anderen Seite die Basic Worker, die nach Ansicht von Matthias Horx vom Zukunfts-institut wahrscheinlich 30 Prozent aller Arbeitnehmer ausmachen werden und die Grundfunktionen in der Wirtschaft übernehmen.

Der Mittelbau hingegen, einmal ausgebildet und nichts mehr dazugelernt, der früher die Mehrzahl der Arbeitenden ausmachte, wird zunehmend kleiner. Die Zahl der gering oder falsch qualifizierten Arbeitslosen wird allerdings bleiben, sagt Axel Börsch-Supan.

Freiberufler und Selbstständige müssten also, wenn sie am Markt erfolgreich bleiben wollen, Weiterbildung als kontinuierliches Element in ihr Zeitbudget einbauen. Das ist heute jedoch meist noch nicht der Fall. Aber gerade der flexibilisierte Weiterbildungsmarkt wird für die Zielgruppe dieses Buches erhebliche Chancen bieten. Job-Extension durch Lehre und Training ist ein Trend mit Zukunft.

Berufsfelder mit Zukunft

Die drei großen Berufsfelder, auf denen Freiberufler und neue Selbstständige besonders große Chancen haben werden, sind laut Matthias Horx:
▸ Wellness,
▸ Wissen und Bildung,
▸ Sicherheit.

Daneben gibt es selbstverständlich noch zahlreiche andere im Bereich der Bio- und Umwelttechnik oder der Robotik, aber hier werden es mehr die großen Unternehmen sein, die interessante Arbeitsplätze bieten.

Wellness

Wellness ist ein großer und umfassender Begriff, der seine Wurzeln einerseits im Wort Fitness hat, aber in seiner Komplexität nicht nur den ganzen Gesundheitsmarkt einschließt, sondern die gesamte psychosoziale Gesundheit im Einklang von Körper, Geist und Seele.

Im Zuge dieses Trends entstanden und entstehen nach wie vor neue Berufe, die ihren Platz in der bestehenden Systematik und am Markt erst finden müssen. Einige werden sicher wieder verschwinden, andere werden sich in ihren Schwerpunkten und vielleicht auch noch in ihren Bezeichnungen wandeln oder wieder in neuen Berufen aufgehen. Der Bereich Wellness wird mit vielen anderen Tätigkeitsfeldern verknüpft werden, woraus sich Synergien ergeben und auch bereits bestehende Berufe neue Impulse erhalten werden, betont Horx.

Da ist natürlich zunächst einmal der traditionelle Medizinsektor. In gleichem Maße, wie sich die Krankenkassen aus der finanziellen Sicherung der Volksgesundheit zurückziehen, entstehen hier neue Angebote. Besonders im Bereich der Prävention von Krankheiten werden in Zukunft Spezialisten und neue Dienstleistungen gefragt sein. Im Bereich der integrierten Medizin werden nicht nur neue Verfahren zur Anwendung kommen, sondern auch Methoden der traditionellen Volksmedizin anderer Kulturen, wie zum Beispiel Ayurveda.

In den großen Unternehmen, aber auch im öffentlichen Dienst werden schon bald neue gesundheitsorientierte Firmenkulturen entstehen, die nicht nur Krankheiten vorbeugen helfen, sondern auch dem Wohlbefinden der Mitarbeiter dienen sollen. Das beginnt bei einer weiter verbesserten Ergonomie aller Arbeitsplätze, geht über die Gestaltung von Räumen bis hin zur Akustik und reicht bis zu neuen Formen der Klimatisierung.

Auch im Bereich der Kosmetik und Körperpflege werden gesundheitliche Aspekte zukünftig eine noch größere Rolle spielen. Kosmetik wird sowohl mit psychologischen Wirkungen in Verbindung gebracht werden als auch zum Beispiel mit so genannten aromatherapeutischen.

So entsteht eine Verbindung zwischen Körperpflege und Medizin. Der bisher vernachlässigte seelische Aspekt von Kosmetik als Teil eigenständiger Lebenswelten, aber auch der Zusammenhang mit Entspannung und Lebensbalance wird wachsen.

Ein weiterer großer Bereich ist jener der Ernährung. Nicht nur, dass neue Nahrungsmittel auf den Markt kommen werden – so genanntes Health Food, Brain Food oder Mood Food –; es werden sich auch die Methoden der Zubereitung und die Zusammensetzung vieler Speisen ändern. Der schon in den USA zu beobachtende Trend, dass die meisten Menschen weder über das Wissen noch über das Können verfügen, selbst Speisen zuzubereiten, wird im Zusammenhang mit neuen Formen der Ernährung auch Europa erreichen und dort vollkommen neue Aufgabenfelder entstehen lassen.

Auch zwischen Wellness und der Biotechnologie sowie bestimmten ökologischen Techniken wird es neue Zusammenhänge geben. Neue Werkstoffe für Häuser und Einrichtungen, neue Formen der Gestaltung und eine veränderte Ausformung in der urbanen Lebensweise eröffnen Chancen für Dienstleistungen, die heute noch eher ein Schattendasein führen oder sich bisher lediglich an sehr spezielle Zielgruppen wendeten.

Ebenfalls mit großen Veränderungen ist in der Tourismusindustrie zu rechnen. Der Wellness-Tourismus löst die alten Formen des Erlebnis-Tourismus ab, und die Nachfrage nach neuen Dienstleistungen, aber auch nach gänzlich anderen Lebensweisen im Urlaub wird entstehen. Besonders das zunehmende Alter der Touristen wird zu veränderten Dienstleistungserwartungen führen.

Neue pharmazeutische Produkte werden sowohl von der traditionellen Industrie als Lifestyle Drugs auf den Markt gebracht werden, wobei der freie Verkauf zunehmen wird. Es werden aber auch gerade im Bereich der Naturprodukte und im Übergang zu Nahrungsmitteln neue Nachfragen entstehen.

Auch die neue Spiritualität als Teil der Wellness lässt neue Aufgabenfelder entstehen. Hier wird der Übergang zum Wissensbereich immer fließender werden, ebenso wie der Übergang zum Bereich des Trainings und der Körperertüchtigung. Der Trend, dass alles mit allem verschmilzt und sich viele neue Bezüge herstellen, eröffnet auch neue Chancen.

Die neuen Chancen werden nicht zuletzt auch im Medienbereich zu finden sein. Denn neues Wissen erfordert auch neue Medien, die Ratgeber- und Informationsfunktionen haben werden. Doch wird sich das Wellness-Wissen nicht mehr nur allein über Print- und elektronische Medien vermitteln lassen. Immer mehr Menschen werden die persönliche Beratung suchen, sodass auch hier eine Verquickung zwischen Wellness und Wissen entsteht.

Präventionsmediziner

Auf der Basis einer medizinischen Ausbildung werden Mediziner mit Zusatzqualifikationen im Bereich der Ernährungswissenschaften oder der Physiotherapie nicht nur den Hausärzten, sondern auch Krankenhäusern und anderen Institutionen zuarbeiten. Das bietet auch für Freiberufler neue Chancen.

Gesundheitsberater für ganzheitliche Gesundheit

Diese ärztlich geprüften Gesundheitsberater nehmen ähnliche Funktionen wie ein Präventionsmediziner wahr, haben aber einen anderen ausbildungsmäßigen Hintergrund. Sie können im Bereich der Naturheilkunde aktiv sein, aber auch bei der Ernährungsberatung mitwirken.

Einige Gesundheitsberater werden sich, vom Sport kommend, um das Thema Bewegung kümmern, das bis in die Ausdauersportarten wie Wandern, Golfen oder sanftes Laufen hineinreicht. Die Behandlung psychosomatischer Probleme, aber auch einfacher Stressabbau sind ebenfalls Felder, in denen sich Gesundheitsberater zukünftig engagieren können und werden.

Ganzheitliche Fitness- und Wellness-Trainer

Die Kompetenz dieser Trainer wird sich nicht mehr nur auf einen Teil-aspekt konzentrieren, sondern auf eine ganze Palette: Body-Fitness, Brain-Fitness, Immun-Fitness, Stress-Fitness und Fitness-Ernährung. Die Einsatzorte dieser ganzheitlichen Trainer sind nicht mehr nur die Fitness-Center, sondern auch Hotels, die spezielle Programme anbie-ten, oder Reiseveranstalter, die ihre Angebote unter ganz bestimmte Prämissen stellen.

Gedächtnistrainer

Die Gedächtnistrainer arbeiten wiederum an der Schnittstelle von Wellness und Wissen. Mit Hilfe einer ganz bestimmten Didaktik und Methodik sind sie in der Lage, genau definierten Zielgruppen, und die reichen vom Schulkind bis zum Senior, Fähigkeiten und Fertigkeiten zu vermitteln, die diese in Schule, Beruf und Alltag nutzen können.

Fastenleiter

Ein Fastenleiter begleitet die Menschen professionell durch eine Fas-tenkur. Dabei geht es beim Fasten nicht nur um die Reduktion von Körpergewicht, sondern auch hier steht die ganzheitliche Sicht auf Körper, Geist und Seele zukünftig immer mehr im Mittelpunkt.

Entspannungspädagoge

Entspannungspädagogen vermitteln ihren Kunden die verschiedenen Methoden der Meditation und des autogenen Trainings. Auch hier bil-den Körper und Geist wieder eine Einheit, von der progressiven Mus-kelentspannung bis hin zu schamanischen Reisen.

Allergieberater für Lebensmittel

Immer mehr Menschen leiden heute unter Lebensmittel bedingten Allergien. Was fehlt, ist das präzise Wissen über Ursachen, Auslöser, Diagnosen, Reaktionen und Gegenmaßnahmen. Hier kann der Allergieberater für Lebensmittel die Arbeit des Arztes ergänzen und unterstützen, aber auch den Klienten in zusätzlichen Seminaren und Veranstaltungen das notwendige Wissen vermitteln, um den Alltag einfacher und problemfreier zu gestalten.

Heilpflanzen- und Vitalstoffberater

Immer mehr Menschen möchten für sich selbst herausfinden, was ihnen gut tut, doch häufig fehlt ihnen das dafür notwendige Wissen. Hier tritt der Heilpflanzen- und Vitalstoffberater ein. Er zeigt Wege zur richtigen Selbstmedikation und hilft, in der Natur Heilpflanzen zu finden und diese richtig aufzubereiten. Lebensfreude, körperliche und geistige Fitness sowie die Beschäftigung mit einem interessanten Wissensgebiet werden ihm in Zukunft viele Kunden zuführen.

Synergetic Coach

Der Synergetic Coach unterstützt Menschen bei ihrer Arbeit zur Selbstheilung. Im Rahmen des Synergetic Training wird eine Anleitung zur Selbstheilung bei nahezu allen körperlichen und seelischen Krankheiten und Befindlichkeitsstörungen gegeben. Es lässt sich auch auf mentale Prozesse ausdehnen, um Qualitäten und Fähigkeiten zu entdecken und zu steigern.

Der Synergetic Coach liefert nur eine Hilfestellung für seinen Klienten. Synergetic Coaching ist insofern weder eine Heilmethode noch eine Form der Lebens- oder Sozialberatung und auch keine Psychotherapie. Synergetic Coaching dient zwar der Gesundheit, gehört aber nicht zu den Gesundheitsberufen und ist von daher auch nicht mit bestimmten gesetzlichen Auflagen versehen.

Wissen und Bildung

Zurzeit verdoppelt sich das Wissen der Menschheit zirka alle fünf Jahre. Die damit verbundene Informationsflut ist noch größer. Damit die Unternehmen ihre Wettbewerbsfähigkeit und die Arbeitnehmer ihren Lebensstandard erhalten können, müssen beide in Zukunft wesentlich mehr in Wissen und Bildung investieren als bisher, sagt Ludwig Georg Braun, Präsident des Deutschen Industrie- und Handelskammertages.

Auch wenn das staatliche Bildungswesen in Deutschland deutlich hinter dem in Österreich und in der Schweiz zurücksteht, tut sich im privaten Bildungssektor eine ganze Menge. Die modernste Form ist Wissen on Demand. Hier werden virtuelle Kurse und Lehrgänge über das Internet angeboten, damit die Lernenden sich nicht mehr nach einem festen Stundenplan richten müssen. So genannte Tele-Coaches stehen ihnen mit fachlichem Rat zur Seite. Dadurch werden die Kosten für Reisen und Unterbringung gespart, was für viele Unternehmen ein erheblicher Vorteil ist. Wahrscheinlich kommen auch bald Videokonferenz-Systeme zum Tragen.

Besonders für Freiberufler eröffnet sich mit einer nebenberuflichen Dozententätigkeit, die nicht nur im Internet, sondern auch in klassischer Weise stattfinden kann, ein zweites Standbein. Kommt es heute doch mehr darauf an, Erfahrung und Spezialwissen zu vermitteln, als über ein ohnehin nur in den seltensten Fällen wirklich brauchbares pädagogisches Fachwissen zu verfügen.

Allerdings sind die Honorare für Dozenten zurzeit noch verhältnismäßig niedrig. Doch wie die Beispiele anderer Länder zeigen, ist auch hier eine deutliche Tendenz zur Steigerung zu erkennen.

Wer dozieren möchte, sollte ein selbstsicheres Auftreten mitbringen, verbunden mit der Fähigkeit, vor einer größeren Gruppe frei zu sprechen. Fundiertes Fachwissen wird selbstverständlich erwartet und auch, dass man sich konzeptionell auf einen Kurs vorbereitet.

Wer sich als Freiberufler für eine Nebentätigkeit als Dozent interessiert, findet entsprechende Vermittlungen unter den folgenden Internet-Adressen:

www.wdb-berlin.de
www.dozentenpool.de
www.ikmt.de
www.dpool.de
www.trainer.de
www.ra-groeger.de

Aber Wissen und Bildung wird nicht nur auf diese Weise vermittelt und genutzt. Immer häufiger entstehen neue Berufe, die komplexes Know-how verlangen und von daher auch dem Bereich Wissen zugeordnet werden können.

Business Innovation Partner

Der klassische Unternehmer wird sich vielleicht schon bald neu definieren. Er wird weder über eigene Produktionsressourcen noch über eigene Mitarbeiter verfügen. Aber er wird auch kein angestellter Manager sein. Als Business Innovation Partner führt er bestimmte Bereiche von Unternehmen, die dort nicht mehr zum Kerngeschäft gehören. Und das wird nicht mehr nur wie heute der IT-Bereich sein, sondern auch Finanzen, Controlling, Einkauf und Personalwesen. Als Business Innovation Partner wird die Bezahlung überwiegend erfolgsabhängig stattfinden.

Zurzeit kommt das Angebot, als Business Innovation Partner zu arbeiten, hauptsächlich von den großen Unternehmensberatungen und ist in Europa bisher noch kaum üblich. Doch das kann sich, wie ein Blick nach Amerika zeigt, schnell ändern. Hier eröffnen sich für Freie und neue Selbstständige Berufsfelder, an die bisher kaum gedacht wurde oder die bisher nur als Anhängsel von Personalberatungen oder Steuerberatern existierten.

Business Innovation Integrator

Eine Untergruppe der Business Innovation Partners wird der so genannte Business Innovation Integrator werden. Seine Aufgabe wird es sein, die Strategieberatung, die Implementierung und den Betrieb ausgelagerter Firmenteile zu überwachen und zu steuern. Dazu wird er umfassende und tief greifende Kenntnisse aus allen Bereichen brauchen. Was hauptsächlich zählt, ist neben Können die Erfahrung.

E-Lawyer

Die meisten Rechtsanwälte konzentrieren sich heute immer noch auf nationales Recht und suchen sich dort ihre Spezialgebiete. Wenn es nur noch einen globalen Markt gibt, wird aber die Nachfrage nach Beratern im Bereich des internationalen Rechts ebenso steigen wie die nach Fachleuten für so genanntes Cyber-Recht. E-Commerce und E-Kooperationen werfen ganz neue Rechtsfragen auf, die gelöst werden müssen. Wer hier zu den Spezialisten gehört, wird auf lange Zeit die Nase vorn haben.

Tele-Coach

Ein Tele-Coach unterstützt die Teilnehmer von Online-Seminaren inhaltlich und organisatorisch beim so genannten Fernlernen. Meist ist der Tele-Coach ein freiberuflicher Trainer, der neben bestimmten fachlichen Qualifikationen und pädagogischen Fähigkeiten auch noch versiert ist im Umgang mit den neuen Medien. Fachleute können auch im Nebenjob Tele-Coach werden. Ein pädagogisches Studium ist nicht unbedingt erforderlich. Die Nachfrage nach Tele-Coaches und das Marktpotenzial sind noch lange nicht ausgeschöpft.

Lernlehrer

Eines der großen Probleme der Gegenwart besteht darin, dass sowohl Schüler als auch Auszubildende und Studenten an den Schulen nicht mehr das Lernen lernen. Lernlehrer vermitteln das Wissen, wie man Wissen aufnimmt, pflegt und verarbeitet. Hierzu werden bereits Weiterbildungskurse angeboten, die sich nicht unbedingt auf ein schon absolviertes Pädagogik-Studium beziehen. Die Tätigkeit als Lernlehrer bietet sich besonders in Verbindung mit fachlichem Know-how auch für Freiberufler an, die eine neue langfristige Perspektive suchen.

Sicherheit

Das Geschäft mit der Sicherheit ist ebenfalls eine Wachstumsbranche. Dabei sollte man nicht unbedingt nur an Wachdienste und Bodyguards denken. Immer mehr Unternehmen wird klar, wie wertvoll ihr Wissen ist und dass es entsprechend geschützt werden muss.

Gleichzeitig versuchen die Unternehmen allerdings auch, an das Wissen anderer zu gelangen. Zum Beispiel würden 80 Prozent aller Unternehmen gern wissen, wie ihre Konkurrenz die Preise kalkuliert. Und 50 Prozent aller Unternehmen wüssten gern, welche Produkte beim Wettbewerber in der Planung sind und welche Marketingmaßnahmen in nächster Zeit durchgeführt werden.

Dieser neue Markt der Business Intelligence bietet gleich in zwei Richtungen Verdienstmöglichkeiten: einerseits bei der Informationsbeschaffung und andererseits bei der Abwehr der Informationsbeschaffung. Dabei ist die Business Intelligence nur eine Art Dach für sehr unterschiedliche Branchen, die sich von den Bereichen „legal" bis „illegal", abhängig vom nationalen Recht, erstrecken.

Infobroker gehören ebenso dazu wie Computerfachleute, Telekommunikationsspezialisten, Psychologen, Rechtsanwälte und Marktforscher. Dabei verbergen sich diese neuen Spezialisten oft hinter sehr harmlosen Begriffen, wie Researcher oder Knowledge Worker.

Man kann sein Geld aber nicht nur dadurch verdienen, dass man im Rahmen der Business Intelligence Dienstleistungen anbietet, sondern auch dadurch, dass man entsprechende Schulungen durchführt, zum Beispiel in der Kunst der Elicitation, der Entlockung. Dabei lernen Interviewer, wie sie mit scheinbar harmlosen Fragen anderen Menschen wertvolles Know-how entlocken können.

Klare Berufsbilder gibt es in diesem Bereich nicht. Wer erfolgreich ist, wird über Empfehlungen weitergereicht, aber auch die eigene Akquisition von Kunden kann zweckmäßig sein, wenn man in der Lage ist, durch Fachwissen den eigenen Nutzen deutlich zu machen.

Informationsbroker

Die klassischen Informationsbroker gehören eigentlich nicht direkt zum Zukunftsmarkt Sicherheit. Sie beschränken sich darauf, den Nachrichtendschungel zu durchforsten und für ihre Kunden relevante Informationen herauszufiltern oder als Spezialist, zum Beispiel im Bereich Pharma oder technische Chemie, Patentschriften auszuwerten.

Allerdings ist das Zusammentragen von Standardwissen heute nicht mehr besonders lukrativ und darüber hinaus auch noch konjunkturanfällig. Interessanter ist es schon, wenn Infobroker als so genannte Researcher mit legalen Mitteln die Sicherheitsschranken bestimmter Unternehmen überwinden und mit ausgefeilten psychologischen Techniken Informationen generieren, die sie eigentlich nicht erhalten sollten.

Security Manager

Die Aufgabe von Security Managern besteht nicht nur darin, für Unternehmen den Werksschutz zu organisieren, sondern auch Spionage und Sabotage zu verhindern. In der Regel muss ein Security Manager ein technischer Spezialist sein oder entsprechende Branchenkenntnisse aus seiner früheren Tätigkeit, zum Beispiel für den Verfassungsschutz oder andere Dienste, vielleicht auch für die Polizei, mitbringen.

Aber auch Ingenieure mit entsprechender Ausbildung können in diesem Bereich als Freiberufler Fuß fassen. Die Art der Aufträge kann sich oftmals in Grenzbereichen bewegen; dafür ist die Honorierung, zum Beispiel auch über Erfolgsprämien in Abhängigkeit von den zu schützenden Geheimnissen, zum Teil sehr hoch.

Fraud-Analyst/Investigator

Fachleute in diesem Bereich decken den Missbrauch von Telekommunikations- und Computernetzen auf. Sie entwickeln Gegenstrategien, um Hackern und Datenspionen den Zugang zu vertraulichen Daten unmöglich oder zumindest doch sehr schwer zu machen.

Zu ihrem Aufgabengebiet gehört es auch, raffinierte Betrugsfälle im Bereich des E-Commerce und des E-Banking aufzudecken. Ohne entsprechendes Fachwissen hat man in dieser Branche keine Chancen. Wo und wie man das Fachwissen erworben hat, ist hingegen nachrangig.

Krypto-Ingenieur

Zu den Aufgaben des Krypto-Ingenieurs gehört es, geheime Daten zu verschlüsseln. Dazu gehört sowohl Hardware- als auch Software-Wissen. Die entsprechend komplexe Ausbildung findet zurzeit nur an wenigen Hochschulen und Universitäten statt.

Ohne Kunden kein Gewinn

So vielfältig und heterogen, wie die Gruppe der Freiberufler und neuen Selbstständigen ist, sind auch deren Kunden. Deshalb ist es notwendig, dass jeder Leser selbst entscheidet, welches seine Zielgruppen sein können und sein sollen, ob sein bestehender Kundenstamm die Wunschzielgruppe optimal darstellt und wie man diese Zielgruppe optimal anspricht.

Existenzgründer überschätzen erfahrungsgemäß ihr Startpotenzial. Wenn sie aus einem Angestelltenverhältnis kommen und ihnen entweder ihr bisheriger Arbeitgeber Aufträge zugesagt hat, oder aber, was genauso oft vorkommt, die Kunden ihres Arbeitgebers versprochen haben, zu ihnen zu kommen, wenn sie frei arbeiten, zeigt sich in der Regel, dass man auf diese Zusagen nicht bauen sollte, da sie sich oft als haltlos erweisen.

Wenn Sie sich zum Beispiel aus einem Beschäftigtenverhältnis in einer Werbe- oder PR-Agentur heraus selbstständig machen, dann sind es oft Ihre früheren Mitarbeiter, die nun in die Rolle des Auftraggebers hineinschlüpfen. Mit der Umkehrung des Über- und Unterordnungsverhältnisses können meist beide Seiten nicht sehr gut umgehen – mit dem Ergebnis, dass die Aufträge spärlich fließen.

Auch bei den wechselwilligen Kunden tauchen plötzlich Bedenken auf. Bestehende Verträge lassen sich nicht ohne weiteres kündigen, und man fragt sich, ob ein Einzelkämpfer einen Etat wirklich so gut handeln kann wie eine Agentur, denn schließlich war er ja bisher nur Spezialist für einen Aspekt im Leistungsspektrum und nicht für alle.

Nicht wenige Existenzgründer starten tatsächlich vollkommen beim Nullpunkt. Sie bauen darauf, dass die Lage ihres Büros, ihrer Praxis oder ihrer Werkstatt so attraktiv liegt, dass die Kunden ganz schnell und ganz von allein zu ihnen finden. Das mag für gewisse Laufkunden auch tatsächlich zutreffen, besonders wenn man den Arbeitsplatz in einem der immer häufiger leer stehenden kleinen Geschäfte in den Großstädten eingerichtet hat. Ein Kalligraf kann zum Beispiel auf diese Weise in der von Touristen besuchten Altstadt in der Nähe der Fußgängerzone durchaus ein florierendes Geschäft starten. Für Beratungsunternehmen wird das allerdings kaum funktionieren. Hier verlassen sich viele auf die Wirkung von Anzeigen, die jedoch nur in ganz bestimmten Fällen funktionieren.

Immer häufiger kommt es heute vor, dass Freiberufler und Selbstständige, die sich zur Ruhe setzen möchten, ihren Kundenstamm zur Übernahme anbieten. Sei es nun ein Journalist, der einen eigenen Newsletter herausgibt, für den ein fester Abonnenten-Stamm besteht, ein Fotograf, der nicht nur sein Studio, sondern auch seine Kundenkartei mit verkaufen möchte, oder ein spezialisierter Unternehmensberater, der zum Beispiel Unternehmen bei der Auswahl von Werbeagenturen berät.

In der Regel gehen diejenigen, die verkaufen wollen, nicht nur davon aus, dass ihre Adressen und Kontakte besonders wertvoll sind, sondern oft genug rechnen sie auch noch mit einem Aufschlag, der sich daran bemisst, wie sie sich nun den Lebensabend gestalten möchten. Das gilt auch für die Übernahme von Arzt- oder Anwaltspraxen.

Da derjenige, der verkauft, genau weiß, worauf es ankommt, wird er alles noch nach Kräften aufmöbeln. Karteileichen und Kunden, Patienten oder Klienten, von denen man schon seit Jahren nichts mehr gehört hat, werden noch einmal angesprochen, um auf aktuelle Schriftwechsel verweisen zu können und auf potenzielle Geschäfte, die man „nur noch" an Land zu ziehen braucht.

Bei genauerer Prüfung hat es sich schon des Öfteren gezeigt, dass der geforderte Preis nicht gerechtfertigt war und sich jede Form von Verhandlungen erübrigte, da die Vorstellungen beider Parteien um bis zu 90 Prozent auseinander lagen.

Es ist aber nicht nur bei Existenzgründern dringend notwendig, sich über die zukünftigen Kunden Gedanken zu machen, sondern auch alle Freiberufler und Selbstständigen sollten sehr regelmäßig einen Blick darauf werfen, wer ihre bestehenden Kunden sind, wer wirklich Kunde ist und wer potenziell als neuer Kunde für sie in Frage kommt. Dazu ist es notwendig, die Kunden aus verschiedenen Perspektiven zu betrachten.

Kunden richtig beurteilen

Man kann die Kunden grob in drei Gruppen einteilen:
‣ Privatpersonen,
‣ Unternehmen, Freiberufler und Selbstständige sowie
‣ öffentliche Institutionen.

Diese drei Gruppen unterscheiden sich in der Regel nicht nur durch die Größe der Umsätze, die mit jedem einzelnen Kunden möglich sind, sondern auch durch unterschiedliche Wünsche und erst recht durch die Entscheidungsstrukturen.

Privatleute werden in erster Linie personenbezogene Dienstleistungen oder individuell auf sie zugeschnittene Produkte nachfragen. Dabei spielt die persönliche Akzeptanz des Anbieters meist eine größere Rolle als sachliche Argumente. Das Geschäft mit Privatkunden ist in erster Linie ein Käufermarkt, das heißt, der Kunde kommt von sich aus oder auf Grund von Empfehlungen auf den Anbieter zu.

In einer Geschäftsbeziehung zu Privatkunden spielen die Soft Factors, die weichen Faktoren, die größte Rolle. Auftreten und gesellschaftlicher Rang sind in den meisten Fällen wichtiger als das tatsächliche Können.

Ein bildender Künstler, der wild und chaotisch ist, kann ruhig jung und auch ein wenig arm sein. Seine Kunden werden sich dann als Mäzen fühlen und die Bilder zu einem höheren Preis kaufen, als sie vielleicht tatsächlich wert sind. Sollen sie jedoch Bilder bei einem Künstler kaufen, der wild und chaotisch, aber alt und arm ist, so werden sie Bedenken haben, um den Preis feilschen und sich nicht als Kunstkäufer, sondern als Almosengeber verstehen.

Alte Künstler sollten, selbst wenn sie nicht erfolgreich sind, zumindestens reich erscheinen, um die geforderten Preise zu erzielen. Da macht es oft auch nichts, wenn der uralte Rolls-Royce, der vor dem Atelier steht, einen Motorschaden hat und nicht mehr fahrbereit ist.

Wer es als Freiberufler oder Selbstständiger irgendwie geschafft hat, auch nur einen reichen Kunden an Land zu ziehen, hat gute Chancen, auch noch den nächsten zu gewinnen, solange Outfit und Auftreten stimmen. Das gilt für Wellness-Berater ebenso wie für Art Consultants, Vermögensberater oder Memoiren-Schreiber.

Anders ist es bei der Kundengruppe Unternehmen. Natürlich sollte jeder Freiberufler und Selbstständige auch hier stets für einen adäquaten Auftritt sorgen, aber die Entscheidung über eine Geschäftsbeziehung wird hier auf Grund eines zu erwartenden und zu qualifizierenden Nutzens getroffen. In Unternehmen entscheiden selten Einzelpersonen, sondern eher Gremien. Hat man es doch mit Einzelentscheidern zu tun, dann sind diese meist anderen für ihre Entscheidung verantwortlich, es sei denn, es ist der Unternehmer selbst, mit dem man es zu tun hat.

Bei Unternehmen kommt es auch darauf an, ob sie Endkunde der Leistungen sind oder ob sie als eine Art Subunternehmer fungieren, wie etwa eine Werbeagentur, und die Leistungen an die eigenen Kunden weiterverkaufen. Ist Letzteres der Fall, wird die Geschäftsbeziehung oft durch die Sorge geprägt, dass man als Zulieferer mit dem Kunden in Kontakt kommt und ihn dann direkt beliefert.

Eine weitere Erfahrung, die man mit Unternehmen als Kunden in der Regel machen wird oder auch schon gemacht hat, ist, dass ein Unternehmen als Kunde umso schwieriger ist, je kleiner es ist. Trotzdem schrecken viele Freiberufler und Selbstständige davor zurück, Großunternehmen als Kunden zu akquirieren, weil sie sich vor der Bürokratie und dem Umgang mit ungewohnten Strukturen fürchten.

Aber merkwürdigerweise neigen kleine und mittelständische Unternehmen oft genug auch nur zu kleinen und mittelmäßigen Lösungen. Der Chef entscheidet vielleicht schnell und man ist über den Auftrag höchst erfreut. Leider entscheidet er sich aber morgen und übermorgen jeweils immer wieder anders, und dann treten erfahrungsgemäß Probleme auf.

Während Unternehmen und besonders die großen unter ihnen einen qualifizierten Nutzen erwarten, ist es bei öffentlichen Institutionen – das müssen nicht nur Behörden sein, sondern können auch behördenähnliche Organisationen wie Berufsgenossenschaften, aber auch Verbände sein – so, dass hier nicht der Nutzen, sondern die Ordnung im Vordergrund steht.

Aufträge werden in der Regel im Rahmen von Ausschreibungen vergeben, und das macht die Geschäftsanbahnung schwierig und langwierig. Ausschreibungen sind nur selten so präzise, wie sie sein sollten, sondern schwammig, weil man nicht genau weiß, was man will. Andererseits werden Ausschreibungen oft genug auch nur der Form halber durchgeführt.

Man hat einen bestimmten Leistungsträger im Auge, kann ihn aber nicht ohne Ausschreibung beauftragen. Also baut man in die Ausschreibung einen ganz bestimmten Haken ein, der von anderen übersehen wird, diese Wettbewerber aber von vornherein ausschließt. Zum Beispiel soll der gesuchte Dienstleister ein bestimmtes Verfahren beherrschen oder über ein bestimmtes Gerät verfügen. Vielleicht muss er auch einen ganz bestimmten Standort haben.

Wenn sich allerdings eine Behörde oder ein öffentliches Unternehmen einmal zur Zusammenarbeit entschlossen hat, kann es zu einer, wenn auch sehr zähen, aber durchaus lang anhaltenden Kundenbeziehung kommen. Voraussetzung ist, dass der Leistungsanbieter sich voll und ganz auf den Arbeitsstil der Bürokraten einlässt.

Verkaufen ist keine Kunst

Die meisten Freiberufler hassen es, zu verkaufen. Viele sind gerade deshalb Freiberufler geworden, weil sie hofften, dass sich dank ihres Fachwissens und Könnens der Kunde von allein an sie wendet und das aktive Verkaufen entfallen kann. Das stellt sich jedoch in der Praxis meist als Irrtum heraus. Irgendwas muss man immer an irgendwen verkaufen.

Selbst ausgesprochen kontaktfreudige Freiberufler, die leicht auf fremde Menschen zugehen können und dies vielleicht sogar auch gern tun, mögen in der Regel Verkaufssituationen nicht. Sie kommen sich immer vor wie bei einer Examensprüfung oder bei einem Bewerbungsgespräch. Wäre es irgendein Produkt, das sie verkaufen müssen, wäre es noch nicht einmal so schlimm, aber es geht um sie selbst. Es ist unangenehm, sich selbst ins Gespräch bringen und anpreisen zu müssen.

Noch schlimmer ist es, wenn man dringend neue Aufträge braucht und unbedingt zu einem Abschluss kommen will, obgleich man das Gefühl hat, dass nichts stimmt. Eigentlich mag man den Geschäftspartner nicht, die Aufgabe nicht, und das Honorar stimmt schon gar nicht. Hier trotzdem Druck zu machen, fällt jedem schwer.

Um solchen Unannehmlichkeiten aus dem Weg zu gehen, sorgen viele Freiberufler unbewusst dafür, dass sie möglichst selten in eine Verkaufssituation kommen. Die Konsequenz ist klar: Es gibt immer weniger Aufträge. Aber die Ursache suchen die meisten Menschen nicht bei sich selbst, sondern verweisen auf einen übervollen Zeitplan und darauf, dass es wichtiger sei, bestehende Aufträge abzuarbeiten und nicht die ohnehin knappe Zeit mit Gesprächen und Präsentationen zu verbringen, deren Ausgang ungewiss sei.

Viele Freiberufler schrecken auch vor dem frustrierenden Erlebnis zurück, einen bestimmten Auftrag nicht zu bekommen. Sie wollen von vornherein auf Nummer Sicher gehen, nur sind die Chancen dafür in einem immer differenzierteren Markt gering.

Oft gehen Freiberufler auch davon aus, dass ihre Kunden schon wissen, was sie brauchen, und sich zu gegebener Zeit mit ihnen wieder in Verbindung setzen werden. Deshalb seien zusätzliche Verkaufsbemühungen überflüssig. Auch das ist nur eine Ausrede, um nicht selbst die Initiative ergreifen zu müssen.

Kunden wissen in der Regel nicht, was sie brauchen und wollen, und bei Unternehmenskunden gilt leider oft genug immer noch die Grundregel: Wer nichts macht, macht auch nichts falsch. Und wer nichts falsch macht, fliegt auch nicht raus.

Selbst wenn ein Freiberufler einsieht, dass Verkaufen zwingend notwendig ist, betrachtet er jede Aktion als Einzelfall. Dem Verkaufen liegt kein gezielter Plan zugrunde, sondern nur ein fallweises Vorgehen.

Statt zu verkaufen, flüchten sich auch viele Freiberufler ins Selbstmarketing. Sie glauben, dass Marketing Verkaufen ersetzen kann. Doch das ist ebenfalls ein Irrtum. Marketing hat nur eine Türöffnerfunktion. Hindurchzugehen und zu verkaufen, ersetzt es nicht.

Natürlich gibt es einem ein schönes Gefühl, wenn man einen mehrseitigen, bunten Faltprospekt in den Händen hält, der einen selbst und die eigenen Leistungen anpreist, oder wenn man eine schön gestaltete Internet-Seite hat. Marketing kann alles Mögliche und ist für Supermärkte und Markenartikel-Hersteller sicherlich ein adäquates Instrument, um Kunden in die Läden zu locken. Nur einem Freiberufler hilft es nicht, denn er kann sich nicht 100.000-mal reproduzieren, in Regale stellen und auf Grund des großen Volumens seinen Preis reduzieren.

Was Freiberufler beim Verkaufen beachten müssen

Neue Kunden und neue Aufträge bei bestehenden Kunden sind das Lebenselixier jeder freiberuflichen und selbstständigen Existenz. Es gibt in der Wirtschaft nur eine Gewissheit: Irgendwann werden die vorhandenen Kunden verschwinden. Deshalb gibt es den Zwang zu beständigem Wachstum. Natürlich bringt das Freiberufler und neue Selbstständige in eine Zwickmühle. Denn sie wollen nicht wachsen und neue Mitarbeiter einstellen, sondern nur ihre Kapazitäten auslasten. Deshalb muss Wachstum bei ihnen qualitatives Wachstum bedeuten. Sie müssen nach Kunden suchen, die anspruchsvollere Aufgaben stellen, höhere Honorare zahlen und längerfristige Verträge machen. Und wenn sie wissen, dass eine solche Kundenbeziehung stabil ist, müssen die Selbstständigen den kleinen Kunden mit unqualifizierten Aufträgen und schlechten Honoraren den Laufpass geben. Auch das fällt vielen schwer.

Freiberufler und neue Selbstständige brauchen eine positive Einstellung gegenüber ihren Kontaktpersonen und den potenziellen Neukunden. Die Mehrzahl dieser Personengruppe kann man ohne Abstriche als Intellektuelle bezeichnen. Ein fast typischer Charakterzug des Intellektuellen ist allerdings der, die Dinge kritisch zu betrachten und auch die negativen Aspekte zu sehen. Viele Intellektuelle sehen darin sogar ihre besondere Stärke.

Beim Verkaufen ist eine solche Einstellung tödlich. Kunden sind auch nur Menschen, und Menschen fühlen sich hauptsächlich von positiven Menschen angezogen. Positive Menschen verbreiten ein Gefühl von Hoffnung und geben ihrem Kunden die Sicherheit, dass alles gut wird und ihre Entscheidung richtig war. Positive Menschen sprechen von Lösungen und nicht von Problemen. Posititive Menschen sorgen dafür, dass sich andere Menschen in ihrer Gegenwart wohl fühlen.

Wer versucht, seine Kunden dadurch zu beeindrucken, dass er Macht und Durchsetzungsvermögen demonstriert, hat meist schon verloren. Manche Verkäufer gehen mit ihren Kunden essen. Denn dann lässt es sich besonders leicht und entspannt über Geschäfte reden. Wer dabei aber versucht, zusätzlich Eindruck zu schinden, indem er harmlose Kellner drangsaliert, erreicht genau das Gegenteil. Niemand fühlt sich wirklich wohl in Gesellschaft eines Menschen, der schlecht zu anderen Menschen ist.

Wer etwas verkaufen will, sollte gut zuhören können. Manche Verkäufer glauben, dass sie den Kunden überreden müssen oder gar zwingen, einzusehen, dass sie der Richtige für einen bestimmten Auftrag sind. Das ist vollkommen falsch. Lassen Sie den Kunden über seine Wünsche und über seine Probleme sprechen. Es ist Ihre Aufgabe, ihm dann den Weg zu einer Lösung zu zeigen und ihm zu helfen.

Das bedeutet aber nicht, dass sie nun eine kostenlose Beratung durchführen, sondern nur, dass Sie ihm den Weg zu einer richtigen Beratung zeigen und ihm die Sicherheit geben, die richtige Entscheidung zu fällen, weil Sie seine Probleme verstanden haben. Ein guter Zuhörer zu sein, bedeutet außerdem nicht, sich vollschwafeln zu lassen. Viele Kunden glauben, dass sie einer Entscheidung, einem Ja oder Nein, zu dem sie sich irgendwann durchringen müssen, entgehen können, wenn sie über Gott und die Welt reden. Sie sprechen über ihre Hobbys, über Branchen, über Sport und manchmal sogar auch über Politik. Smalltalk ist schön und gut. Mit ihm kann man ein Gespräch beginnen oder auch ausklingen lassen. Aber er ist nicht der Kern, um den es geht. Wenn der Kunde irgendwann auf die Uhr blickt und sagt: „Wir haben ja nun über so viele Dinge geredet, und wir sollten bei nächster Gelegenheit noch einmal auf das eigentliche Geschäft zurückkommen, denn jetzt ist meine Zeit um", dann haben Sie etwas falsch gemacht. Und der Kunde auch. Denn wenn er mit Ihnen keine Geschäfte machen möchte, hätte er nicht seine eigene und auch Ihre Zeit vergeuden sollen. Vielleicht war er auch einfach nicht der richtige Ansprechpartner, sondern nur ein Bezieher von Anwesenheitsprämien, dem es egal ist, ob er etwas leistet und entscheidet oder nicht.

Vergessen Sie niemals, dass das, was Sie tun und können, einen ganz bestimmten Wert hat. Kunden sind nur diejenigen, die Ihre Leistungen brauchen und die Ihr Können anerkennen. Es ist verlorene Zeit, jemandem einen Hut zu verkaufen, wenn er ihn nicht aufsetzen möchte. Und es ist verlorene Zeit, zu versuchen, jemandem zu gefallen, den Sie nicht mögen und der Sie nicht mag. Akzeptieren Sie einfach, dass nicht jeder jedem etwas verkaufen kann. Konzentrieren Sie sich nicht auf hoffnungslose Fälle, sondern suchen Sie den Erfolg dort, wo er wahrscheinlich ist.

Definieren Sie Verkaufen neu

Verkaufen ist alles das, was wir von dem Moment an tun, wo wir dem Kunden das erste Mal gegenübertreten. Alles das, was uns diesen Kontakt ermöglicht hat, ist Marketing.

Verkaufen ist ein Dialog. Auch ein Verkaufsgespräch ist in allererster Linie ein Gespräch, das sich nicht von Gesprächen anderer Art unterscheidet. Das Thema ist: Kann man miteinander Geschäfte machen? Und das bedeutet im Klartext nichts anderes als: Wie kann man sich gegenseitig Nutzen bringen? Für den einen besteht der Nutzen in der Leistung und für den anderen im Honorar.

Ein Verkaufsgespräch ist zunächst einmal noch keine Verhandlung über Bedingungen und Konditionen; diese Verhandlung schließt ein Verkaufsgespräch entweder ab oder wird zu einem anderen Zeitpunkt geführt. Verhandlungen finden erst statt, wenn man sich über den Kern der Sache einig ist. Also setzen Sie sich und andere bei einem Verkaufsgespräch nicht von vornherein unter Verhandlungsdruck.

Denken Sie daran: Dialoge finden auf verbalem und nonverbalem Wege statt. Man kann nicht nicht kommunizieren. Körperhaltung und Stimme geben dem Gesprächspartner mehr Informationen über Sie als der Inhalt dessen, was Sie sagen. Deshalb sind persönliche Gespräche auch in einer von elektronischen Medien bestimmten Welt unverzichtbar und nicht durch Briefe oder E-Mails zu ersetzen. Und deshalb gibt es auch den Unterschied zwischen Verkaufen und Marketing. Nicht umsonst sind Topmanager stets auf Reisen. Ohne persönliches Auftreten ist Vertrauensbildung und Beziehungsaufbau nicht möglich.

Betrachten Sie ein Verkaufsgespräch als ein Ausleseverfahren. Es geht zunächst einmal darum, festzustellen, ob man mit dem anderen Geschäfte machen kann und will oder nicht. Gerade Existenzgründer glauben, dass ihr Markt unendlich groß ist, weil sie praktisch jedem etwas bieten können und wollen und weil sie sich an alles und jedes anzupassen gedenken. Das ist falsch und entspricht nicht der Realität.

Nehmen Sie als Beispiel die Hersteller großer Automarken. Sie setzen jährlich viele Millionen Euro für Marketing und Verkauf ein. Sie gestalten Showrooms bei den Händlern bis ins letzte Detail und sie trimmen ihre Verkäufer gnadenlos auf Erfolg. Trotzdem hat es weder eine Marke noch ein bestimmtes Automodell bisher geschafft, von allen, die Auto fahren wollen, gekauft zu werden.

Man kann es eben nicht allen recht machen. Jedes Automodell erfüllt andere Anforderungen, sei es vom Nutzwert, von der Leistung oder vom Preis her. Man wird niemandem einen Porsche verkaufen können, der nur 15.000 Euro ausgeben kann und will. Man wird auch niemandem einen Porsche verkaufen können, der täglich zwei Europaletten im Laderaum unterbringen und transportieren muss. Auch nicht, wenn für ihn der Preis keine Rolle spielen würde.

In der Tat trifft man mit jedem Angebot nur eine spezielle und in den meisten Fällen kleine Zielgruppe. Viele Autofahrer interessieren sich für einen Porsche und schwärmen von den Fahrzeugen, sie lesen die Testberichte in den Zeitungen, sie kennen vielleicht sogar die Leistungsdaten auswendig, und doch werden sie sich niemals einen Porsche kaufen.

Es ist unsinnig, jedem, der bei einem Händler interessiert um einen ausgestellten Porsche herumgeht, diesen auch verkaufen zu wollen. Ein Verkaufsgespräch hat absolut nichts mit dem Aufschwatzen einer Ware oder Dienstleistung zu tun, sondern es ist ein Ausleseprozess: Sprechen wir mit einem potenziellen Kunden oder eben nicht?

Man kann das Ausleseverfahren sehr gut strukturieren und in einzelne Untersuchungsschritte aufteilen, die in einer ganz bestimmten Reihenfolge zu erfolgen haben. Der Verlauf einer Untersuchung sieht folgendermaßen aus:

Phase 1: Prüfung der „Chemie"
Phase 2: Suche nach Schlüsselfunktionen
Phase 3: Prüfung der Bereitschaft, zu handeln
Phase 4: Prüfung von Zahlungsfähigkeit und Zahlungswillen
Phase 5: Klärung des Entscheidungsweges
Phase 6: Entscheidung über das Angebot

Phase 1: Prüfung der „Chemie"
Man prüft, ob die Chemie zwischen einem selbst und dem potenziellen Kunden stimmt. Spricht man dieselbe Sprache? Meint man dieselben Dinge? Oder redet man von Anfang an aneinander vorbei?

Vielleicht stellen Sie in dieser Phase auch schon fest, dass das, was Sie verkaufen möchten, nicht das ist, was der Kunde sucht. Oder dass Sie das, was gesucht wird, nicht leisten möchten oder können. Selbst wenn die Chemie zwischen Ihnen und dem Kunden stimmt, hat sich damit das Gespräch bereits erledigt.

Phase 2: Suche nach Schlüsselfunktionen
Finden Sie jetzt heraus, was die Schlüsselfunktionen sind, die Ihnen den eigentlichen Zugang zu Ihrem Kunden ermöglichen. Was sind die zentralen Erfordernisse, Wünsche und Notwendigkeiten, die Sie erfüllen müssen, um den Kunden später zufrieden stellen zu können?

Die meisten Kunden sind sich über diese Schlüsselfunktionen selbst nicht im Klaren. Sie verwenden oft Worthülsen und Schablonen, die branchenüblich sind und die man sagt, weil man glaubt, der andere erwarte, dass man sie sage. Zu diesen Worthülsen gehören „ein gesundes Preis-Leistungsverhältnis", „Kreativität" oder „innovatives Denken".

Versuchen Sie auf jeden Fall, dem Kunden im Gespräch zu entlocken, was ihm wirklich wichtig ist. Vielleicht spielt für ihn Pünktlichkeit eine außerordentlich große Rolle, nicht weil er tatsächlich darauf angewiesen ist, eine bestimmte Leistung zu einem bestimmten Zeitpunkt zu erhalten, sondern weil Pünktlichkeit für ihn einen Wert an sich bedeutet.

Vielleicht möchte der Kunde auch in den Arbeitsprozess einbezogen und über jeden einzelnen Schritt informiert werden. Andere Kunden sind nur an den endgültigen Ergebnissen interessiert. Wichtig ist aber, diese Bedürfnisse zu kennen und darauf einzugehen. Wer glaubt, den Kunden interessiere nur der Preis, und wer deshalb diese inneren Bedürfnisse übergeht, wird mit seinem Verkaufsgespräch nicht zum Ziel kommen.

Phase 3: Prüfung der Bereitschaft, zu handeln

Jetzt geht es darum, herauszufinden, ob der Kunde auch tatsächlich bereit ist, zu handeln. Viele möchten zwar ein bestimmtes Projekt realisieren, sind aber tatsächlich nicht bereit, die notwendigen Entscheidungen zu treffen. Wir haben es selbst schon erlebt, dass ein Kunde erst 14 Tage nach dem Termin, zu dem er die Ergebnisse vorgelegt haben wollte, begann, nach Auftragnehmern Ausschau zu halten. Seine gesamte Terminplanung war dadurch von vornherein hinfällig, und man konnte erkennen, dass die Bereitschaft, zu handeln, nur dem Zwang entsprang, Vorgesetzten Rechenschaft ablegen zu müssen. Wäre dieser Druck nicht da gewesen, hätte er das Projekt bis zum Sankt-Nimmerleins-Tag hinausgezögert und eine unendliche Kette von Vorbesprechungen geführt. Ist auch die Bereitschaft zum Handeln vorhanden, kommt der nächste Schritt.

Phase 4: Prüfung von Zahlungsfähigkeit und Zahlungswillen

Hier gilt es zu klären, ob der Kunde zahlungsfähig und zahlungswillig ist. Macht er sich Illusionen darüber, zu welchem Preis er Ihre Leistung erhalten kann, und will er auch den geforderten Preis zahlen? Diese Fragen stehen im direkten Zusammenhang damit, dass Sie vorher geklärt haben, welche intrinsischen Motive ihn steuern.

Stellen Sie eine direkte Beziehung zwischen dem, was der Kunde wirklich will, und Ihren Leistungen her, denn nur damit können Sie Ihren Preis rechtfertigen. Verbinden Sie Ihren Preis mit der ganz konkreten und speziellen Problemlösung und nicht mit Begriffen wie „branchenüblich" oder „besonders billig". Wenn Sie genau wissen, was für den Kunden wichtig ist, dann wird er auch akzeptieren, dass das, was ihm wichtig ist, nicht auf billige Weise behandelt werden kann.

Phase 5: Klärung des Entscheidungsweges
Finden Sie jetzt heraus, wie der Kunde zu einer Kaufentscheidung kommen will. Entscheidet er allein oder gemeinsam mit anderen? Holt er Vergleichsangebote ein oder haben Sie eine Alleinstellung?

Wenn Sie wissen, wie der Entscheidungsprozess bei Ihrem Kunden ablaufen wird, haben Sie auch die Möglichkeit, darauf Einfluss zu nehmen. Das bedeutet jedoch nicht, dass Sie ihn unter Druck setzen sollen, sondern dass Sie ihm Ihre Hilfe nicht nur bei der Lösung seines Problems, sondern auch bei der Entscheidungsfindung anbieten. Braucht er Informationen, die ihm noch nicht vorliegen? Oder ist es notwendig, dass Sie noch mit anderen Personen sprechen? Das leitet dann zur nächsten Phase über.

Phase 6: Entscheidung über das Angebot
Entscheiden Sie in dieser Phase gemeinsam mit Ihrem Kunden, wie Ihr Angebot inhaltlich und formal aussehen soll, ob und wann eine Präsentation notwendig ist und wie dann das weitere Vorgehen aussicht.

Wenn Sie diese Phasen in einem Verkaufsgespräch durchlaufen haben, sollten Sie in der Lage sein, ein Angebot oder eine Präsentation erstellen zu können, die den Wünschen und Zielen ihres Kunden entspricht. Die Verhandlung des Vertrages dürfte dann nur noch eine Marginalie sein.

Die neuen Regeln der Verkaufspraxis

Sie verkaufen erfolgreicher, wenn Sie diese Regeln achten:

1. Verkaufen ist das, was Sie tun, wenn Sie einem potenziellen Kunden gegenüberstehen.
2. Verkaufen ist nur ein Gespräch wie viele andere Gespräche auch.
3. Verkaufen ist ein Ausleseprozess. Ihre Aufgabe ist es, die Leute, die mit Ihnen Geschäfte machen werden, von denen, die es nicht tun werden, zu trennen. Sie entscheiden, wer von den Interessenten Ihr Kunde wird und wer nicht. Niemand verkauft jedem etwas.
4. Verkaufen ist eine Untersuchung. Wenn Sie effizient verkaufen wollen, sollten Sie das Verkaufen als eine Untersuchung einer Fähigkeit eines anderen, etwas zu kaufen, sehen. Bei jedem potenziellen Kunden gibt es bestimmte entscheidende Faktoren, die für Sie vorhanden sein müssen, um das Geschäft abzuschließen. Überlegen Sie, welches diese Faktoren bei früheren Geschäftsabschlüssen waren.

Praxis-Checkliste Vorbereitung eines persönlichen Kundengesprächs

1. Informieren Sie sich über die Finanzlage des potenziellen Kunden. Ein kurz vor der Pleite stehendes Unternehmen wird kein guter Kunde werden.
2. Informieren Sie sich genau darüber, welche Geschäftstätigkeit der potenzielle Kunde ausübt und welche Dienstleistungen für ihn interessant sind.
3. Sammeln Sie Argumente dafür, warum der Kunde gerade mit Ihnen zusammenarbeiten soll. Was ist Ihr USP (Unique Sales Proposition)?
4. Der erste Eindruck ist entscheidend. Überlegen Sie, wie Sie sich kleiden wollen.
5. Entscheiden Sie, wie Sie am besten das Gespräch eröffnen.

6. Überlegen Sie, welche Argumente Sie in welcher Reihenfolge anführen wollen.

7. Überlegen Sie, wo und welche Widerstände und Einwände auftreten können, und sammeln Sie entsprechende Gegenargumente.

8. Überlegen Sie, wie Sie sich selbst und Ihre Tätigkeit am besten präsentieren, und stellen Sie entsprechende schriftliche Unterlagen zusammen.

9. Üben Sie, selbstsicher aufzutreten sowie laut und deutlich zu reden. Achten Sie auf Ihre Körperhaltung und Gestik. Lernen Sie, mit Ihren Gesprächspartnern Blickkontakt zu halten.

Praxis-Checkliste persönliches Kundengespräch

1. Seien Sie auf jeden Fall pünktlich.

2. Begrüßen Sie Ihren Gesprächspartner mit einem festen Händedruck und einem freundlichen Lächeln.

3. Nennen Sie Ihren Gesprächspartner bei der Begrüßung und auch während des Gesprächs beim Namen. Das erzeugt Sympathie.

4. Stehen Sie mit beiden Beinen fest auf dem Boden.

5. Nehmen Sie eine offene und entspannte Körperhaltung ein. Vermeiden Sie verschränkte Arme, geballte Fäuste, einen zurückgenommenen Oberkörper etc.

6. Stellen Sie sich Ihrem Gesprächspartner direkt gegenüber, nicht seitlich oder diagonal.

7. Halten Sie während des Gesprächs den Blickkontakt.

8. Drücken Sie sich während des Gesprächs klar und deutlich aus. Vermeiden Sie, so weit möglich, spezielle Fachausdrücke Ihrer Branche sowie Abkürzungen.

9. Sprechen Sie in kurzen Sätzen.

10. Bleiben Sie sachlich und vermeiden Sie Phrasen, Plattitüden sowie philosophische Betrachtungen.
11. Schweifen Sie nicht vom Thema ab.
12. Bleiben Sie freundlich. Zeigen Sie, dass Sie an dem Kunden interessiert sind und dass Sie Freude an Ihrer Arbeit haben. Lächeln Sie.
13. Stellen Sie Ihre Vorteile aus der Sicht des Kunden vor.
14. Formulieren Sie positiv, das macht Sie sympathisch.
15. Vermeiden Sie Besserwisserei und Belehrungen.
16. Vermeiden Sie das Wörtchen „nein". Es wirkt respektlos. Formulieren Sie stattdessen „ja, aber ..." oder „ja, nur ...".
17. Um Gegenargumente zu entkräften, benutzen Sie Formulierungen wie: „Sie haben Recht, nur ...", „Ich sehe Ihr Problem, nur ..." und „Ich kann Ihre Zweifel gut verstehen, nur ...".
18. Stellen Sie die W-Fragen: wer, wie, was, warum, weshalb, woher. Auf diesem Wege können Sie weitere Informationen erhalten, Missverständnisse vermeiden und Ihr Interesse am Gesprächspartner zeigen.
19. Anerkennung, Lob und Komplimente erfreuen jeden Gesprächspartner.
20. Reden Sie nicht zu viel. Geben Sie Ihrem Gesprächspartner die Chance, auch etwas zu sagen, und hören Sie dann auch zu.
21. Versuchen Sie eine gemeinsame Basis zu finden.

Praxis-Checkliste telefonisches Kundengespräch

1. Ermitteln Sie, wer im Unternehmen der richtige Ansprechpartner für Sie ist.
2. Bereiten Sie Unterlagen mit den notwendigen Fakten vor.

3. Erstellen Sie eine Liste mit den Fragen, die Sie stellen wollen.

4. Erstellen Sie eine Liste mit den Einwänden und Problemen, mit denen Sie rechnen können.

5. Planen Sie den Gesprächsverlauf: Was ist der Gesprächsaufhänger? Wie eröffnen Sie das Gespräch? Wie begegnen Sie den Einwänden?

6. Üben Sie. Auch wenn Sie dies alles schriftlich formuliert haben, darf es am Telefon nicht so wirken, als wenn Sie etwas ablesen.

7. Ermitteln Sie die Durchwahl Ihres Ansprechpartners und den Namen seiner Sekretärin.

8. Begrüßen Sie die Sekretärin mit ihrem Namen und sagen Sie Ihr kurz, weshalb Sie anrufen.

9. Wenn Sie bei Ihrem Gesprächspartner angekommen sind, nennen Sie als Erstes Ihren Namen und Ihre Firma.

10. Sprechen Sie Ihren Gesprächspartner bei der Begrüßung und auch während des Gesprächs mit seinem Namen an.

11. Nennen Sie Ihm ganz kurz den Grund, weshalb er Ihnen zuhören sollte.

12. Falls er keine Zeit hat (oder es zumindest behauptet), vereinbaren Sie einen anderen, konkreten Telefontermin.

13. Sprechen Sie deutlich und nicht zu schnell, aber auch nicht zu langsam.

14. Konzentrieren Sie sich auf die Wünsche und Probleme des Kunden. Nennen Sie die Vorteile oder den Nutzen, den er mit Ihrem Angebot erhält.

15. Schweigen Sie nicht über längere Strecken.

16. Vermeiden Sie Besserwisserei, aber auch eine unterwürfige Haltung.

17. Vermeiden Sie, Ihren Kunden emotional zu bedrängen.

18. Falls Sie die Probleme nicht sofort lösen können, vereinbaren Sie einen weiteren Gesprächstermin.
19. Drängen Sie nicht auf eine sofortige Entscheidung.
20. Vereinbaren Sie einen Termin für ein persönliches Gespräch, um Ihr Angebot zu präsentieren und weitere Details zu erörtern.
21. Wiederholen Sie am Schluss des Gesprächs die wichtigsten Punkte.
22. Bedanken Sie sich bei Ihrem Kunden für das Gespräch.
23. Legen Sie nicht zuerst auf, warten Sie, bis der Kunde es tut.

Wer geht ans Telefon, wenn der Kunde anruft? – Anrufbeantworter sind unverzichtbar

Sie können als Freiberufler nicht den ganzen Tag neben Ihrem Festnetztelefon sitzen, um Anrufe entgegenzunehmen und zu beantworten. Als Alternative werden Sie vielleicht die Rufumleitung aufs Handy sehen. Aber so bequem es auch ist, andere vom Handy aus anrufen zu können, so ungelegen kann es sein, selbst angerufen zu werden.

Deshalb werden Sie auch beim Mobiltelefon immer häufiger den Service eines digitalen Anrufbeantworters nutzen. Aber ob nun stationär als eigenes Gerät oder als Teil des digitalen T-Net der Deutschen Telekom, entscheidend für den Anrufer ist, wie sich die Maschine meldet.

Die digitalen Dienste der verschiedenen Telefonnetzbetreiber bieten ihren Kunden meist die Möglichkeit, in einen bestehenden Text einen so genannten Boxnamen zu sprechen. Das kann der Firmenname, der tatsächliche Vor- und Zuname, aber auch ein Pseudonym sein. Weiter ist es möglich, unter verschiedenen Standard-Begrüßungstexten auszuwählen, aber auch eine persönliche Begrüßung aufzunehmen.

Praxistipp:
Nutzen Sie bei jedem Anrufbeantworter die Möglichkeit, einen persönlichen Begrüßungstext aufzusprechen.

Der Anrufbeantworter hat für den Angerufenen gegenüber dem Handy, das bei jeder passenden und unpassenden Situation klingeln kann, den großen Vorteil, dass man sich auf das folgende Gespräch schon vorbereiten und einstellen kann, statt andere Gespräche oder Tätigkeiten unterbrechen zu müssen. Haben Sie es nicht selbst schon oft genug erlebt, dass Sie am Handy vollkommen gehetzt einen späteren Telefontermin vereinbaren, weil es im Moment so unpassend war und Sie sich ohnehin nicht konzentrieren konnten?

Das Ziel jedes Anrufbeantwortertextes ist es, den Gesprächspartner dazu zu bewegen, aufs Band zu sprechen. Dazu muss die eigene Ansage einladend und freundlich sein. Die Stimme bewirkt viel mehr, als die meisten Menschen glauben. Man hört genau, ob der andere gestresst, verärgert oder gesprächsbereit ist.

Wenn Sie also Ihren Anrufbeantworter besprechen, versetzen Sie sich in eine freundliche, gesprächsbereite Stimmung. Schauen Sie etwa 60 Sekunden lang in einen Spiegel und lächeln Sie sich an. Dadurch werden im Gehirn bestimmte Botenstoffe freigesetzt, die Ihre Stimme positiver klingen lassen. Und lächeln Sie auch während der Ansage. Dadurch wird Ihre Stimme natürlicher und in der Tonlage etwas angehoben. Sprechen Sie nicht zu langsam und nicht zu schnell.

Nennen Sie Ihren Vornamen und Nachnamen, eventuell auch den Firmennamen, und sprechen Sie eine Begrüßungsformel, die zu Ihnen passt und an der man sie wieder erkennt. Dass Sie zurzeit nicht zu erreichen sind, merkt der Anrufer schon daran, dass er mit einem Anrufbeantworter spricht. Sie brauchen es also nicht noch einmal extra zu erwähnen. Bitten Sie den Anrufer, seinen Namen und seine Telefonnummer zu nennen und möglichst auch zu sagen, welches Anliegen er hat.

Um ihn noch besonders zu ködern, können Sie ihm versprechen, innerhalb der nächsten 24 Stunden zurückzurufen. Tun Sie das aber nur, wenn Sie dieses Versprechen auch wirklich halten können und halten wollen. Verzichten Sie auf jeden Fall auf sprachliche Gags. Vielleicht sind sie noch witzig, wenn man sie das erste Mal hört, aber wenn man häufiger mit Ihrem Anrufbeantworter telefoniert, werden sie langweilig.

Praxisbeispiel:
Ein brauchbarer Text sieht so aus: „Guten Tag, hier ist der Anrufbeantworter des Fotografen Sören Bachmann. Bitte nennen Sie Ihren Namen und Ihre Telefonnummer und sagen Sie mir, was ich für Sie tun kann. Danke für Ihren Anruf und sprechen Sie jetzt bitte nach dem Signalton."

Projektbörsen – immer noch ein Geheimtipp!

Projektbörsen für Freiberufler gibt es im Internet schon seit mehr als sechs Jahren. Doch während im IT-Bereich die Vermittlung von Aufträgen über diese Börsenplätze fast schon zum Alltag gehört, werden sie von anderen Freiberuflern noch längst nicht in dem Umfang genutzt, wie es möglich wäre.

Das liegt unter anderem daran, dass nur wenige Unternehmen ihre Aufträge in den Projektbörsen öffentlich ausschreiben und von daher der Eindruck entsteht, dass die dort vermittelten Jobs entweder uninteressant sind oder nur über den Preis vergeben werden.

Das eigentliche Geschäft läuft aber so, dass sich Unternehmen unter den registrierten Freiberuflern die ihnen geeignet erscheinenden aussuchen und diese direkt ansprechen. Davon bekommt man im Netz nichts mit. Es ist also notwendig, ein möglichst klares Profil zu hinterlegen, nicht nur bei einer, sondern bei mehreren Börsen, und die eigenen Fähigkeiten und Spezialkenntnisse deutlich herauszuarbeiten.

Gut geführte Börsen achten ihrerseits wiederum darauf, dass nur echte Profis bei ihnen registriert sind, um Ärger mit auftraggebenden

Firmen zu vermeiden. Kommt ein Auftrag zustande, kassieren die Betreiber der Projektbörsen zwischen 10 und 20 Prozent des Honorars. Bei manchen Börsen müssen nur die Auftraggeber zahlen, und einige übernehmen für die Auftragnehmer sogar das Inkasso.

Die Erfahrung zeigt, dass Erstaufträge oft sehr klein sind und 1.000 Euro pro Monat kaum übersteigen. Interessant sind aber auf jeden Fall die Folgeaufträge, die, wenn die Zusammenarbeit funktioniert hat, vom Umsatz her deutlich steigen.

Projektbörsen im Internet

Jobhopper.de
Diese Projektbörse war eine der Ersten auf dem deutschen Markt und verfügt daher über reichlich Erfahrungen. Sie vermittelt in erster Linie Experten aus dem Bereich Informationstechnologie, Management und Marketing. Der Einsatz erfolgt als Projekt-, Zeit- und Interimsmitarbeiter. Den Schwerpunkt bilden eindeutig IT-Dienstleister, aber auch Marketing- und Werbeberater, Controller und Wissensmanager sind gefragt.

Projektwerk.de
Projektwerk aus Hamburg hat folgende Projektkategorien im Angebot: Hard- und Software, Gestaltung und Kommunikation, Beratung und Weiteres. Es sind dort schon rund 10.000 Freiberufler und kleinere Unternehmen registriert.

Personalman.de
Dies ist eine Projektbörse und Wissensdatenbank speziell für die Personalwirtschaft, aber auch für Betriebs- und Unternehmensorganisation.

Freiberufler.de
Dabei handelt es sich nicht, wie der Name suggeriert, um eine breit angelegte Projektbörse, sondern sie richtet sich ausschließlich an IT-Dienstleister.

Freelance-boerse.de
Diese bietet die wahrscheinlich größte Branchenauffächerung unter allen Projektbörsen.

Freelance.com
Eine reine IT-Projektbörse, die zu einem internationalen Netzwerk gehört, aber auch mit deutschsprachigen Seiten im Netz präsent ist.

gulp.de
Internationale IT-Projektbörse mit deutschsprachigen Seiten.

Elance.com
Der US-Marktführer vermittelt internationale Projekte. Gutes Englisch ist Voraussetzung für die Vermittlung. Elance hat ein extrem großes Angebot an Jobs, ist aber nur für Spitzenkräfte interessant, die sich dem internationalen Wettbewerb stellen können und wollen.

guru.com
Diese Projektbörse hat internationale Angebote mit hohem Anforderungsniveau.

freelanceworkexchange.com
Diese US-Seite von Rob Palmer erscheint weniger empfehlenswert. Er wirbt von vornherein mit exorbitanten Verdienstchancen, möchte andererseits aber schon einen probeweisen Zugang honoriert haben.

Praxistipp:
Jobbörsen, die bereits für die Eintragung Geld verlangen, vertrauen nicht auf den Erfolg ihrer eigenen Vermittlungsarbeit.

Vorsicht Pseudoaufträge!

Viele Freiberufler kennen die Situation bereits: Ein Mitarbeiter oder eine Mitarbeiterin eines potenziellen Neukunden ruft bei Ihnen an und erbittet ganz dringend den Kostenvoranschlag für ein Projekt. Sie sollen eine möglichst verbindliche Kostenübersicht, verbunden mit einer kurzen Konzeptskizze, möglichst bald per E-Mail oder Fax zusenden.

Wer sich nun bereits über den neuen Auftrag freut, wird enttäuscht werden. Solche „Eilanfragen" entpuppen sich in 99 Prozent aller Fälle als Nieten. Die Gründe dafür sind vielfältig:

▸ Das Projekt soll dem eigentlichen Entscheider erst noch über den Preis schmackhaft gemacht werden.
▸ Das Projekt soll anhand der Kostenangebote abgeschossen werden.
▸ Das Projekt dient nur dazu, bestehende Lieferanten im Preis zu drücken.

Praxistipp:
Wenn Sie telefonische Kostenanfragen erhalten, bestehen Sie auf ein persönliches Briefing-Gespräch mit dem Projektverantwortlichen oder dem Entscheider. Steuern Sie das Gespräch so, dass Sie eine möglichst klare Aufgabenbeschreibung erhalten sowie den Zeit- und Kostenrahmen erfahren. Entscheider, die sich keine Zeit für ein persönliches Gespräch nehmen, haben mit Sicherheit auch kein großes Interesse an Ihrem Angebot.

Das Zauberwort Marketing löst nicht alle Probleme

Bevor man sich über Marketing den Kopf zerbricht, sollte man zunächst einmal mit einigen falschen Annahmen aufräumen.

▸ *Marketing ist nicht Verkaufen.*
Viele, die es hassen, mit Kunden Gespräche über die eigenen Leistungen zu führen und sich selbst positiv herauszustellen, hoffen durch das, was sie Marketing nennen, einen passenden Ersatz gefunden zu haben.

Sie drucken dann auffällig gestaltete Briefbögen, auf denen ganze Leistungskataloge aufgelistet sind. Sie benutzen aufklappbare Visitenkarten, auf denen manchmal sogar die Namen von Referenzkunden zu finden sind. Und sie verteilen kleine Faltprospekte, auf denen großartige Versprechungen und nichts sagende Leerformeln stehen, die als Zielgruppe alle möglichen potenziellen Kunden haben und die, wenn sie per Brief, aber ohne eigenes Anschreiben verschickt werden, genauso schnell im Papierkorb landen wie das Kuvert selbst.

▸ *Marketing verkauft nicht, sondern soll einem helfen, sich selbst im Markt richtig zu definieren, und es soll die Tür des Kunden öffnen.*
Die einzige Ausnahme hiervon bildet das Direktmarketing, das Versandhändler betreiben. Sie verkaufen per Post oder per Internet. Aber die meisten Freiberufler und Selbstständigen werden ihre Aufträge nicht per Postkarte oder beiliegendem Bestellformular bekommen.

> *Marketing ist auch nicht einfach mit Werbung gleichzusetzen, erst recht nicht mit der Werbung für Massenprodukte.*

Marketing besteht aus einem strategischen und einem anwendungsbezogenen Teil, in dem die verschiedenen Marketinginstrumente eingesetzt werden.

Finden Sie Ihre eigene Marketingstrategie

Die Entwicklung einer eigenen Marketingstrategie ist zwar fester Bestandteil jeder Existenzgründung, aber selbst wer als Freiberufler fest im Sattel sitzt, sollte in regelmäßigen Abständen über seine eigene Marketingstrategie nachdenken.

Die Veränderungen in Wirtschaft und Gesellschaft finden heute so rasch statt, dass viele davon geradezu überrollt werden, wenn sie nicht stets ein waches Auge auf den Markt und die Wettbewerber werfen.

Produkte und Dienstleistungen

Beginnen wir mit den Produkten und Dienstleistungen, die Sie anbieten oder anzubieten gedenken. Sind Sie der Erste oder Einzige, der damit auf den Markt kommt, oder ist es ein reines Me-too-Produkt, mit dem andere auch schon erfolgreich sind? Natürlich ist diese Frage auch immer abhängig vom Markt, den Sie zu bedienen gedenken.

Sie können mit einer Me-too-Dienstleistung, die bisher nur in den USA angeboten wurde, der Erste und Einzige auf dem deutschen Markt sein. Sie können auch mit einer Me-too-Dienstleistung, die nur auf regionale Kunden abzielt, innerhalb eines Stadtviertels erfolgreich sein, selbst wenn in anderen Stadtvierteln konkurrierende Anbieter existieren. Und solange die Kapazität der Wettbewerber nicht ausreicht, um den gesamten Markt zu bedienen, können Me-too-Produkte durchaus erfolgreich sein.

Eine Alleinstellung oder weitgehende Alleinstellung ist also immer abhängig von der Art und Größe des Marktes und von der Anzahl der Kunden. Lassen Sie uns das an einigen Beispielen demonstrieren.

Praxisbeispiel: Journalismus
Noch Anfang der Achtzigerjahre lautete die Devise: „Ein guter Journalist kann über alles schreiben." Zu dieser Zeit verstand sich tatsächlich noch ein Großteil der Journalisten als Allrounder. Sie wechselten nicht nur zwischen den Medien, sondern auch zwischen den Ressorts. Spezialisierungen waren eher allgemeiner Natur und Überschneidungen die Regel. Wer Politik machte, machte auch Wirtschaft. Wer Wirtschaft machte, brachte auch noch Autotests raus. Und wer Autos testete, schrieb auch noch Reiseberichte.

Das war so lange kein Problem, solange die Zahl der Anbieter und die der Kunden, in diesem Fall der Medien, in einem ausgewogenen Verhältnis standen. Problematisch wurde es, als die Zahl der Anbieter stieg, unter anderem auch dadurch, dass immer mehr PR-Agenturen auf den Markt kamen und damit begannen, für ihre Kunden die Redaktionen mit kostenlosen Artikeln zu überschwemmen.

Wer sich jetzt noch als Journalist behaupten wollte, musste sich spezialisieren. Aber diese Spezialisierung war noch recht grob: in Kultur, Wirtschaft, Politik, Technik, Sport und so weiter. Wer sich zu sehr spezialisierte, fiel häufig genug noch aus dem allgemeinen Raster heraus.

Zum Beispiel gab es für Börsenjournalisten und Finanzexperten zwar schon 1995 einige Titel, die spezialisierte Dienstleistungen nachfragten, aber es waren noch wenige. Die Börse interessierte das breite Publikum noch nicht. Aber schon drei Jahre später sah alles ganz anders aus. Die Nachfrage nach Allround-Wirtschaftsjournalisten ließ deutlich nach, die nach Börsenexperten stieg ebenso rasch wie die Aktienkurse. Die ersten Börsenexperten machten sich durch ihre Alleinstellung noch einen Namen, die darauf folgenden konnten plötzlich auch einen breiten Wachstumsmarkt im Bereich Börse und Geldanlage bedienen.

Folglich nahm die Zahl der Börsenspezialisten rasant zu, bis der Trend an der Börse kippte und die Medien ihre Leser und Zuschauer verloren.

Schon 2001 interessierte sich niemand mehr für einen Wirtschaftsjourna-listen, der sich allein über seine Kenntnisse des Aktienmarktes profilieren wollte.

Man sieht also, nicht nur Produkte, sondern auch Dienstleistungen ha-ben einen Lebenszyklus, der länger oder kürzer sein kann. Es gibt eine An-fangsphase, in der es steil nach oben geht, dann eine Sättigungsphase, die unterschiedlich lang dauern kann, und dann kommt der Niedergang. Wie weit die Kurve ausschlägt und wie lang die einzelne Phase andauert, hängt von der Branche, vom Markt und von den neuen Wettbewerbsangeboten ab.

Praxisbeispiel: Rockmusik

In der Musikbranche gab es eine ähnliche Entwicklung. Anfang der Acht-zigerjahre gab es unendlich viele Rockmusiker. Alle spielten auf ähnliche Weise die gleichen Stücke. Natürlich gab es einige Stars, die neue Ideen hatten, aber die breite Masse bewegte sich eindeutig im Me-too-Bereich.

In Köln kamen einige dieser Musiker auf die Idee, keine englischen Texte mehr zu bekannten Melodien zu verwenden, sondern sie in die Köl-ner Mundart zu übertragen. Der Kölsch Rock war geboren. Zunächst wurde er nur in Köln und Umland akzeptiert und für gut befunden. Dann wurde diese Idee in Bayern ebenso aufgegriffen wie in Norddeutsch-land, dort zum Beispiel von der Gruppe Torfrock.

Man hatte etwas gefunden, um sich von den Wettbewerbern zu unter-scheiden. Wer die englischen Texte nur ins Hochdeutsche übersetzte, war eben nicht so witzig und bot seinem Publikum nicht die Identifikations-möglichkeit wie diejenigen, die mit Dialekten arbeiteten. Einige dieser Mundart-Rocker wurden sogar in ganz Deutschland bekannt. Inzwischen ist die allgemeine Begeisterung wohl wieder etwas abgeflaut, doch in ihren Regionen sind sie nach wie vor ein fester und führender Bestandteil der Musikszene.

Man sollte sich also immer wieder aufs Neue fragen:
‣ Was ist das Besondere an meinem speziellen Dienstleistungsange-
bot?
‣ Womit unterscheide ich mich von anderen?
‣ Was kann ich besser als andere?

Dieses Unterscheidungsmerkmal kann tatsächlich vorhanden sein,
man kann es aber auch oft künstlich kreieren, indem man sich zum
Beispiel als Illustrator auf einen bestimmten Stil konzentriert oder sich
ganz einfach auf andere Weise unverwechselbar macht.

Manche Architekten arbeiten mit Vorliebe mit natürlichen Werkstoffen. Sie können ein Haus durchaus auch mit konventionellen
Werkstoffen bauen. Aber sie haben mit ihrer Vorliebe eine ganz bestimmte Identität und Unverwechselbarkeit geschaffen.

Praxistipp:
Wenn Ihre Dienstleistung nicht von anderen zu unterscheiden ist, so können Sie es immer noch mit einem Markenzei-
chen versuchen. Auch Freiberufler können sich zu einer
Marke machen.

Märkte und Wettbewerber

Wo Freiberufler und neue Selbstständige ihre Kunden finden, kann
höchst unterschiedlich sein. Manche sind im lokalen Bereich aktiv, andere regional und wieder andere überregional. In diesem Zusammenhang taucht dann die Frage nach dem Standort und den Wettbewerbern auf.

In ländlichen Bereichen kann es das Geschäft manchmal schon ka-
puttmachen, wenn nur ein zweiter oder vielleicht dritter Wettbewerber
auftaucht. Dann sind nicht mehr genug Kunden für alle da. In einem

Ballungsgebiet kann es genau das Gegenteil sein. Dort kommt es immer wieder zur Clusterbildung. Das heißt, die verschiedenen Wettbewerber sammeln sich an einem bestimmten Ort, weil es dort nicht nur die für sie geeignete Infrastruktur gibt, sondern auch, weil die Kunden speziell an diesen Orten Ausschau nach Dienstleistern halten. Nicht ohne Grund sind in Deutschland die Zentren für Werbe- und PR-Agenturen Hamburg, Düsseldorf, Frankfurt und München und inzwischen auch Berlin. Sicher gibt es ebenso gute Agenturen in Stuttgart und Köln, aber sie haben es schwerer, sich durchzusetzen und wahrgenommen zu werden.

Wie heißt es so schön: Wettbewerb belebt das Geschäft. Und Kunden lieben es nun einmal, die Auswahl zu haben und nicht auf einen einzigen Dienstleister angewiesen zu sein. Wer es dann versteht, sich gegenüber den Wettbewerbern abzusetzen, ist eindeutig im Vorteil. Aber, wie gesagt, man kann auch den umgekehrten Weg gehen und versuchen, dem Wettbewerb auszuweichen, indem man neue Standorte entdeckt.

Es ist erstaunlich, wie wenig viele Anbieter von Dienstleistungen über ihre Wettbewerber wissen. Manche kennen sie nur vom Hörensagen. Das ist in der Industrie ganz anders. Dort sind auch die schärfsten Wettbewerber alle Mitglied eines einzigen Verbandes. Man macht sich zwar aufs schärfste Konkurrenz, findet sich aber wieder bei gemeinsamen Interessen zusammen.

Und das größte Interesse besteht darin, zu wissen, wo man im Vergleich zum Wettbewerb steht. Deshalb gibt es in den meisten Industrieverbänden den so genannten Betriebsvergleich. Anonym und unter strenger Aufsicht geben die verschiedenen Unternehmen ihre Betriebskennzahlen preis. Keiner weiß, welche Zahl wem zuzuordnen ist, aber jeder Unternehmer weiß, wo er selbst steht, ob er zu teuer ist, zu teuer produziert, zu viel auf Lager hat oder zu wenig Kunden.

Diese Praxis steckt im Bereich der Freiberufler noch in den Kinderschuhen. Der Organisationsgrad in Verbänden ist immer noch verhältnismäßig gering, und die dort erhobenen und teilweise sogar allgemein veröffentlichten Vergleichszahlen sind nur von verhältnismäßig geringer Aussagekraft. Also sollte sich jeder daran machen, selbst den Wettbewerb zu beobachten. Nicht als Selbstzweck, sondern zur besseren Definition des eigenen Verhaltens und der eigenen Position.

Märkte und Marktnischen richtig definieren

Was ist das Rezept eines erfolgreichen Geschäfts? Man muss zur richtigen Zeit am richtigen Ort sein und im richtigen Moment etwas haben oder können, was andere brauchen. Voraussetzung dafür ist, dass man den Markt kennt. Der Markt bestimmt den Erfolg.

Der Fehler vieler Freiberufler oder neuen Selbstständigen ist, dass sie ihre Tätigkeit gewöhnlich nicht mit der Erforschung ihres Marktes anfangen, sondern sich meist kaum darum kümmern. Aber wie ist Ihr Markt?

Wie jedes Produkt hat auch jede Dienstleistung einen Lebenszyklus. Da ist zunächst die Vorphase, in der noch niemand genaue Vorstellungen darüber hat, welchen Nutzen die Dienstleistung wem bringen soll. Vielleicht sind Sie Ihrer Zeit voraus und haben so etwas wie eine Vision. Dann müssen Sie sich Ihren Markt erst schaffen und Geduld haben.

Manchmal sieht man eine Gelegenheit heraufziehen, aber sehr häufig braucht man doch wesentlich mehr Zeit und Geld, bis sich dieser Markt tatsächlich entwickelt hat. Manchmal erweist sich die Geschäftsidee nur als Traum, und der Fall, dass man es gerade richtig abgepasst hat, bleibt Glückssache.

Ideal für die neuen Selbstständigen ist die Phase der wachsenden Märkte. Man kann relativ leicht Erfolge verbuchen, wenn man früh in einen stark wachsenden Markt eintritt, der sich durch wenig Konkurrenz und eine Vielzahl von Kunden auszeichnet, die sich nur so darum reißen, das Angebot anzunehmen.

In stabilisierte Märkte mit ausgereiften Produkten oder Dienstleistungen und einer Vielzahl von Anbietern lohnt es sich kaum, einzutreten. Dem Wachstum sind enge Grenzen gesetzt, die Preise sinken. Da bleibt dann nur noch übrig, neue Zielgruppen zu finden oder neue Vertriebsgebiete zu erschließen.

Praxis-Checkliste zur Bewertung eines Wettbewerbers

1. Grundsätzliche Informationen zum Unternehmen
   Rechtsform
   Eigentumsverhältnisse
   Gründungsjahr
   Aktueller Umsatz und Umsatzentwicklung
   Sparten- beziehungsweise Bereichsumsätze
   Mitarbeiterzahl und deren Entwicklung
   Unternehmenskultur
   Mitarbeiterorientierung
   Kundenorientierung
   Firmensitz
   Standortqualität
   Lohnniveau
   Kernkompetenzen
   Bewertung der allgemeinen Stärken und Schwächen

2. Organisation
   Organigramm
   Geschäftsbereiche
   Einbindung in einen Konzern
   Tochtergesellschaften
   Kooperationen
   Beteiligungen
   Bewertung der organisatorischen Stärken und Schwächen

3. Bilanzkennzahlen
   Erwirtschaftete Gewinne und deren Entwicklung
   Cashflow
   Investitionen
   Umsatzrendite
   Eigenkapitalquote
   Kreditwürdigkeit
   Bewertung der Stärken und Schwächen der Kapital-
   ausstattung

4. Produkte
   Produktpalette
   Hauptumsatzträger
   Produktqualität
   Herstellungskosten
   Eingesetzte Technologien
   Patente, Lizenzen
   Erfüllungsgrad der kaufentscheidenden Faktoren
   Bewertung der Stärken und Schwächen des Produkt-
   programms

5. Preise
   Preisniveau
   Preisgestaltung, Preisveränderungen
   Rabatte
   Preis-Leistungsverhältnis
   Deckungsbeitrag
   Bewertung der Stärken und Schwächen der Preise

6. Marktposition
   Kundenzielgruppen
   Schlüsselkunden
   Branchenschwerpunkte

Marktsegmente
Marktanteile
Internationalisierungsgrad
Schwerpunkte der Auslandsaktivitäten
Grad der Marktorientierung
Bekanntheitsgrad
Firmenimage in der Öffentlichkeit
Bewertung der Stärken und Schwächen der Marktposition

7. Management
Führungspersönlichkeiten
Führungsstil und Führungskultur
Bewertung der Stärken und Schwächen des Managements

8. Strategien
Unternehmensstrategie
Visionen, Zukunftspläne
Marktstrategie
Produktstrategie
Entwicklungsstrategie
Produktionsstrategie
Investitionsstrategie
Bewertung des Zukunftspotenzials

9. Beschäftigte
Qualifikation
Motivation
Fluktuation
Bewertung der Stärken und Schwächen der Mitarbeiter

10. Forschung und Entwicklung
    F&E-Ausgaben
    F&E-Know-how
    Innovationen
    Zahl und Art der Patente und Lizenzen
    Zahl und Qualifikation der Mitarbeiter
    Schnelligkeit der Umsetzung bis zur Marktreife
    Teilnahme an Innovationsförderprojekten
    Zusammenarbeit mit Universitäten, anderen Institutionen oder Unternehmen
    Bewertung der Stärken und Schwächen der Forschung und Entwicklung

11. Einkauf
    Einkaufsstrategie
    Lieferantenanzahl
    Hauptlieferanten
    Einkaufskooperationen
    Internationalisierungsgrad
    Bewertung der Stärken und Schwächen des Einkaufs

12. Produktion
    Anzahl der Produktionsstätten
    Anzahl der Mitarbeiter in der Produktion
    Produktionsverfahren
    Produktions-Know-how
    Fertigungstiefe
    Fertigungszeiten
    Modernisierungsgrad der Anlagen
    Automatisierungsgrad der Anlagen
    Bewertung der Stärken und Schwächen der Produktion

13. Vertrieb und Marketing
    Vertriebswege
    Anzahl der Mitarbeiter im Vertrieb
    Internationalisierungsgrad
    Tochterunternehmen und Vertretungen im Inland
    Tochterunternehmen und Vertretungen im Ausland
    Kooperationen
    Marktforschung
    Werbestrategie
    Werbeausgaben
    Marketingstrategie
    Marketingausgaben
    Produktmanagement
    Bewertung der Stärken und Schwächen von Vertrieb
    und Marketing

14. Kommunikation
    Werbung (Printwerbung, Funk- und Fernsehwerbung
    etc.)
    Verkaufsförderung (Prospekte etc.)
    Messeteilnahme und Auftritt
    Presse- und Öffentlichkeitsarbeit
    Interne Kommunikation
    Mitarbeiterzeitschriften etc.
    Bewertung der Stärken und Schwächen der Kommuni-
    kation

15. Service
    Aufbau des Servicebereichs
    Mitarbeiter im Servicebereich
    Service-Niederlassungen
    Internationalität
    Beratung

Beschwerdemanagement
Engineering
Lieferzeit
Gewährleistungszeit
Dokumentationen
Bewertung der Stärken und Schwächen des Service

Marketinginstrumente – Was funktioniert und was nicht

Wer vom Marketing spricht, denkt wahrscheinlich zuallererst immer an die klassische Werbung: Anzeigen, Plakate, Fernseh- und Radio-Spots. All dies ist in der Regel für Freiberufler und neue Selbstständige zu teuer und kaum sinnvoll, da sie weder einen Massenmarkt mit ausschließlich anonymen Kunden ansprechen wollen, noch darauf angewiesen sind, ihre Bekanntheit im großen Stil zu steigern.

Wenn Freiberufler ihre Dienste in Anzeigen anbieten, dann sind das eher Kleinanzeigen in Fachzeitschriften oder Anzeigen in bestimmten Rubriken von Tageszeitungen. Diese Anzeigen unterscheiden sich von dem, was die klassische Werbung macht, in einem Punkt ganz gravierend: Die kleinen und Rubrik-Anzeigen werden vom Leser gezielt und bewusst durchgesehen, weil er Ausschau nach einem ganz bestimmten Angebot hält.

Die Anzeigen der klassischen Werbung sind Eyecatcher. Sie sollen den zufälligen Leser einfangen, sein Interesse wecken und es auf ein ganz bestimmtes Produkt oder eine Dienstleistung lenken. In der klassischen Werbung verwendet man die AIDA-Formel: Attention, Interest, Desire, Action. Bei den Kleinanzeigen kann man auf Interest and Desire (Interesse und Begehren) verzichten, denn wenn das nicht vorhanden wäre, würde niemand auf die entsprechenden Seiten schauen.

Sicher sind klassische Geschäftsanzeigen wie: „Die Praxis ist wegen Urlaubs von ... bis ... geschlossen" und „Wir sind aus dem Urlaub wieder zurück" für bestimmte Branchen, wie zum Beispiel Ärzte, Tierärzte und so weiter, die einem weitgehenden Werbeverbot unterliegen, sinnvoll und können auch in dem einen oder anderen Einzelfall eingesetzt werden. Im Grunde können aber Freiberufler und neue Selbstständige auf klassische Werbung getrost verzichten.

Ganz anders ist es mit dem Internet-Auftritt. Hierbei handelt es sich um ein eigenständiges Medium mit eigenständigen Regeln, was inzwischen auch die klassischen Werber gelernt haben. Egal, ob man seine Internet-Seite selbst gestaltet oder gestalten lässt, man sollte immer darauf achten, dass der Nutzen im Vordergrund steht.

Wer eine bestimmte Internet-Seite anklickt, möchte, dass sie schnell präsent ist, dass er sich schnell orientieren kann und dass er schnell an die Information kommt, die er sucht. Das kann bei einem Freiberufler sein beruflicher Background sein oder auch eine Liste mit Referenzkunden. Wenn man solche Informationen nicht nach dem dritten Klick gefunden hat, wird man in vielen Fällen entnervt zu seiner Suchmaschine zurückkehren und nach anderen Anbietern Ausschau halten.

Das bedeutet, Internet-Informationen müssen zunächst eher breit als tief gestaffelt sein und sie müssen eher kurz als lang sein. Wenn der Internet-Surfer dann bei den von ihm gewünschten Informationen angelangt ist, kann man ihm so viele, so breite und so tiefe Informationen zur Verfügung stellen, wie man will. Aber sie müssen benutzerfreundlich sein, PDF-Dateien zum Runterladen und Späterlesen enthalten und möglichst wenig Spielereien, die erst langwierig geladen werden müssen, aufweisen.

Schließlich macht man eine Internet-Seite nicht zum eigenen Vergnügen, sondern um potenzielle Kunden so zu informieren, dass sie eine positive Grundhaltung einnehmen, nicht genervt sind und den Eindruck haben, dass der Kontakt und alles Weitere ebenso einfach abläuft wie das Auffinden der Seite im Netz. Dazu gehört übrigens, dass man sich unter den richtigen Begriffen bei möglichst vielen Suchmaschinen einträgt. Dabei geben Internet-Provider Hilfestellung.

Viele glauben, dass das Internet das Direktmarketing abgelöst hat.

Doch das ist ein Irrtum. Das Internet richtet sich an Leute, die suchen und etwas finden wollen. Mit dem Direktmarketing richtet man sich an Leute, von denen man vermutet, dass sie einen bestimmten Bedarf an Dienstleistungen haben oder haben werden, und von denen man annimmt, dass man sie auf sich selbst aufmerksam machen muss oder, falls man ihnen schon bekannt ist, sich zumindest in Erinnerung ruft. Direktmarketing richtet sich also sowohl an potenzielle Kunden als auch an Bestandskunden.

Gerade heute, in Zeiten des Informations-Overkills, erlebt der einfache Brief wieder eine Renaissance, weil er sich wohltuend von vielen bunten Broschüren und Prospekten absetzt. Handelt es sich bei den Kunden um Privatleute, so werden sie einen Brief mit individueller Anmutung besonders zu schätzen wissen. Das gilt aber erstaunlicherweise auch für Geschäftskunden.

Die sind meist auf die eine oder andere Weise selbst schon mit dem Thema Direktmarketing in Kontakt gekommen und halten Werbebriefe für nichts weiter als Zeitfresser. In der Regel haben die Sekretärinnen von Entscheidern die Anweisung, diese Briefe sofort wegzuwerfen und ihren Chef damit gar nicht erst zu belasten. Also kommt es darauf an, diese Hürde zu überwinden. Das klappt in der Regel nur mit sehr persönlichen und eher kurzen Briefen.

Ein Bereich, der von Freiberuflern im Rahmen ihrer Kundenkommunikation oft übersehen wird, ist die Public Relations (PR) oder, genauer gesagt, die Pressearbeit. Egal, wer die Kunden sind und wo sie sitzen, man kann jede Kundengruppe über die Presse erreichen. Ob in einem Anzeigenblatt oder einer Stadtteilzeitung, ob in einer lokalen Tageszeitung oder einer überregionalen, ob über eine Fachzeitschrift, einen Newsletter oder einen Brancheninformationsdienst, irgendwo lässt sich immer etwas unterbringen.

Natürlich sind die Erwartungen der Presse hoch. Am liebsten sind ihnen Texte, die so geschrieben sind, dass man sie von hinten nach vorn gut kürzen und ohne große Umschreiberei ins Blatt stellen kann. Das bedeutet, ein Artikel sollte nicht in der Ich-Form geschrieben sein und er sollte auch nicht mit historischen Tatsachen beginnen: „Als ich 1980 beschloss, mich als Grafiker selbstständig zu machen, war ich 20 Jahre alt." So bitte nicht.

Am besten ist es, einen Journalisten um Mithilfe beim Abfassen einer Pressemitteilung zu bitten. Das kostet in der Regel nicht viel, bringt aber eine ganze Menge. Vielleicht hat er sogar noch Tipps, an welche Titel man einen Presseartikel sonst noch schicken könnte. In der Regel kennt aber jeder Freiberufler die Medien, die er liest und die seine Kunden lesen.

Auch für Freiberufler werden Events immer wichtiger, um den persönlichen Kontakt zu Kunden und potenziellen Kunden zu pflegen. Das müssen weder rauschende Feste mit üppigen Büffets und Showspektakel sein, es sollte aber auf jeden Fall mehr sein als eine bloße Party ohne spezielles Ziel und ohne besonderen Inhalt.

Praxistipps für die Erstellung eines Akquisitionsbriefes

1. Vermeiden Sie bei der Gestaltung des Briefes Kreativität und benutzen Sie die übliche Briefform. Das heißt: In der linken oberen Ecke stehen Name und Adresse des Empfängers, in der rechten oberen Ecke Ihre Firmenbezeichnung beziehungsweise Ihr Name und/oder Logo, dann folgt das Datum.
2. Schreiben Sie vor die Anrede eine Headline, aus der ersichtlich ist, worum es in dem Brief geht.
3. Die Anrede muss auf jeden Fall persönlich sein. Wiederholen Sie die Anrede noch einmal im Brief.
4. Achten Sie darauf, dass in dem Brief keine Tipp- oder Grammatikfehler sind. Besonders wichtig ist, dass der Name des Adressaten richtig geschrieben ist.
5. Schreiben Sie kurze, prägnante Sätze, die man schnell lesen und erfassen kann.

6. Gliedern Sie den Brief in Absätze, die jeweils nicht länger als fünf Zeilen sein sollten, damit der Text übersichtlich ist.
7. Heben Sie zusätzlich wichtige Worte durch Fettdruck oder Unterstreichen hervor. Aber wechseln Sie nie die Schriftart, das verwirrt nur und stört das Erscheinungsbild.
8. Der Inhalt muss logisch und verständlich gegliedert sein.
9. Der Briefanfang muss die Aufmerksamkeit des Lesers wecken und ihm den Nutzen oder die Vorteile des Angebots aufzeigen. Gehen Sie in der Formulierung direkt auf den Adressaten ein.
10. Im zweiten Teil erklären Sie die angebotene Dienstleistung und stellen sich selbst vor.
11. Schreiben Sie zum Schluss eine aktive Handlungsaufforderung, zum Beispiel, wie der Leser zu weiteren Informationen gelangen kann.
12. Die Unterschrift muss per Hand, am besten mit blauer Tinte, geschrieben sein und in Schreibmaschinenschrift wiederholt werden.
13. In einem PS (Postskriptum) führen Sie noch einmal den Hauptnutzen auf und verbinden dies mit einer aktiven Handlungsaufforderung.
14. Achten Sie auf eine angemessene Papierqualität und nehmen Sie auch nicht den billigsten Briefumschlag.

Praxis-Checkliste Akquisitionsbrief
1. Ist der Brief auf Tipp- oder Rechtschreibfehler hin überprüft?
2. Stimmen alle formalen Elemente?
3. Ist die Blattaufteilung optisch ansprechend?
4. Ist die Ansprache zielgruppengerecht?

5. Ist der Text verständlich und logisch nachvollziehbar?
6. Geht daraus eindeutig hervor, worum es geht?
7. Ist der Nutzen oder der Vorteil für den Leser eindeutig und klar formuliert?
8. Haben Sie sich und Ihre Leistungen ausreichend vorgestellt?
9. Wird direkt auf den Leser eingegangen?
10. Ist die Handlungsaufforderung für den Leser deutlich genug?

Nehmen Sie sich wichtig – Größere Bekanntheit durch kleine Events

Wenn für Sie die Regel gilt: All business is local, Ihre Kundschaft sich also aus einem bestimmten regionalen Umfeld rekrutiert oder Ihre Dienstleistungen an bestimmte Orte gebunden sind, sollten Sie den Multiplikatoreffekt von Events nicht unterschätzen.

Ein Event unterscheidet sich von einer Feier dadurch, dass es nicht nur einen Anlass, sondern insbesondere ein Ziel hat: Bekanntheit schaffen. Auch mit wenig Aufwand und ohne großen finanziellen Einsatz können Sie die Aufmerksamkeit einer bestimmten Zielgruppe oder auch der breiten Öffentlichkeit auf sich ziehen.

Für künstlerisch oder gestalterisch arbeitende Freiberufler bietet es sich geradezu an, eine Ausstellung mit eigenen Werken zu organisieren. Aber was tun andere? Neben der Leistungsschau, und genau darum handelt es sich bei der Ausstellung eigener Werke, sind die Veranstaltung eines halb- oder ganztägigen Seminars, ein Tag der offenen Tür und das Sponsoring von Kunst und Kultur die klassischen Anlässe für ein Event.

Zum Beispiel kann ein Tierheilpraktiker ein Seminar über erste Hilfe bei Hunden und Katzen abhalten. Ein Outdoor-Trainer kann auf dem eigenen oder einem anderen geeigneten Gelände einen Tag der offenen Tür veranstalten, und ein Naturgarten-Berater kann entweder eine Führung durch den eigenen Garten oder durch einen Garten eines Kunden veranstalten und diese gleichzeitig noch mit der Ausstellung und vielleicht auch dem Verkauf von Skulpturen kombinieren.

Die wichtigste Frage bei einem Event ist immer: Wen will ich erreichen? Eine genau definierte Zielgruppe, die auch aus organisatorischen Gründen nur eine bestimmte Größe haben darf, oder die allgemeine Öffentlichkeit mit beliebig vielen Teilnehmern? Beim Seminar ist die Teilnehmerzahl begrenzt, bei einem Tag der offenen Tür kann sie prinzipiell beliebig groß sein.

Eine geschlossene Zielgruppe laden Sie per Brief schriftlich ein und bitten Sie auch um eine Antwort. Eine solche Einladung sollte eine Vorlaufzeit von mindestens vier Wochen haben, damit Sie zwei Wochen vor dem Ereignis noch einmal nachfassen und gegebenenfalls weitere Einladungen ausschicken können. Bei einer offenen Veranstaltung sollten Sie neben persönlichen Einladungen auch rechtzeitig eine Information an die Presse und an die diversen Veranstaltungskalender geben. Unabhängig davon, wer die Zielgruppe ist, sollten Sie auf jeden Fall die örtliche Presse und vielleicht auch noch die Fachpresse einladen.

Geeignete preiswerte Örtlichkeiten finden sich für jede Art von Veranstaltung, auch wenn Sie von zu Hause aus arbeiten. Entweder in entsprechenden Räumen, die oft von Vereinen oder auch von der Gemeinde zur Verfügung gestellt werden, oder gerade in der Stadt zum Beispiel auch in einem leer stehenden Laden, den Sie für ein Wochenende anmieten können. Freundlichkeit und Atmosphäre sind bei jedem Event weitaus wichtiger als eine üppige Bewirtung. Ein Naturgarten-Berater sollte vielleicht diverse Kräutertees servieren, und bei einem Seminar reichen die kleinen, üblichen Erfrischungen in der Pause.

Stellen Sie gemeinsam mit einem Kooperationspartner zum Beispiel Kunst oder Fotografie aus, sollten immer die Arbeiten im Mittelpunkt stehen und nicht Sekt und Häppchen. Deshalb ist es notwendig, die Gäste nicht nur persönlich zu begrüßen, sondern auch eine kleine Rede zu halten, deren Manuskript auch auf Handzetteln ausgelegt oder zumindest der Presse zur Verfügung gestellt wird, damit diese nicht mitschreiben muss. Je nach Ziel und Größe der Veranstaltung kann es durchaus sinnvoll sein, die örtlichen Honoratioren einzuladen. Und wenn Sie dem Ereignis noch das Tüpfelchen auf dem i aufsetzen möchten, schreiben Sie innerhalb von zehn Tagen nach dem Ereignis an alle, die gekommen, und auch an alle, die eingeladen waren, wie toll die Veranstaltung abgelaufen ist, und bedanken Sie sich bei allen, die dabei waren.

Praxis-Checkliste Event

1. Anlass
2. Zielgruppe
3. Termin
4. Örtlichkeit
5. Einladung
6. Presseinformation
7. Bewirtung
8. Persönliche Begrüßung
9. Rede/Informationen
10. Dankschreiben

Honorare – Das richtige Maß finden

Eines der größten Probleme für Freiberufler und neue Selbstständige besteht darin, die richtigen Honorare zu kalkulieren, wobei das Wort „richtig" ein höchst dehnbarer Begriff ist. Denn es fließen hier verschiedene und zum Teil höchst unterschiedliche Kriterien ein.

Am einfachsten ist die Vorgehensweise bei Berufen, die es sowohl in angestellter wie auch in freiberuflicher Form gibt, zum Beispiel bei Journalisten. In kaum einem anderen Bereich der freiberuflichen Tätigkeit gibt es, abgesehen von den verkammerten Berufen mit festen Gebührenordnungen, eine so hohe Transparenz der Vergütungen wie im Journalismus. Das liegt daran, dass zwischen den Gewerkschaften und den Verlagen feste Tarifverträge abgeschlossen werden.

Goetz Buchholz geht in seinem für die Gewerkschaft verdi verfassten „Ratgeber Freie in Kunst und Medien" in einer Beispielrechnung davon aus, dass das Jahresgehalt eines Redakteurs in Westdeutschland bei rund 56.000 Euro liegt. Bei einem freiberuflichen Journalisten würde dieses Gehalt etwa zwei Dritteln des Jahresumsatzes entsprechen, denn mit einem weiteren Drittel des Jahresumsatzes muss er seine Betriebsausgaben decken. Also muss er einen Umsatz von rund 84.000 Euro erwirtschaften, um im Bruttogehalt mit seinem angestellten Kollegen gleichziehen zu können.

Geht man davon aus, dass der Freiberufler ebenfalls Urlaub machen möchte und gelegentlich auch wegen Krankheit ausfällt, bleiben ihm pro Jahr ungefähr 210 Tage zur Verfügung, an denen er seinen notwendigen Lebensunterhalt verdienen kann. Dabei errechnet sich pro Arbeitstag ein Umsatzvolumen von rund 400 Euro.

Geht man weiter davon aus, dass pro Tag sechs Stunden als echte Arbeitszeit an einen Auftraggeber verkauft werden können, denn die Zeit für die Buchhaltung, Akquisition und was sonst noch an Nebenarbeiten anfällt, werden ja nicht bezahlt, dann ergibt sich daraus ein Stundensatz von knapp 70 Euro.

Nun hat dieser ganz systematisch und konsequent ermittelte Stundensatz leider nichts mit der Realität zu tun. Denn hier bestimmen nicht nur Angebot und Nachfrage den Preis, sondern auch noch zahlreiche andere weiche Faktoren.

Nicht nur ein Journalist, sondern auch viele andere Freie entscheiden über die Annahme eines Auftrages ja keineswegs ausschließlich unter Honorargesichtspunkten, sondern auch Anerkennung, Selbstbestimmung und Selbstverwirklichung spielen eine Rolle. Eine interessante Recherche für ein Medium mit hoher Reputation oder die Aussicht auf große Beachtung in der Öffentlichkeit lassen den Journalisten auch schon für geringere Honorare arbeiten.

Wären dies die einzigen weichen Faktoren, wäre es ja nicht weiter schlimm. Aber tatsächlich kommen viel öfter andere Aspekte zum Tragen. Da versuchen die Auftraggeber ihre Lohnschreiber mit Folgeaufträgen zu ködern. „Wenn Sie diesen Auftrag für ein geringes Honorar erledigen, haben wir nächste Woche einen größeren Auftrag für Sie."

Es kann aber auch sein, dass der Journalist eine Durststrecke hatte und ihm schon seit ein paar Wochen die Folgeaufträge fehlen. Was er braucht, ist Geld in der Kasse, und dann ist ihm ein schlecht bezahlter Auftrag oft lieber als gar keiner. Und so geht es nicht nur Journalisten.

Im Zweifelsfall machen auch noch rüstige Pensionäre den Freien die Preise kaputt. Abgesichert durch üppige Renten, wollen viele alte „Edelfedern" gern zeigen, was sie noch drauf haben. „Nur zum Spaß, nicht für Geld!", lautet die Parole. Dass sie damit die Konkurrenz schädigen, die zurzeit für ihre Rente zahlt, kommt ihnen nicht in den Sinn.

Erstaunlicherweise findet sich das Stundenhonorar von rund 70 Euro in sehr vielen verschiedenen Branchen wieder, wobei es auch dort häufig nur eine Sollrichtung angibt, die oft genug ganz erheblich unterschritten wird. Das geschieht allein schon dadurch, dass man statt Stunden Tagessätze abrechnet.

In der Tarifübersicht sieht es dann so aus, dass der Tagessatz das Achtfache des Stundensatzes beträgt. In der Regel verlangt der Auftraggeber aber einen Bonus. Der Stundensatz wird meist nur dann zugrunde gelegt, wenn man weniger als einen Tag arbeitet. Und der Bonus sieht so aus, dass für einen Tagessatz üblicherweise zehn Stunden Arbeit erwartet werden.

Wie hoch das Beschäftigungsrisiko tatsächlich eingeschätzt wird, erkennt man daran, wie rasant die Preise von Freiberuflern fallen, wenn sie die Chance haben, über einen etwas längeren Zeitraum beschäftigt zu werden. Der Fachverband freier Werbetexter hat in seiner Honorarerhebung zum Beispiel festgestellt, dass der Mindeststundensatz seiner Mitglieder von 60 Euro im Rahmen einer Wochenpauschale auf 45 Euro bei 40 Stunden pro Woche sinkt. Wird der Werbetexter gar im Rahmen einer Monatspauschale angeheuert, fällt sein Stundensatz sogar auf 31,25 Euro.

Aber das Honorarwirrwarr wird noch größer, wenn man nicht mehr die eingesetzten Stunden des Freiberuflers zugrunde legt, sondern das Objekt, für das oder an dem er mitarbeitet. Schreibt er einen Artikel für eine Zeitschrift mit geringer Auflage, so ist auch sein Zeilenhonorar niedriger als bei einer Zeitschrift mit hoher Auflage. Die Arbeit ist exakt dieselbe.

Ähnlich ist es in der Werbung. Gestaltet man eine Anzeige mit geringer Verbreitung, wird sie schlechter bezahlt als eine Anzeige mit hoher Verbreitung. Hier ist also der Nutzen des Kunden der Maßstab für das Honorar.

Und es gibt noch zwei Maßstäbe, die angelegt werden: Der eine ist die Erfahrung, die der Freiberufler mitbringt und die honoriert wird, wahrscheinlich hauptsächlich deshalb, weil sie dem Auftraggeber eine gewisse Sicherheit gibt, dass er wirklich das erhält, was er sich erwartet. Das Gleiche gilt aber auch für die Kundenseite. Ein Großunternehmen wird in der Regel höhere Honorare für einen Auftrag zahlen müssen als ein mittleres oder kleines. Ganz einfach deshalb, weil einerseits der Freiberufler davon ausgeht, dass kleine Unternehmen nicht bereit und in der Lage sind, die Honorare zu zahlen, die ein Großkonzern ohne mit der Wimper zu zucken akzeptiert. Andererseits ist es wohl auch so, dass die Kunden ihre eigenen Gehälter ebenfalls zum Maßstab machen, wenn sie Aufträge nach außen vergeben. Wer in einem Großkonzern 200.000 Euro pro Jahr verdient, wird einen Auftragnehmer nicht für adäquat und leistungsfähig halten, wenn dieser so wenig verlangt, dass er niemals auch nur in die Nähe dieses Jahresgehalts käme. Großunternehmen sind außerdem eher bereit, auch noch das unternehmerische Risiko im Rahmen der Honorargestaltung zu berücksichtigen und prozentual mit anzusetzen.

Praxistipps:

1. Die Honorare für Freie lassen sich am solidesten auf Stundenbasis im Vergleich zu gleich qualifizierten Festangestellten berechnen.

2. Fairerweise sollte man dabei auch noch einen Aufschlag für das unternehmerische Risiko berechnen.

3. Dass sich jemand seine Erfahrung bezahlen lässt, ist ebenfalls recht und billig, solange diese Erfahrung bei der Projektbearbeitung wirklich vonnöten ist und eingesetzt wird.

4. Die Größe des Mediums, für das man arbeitet, ist ein übliches Kriterium, um das Honorar zu bemessen, aber ein recht zweifelhaftes und für den Freiberufler unbefriedigendes.

5. Hingegen ist der Nutzen, den der Auftraggeber aus einer

bestimmten Leistung bezieht, durchaus bei der Kalkulation anzusetzen. Nur besteht hier das Problem, diesen Nutzen richtig zu qualifizieren und damit auch zu quantifizieren.

6. Die Art des Kunden, seine Größe und Zahlungsfähigkeit zur Grundlage zu machen, ist wiederum eine höchst zweifelhafte Angelegenheit. Sie kann aber für den Freiberufler durchaus von Vorteil sein.

Besserverdiener sind eben nicht nur bereit, für ein identisches Produkt in einem Fachgeschäft mehr auszugeben als in einem Kaufhaus. Sie sind es auch gewohnt, in entsprechend anderen Kategorien zu denken. Dabei ist es natürlich niemals auszuschließen, dass man auf einen geizigen Dagobert-Duck-Typ trifft. Aber in der Regel gilt für gut verdienende Kunden: Was nichts kostet, taugt auch nichts.

Kosten richtig managen

Das Hauptziel eines jeden Freiberuflers und Selbstständigen muss sein, die Einnahmen zu steigern, ohne die Kosten zu erhöhen. Worauf es bei der Einnahmensteigerung ankommt, wurde in den ersten beiden Teilen des Buches unter Können und Kunden ausgiebig erörtert.

Dass ein Freiberufler oder Selbstständiger seine Gewinne über die Kostenseite erheblich beeinflussen könnte, ist in der Regel ein Trugschluss, der auf der falschen Annahme beruht, dass man glaubt, die Prinzipien, die für die Großindustrie gelten, würden auch hier ihre Wirkung entfalten. Denn bei den Freien kommt weder ein Volumeneffekt zum Tragen, noch lassen sich in Ermangelung komplexer Strukturen und Organisationen Rationalisierungsmaßnahmen im größeren Stil durchführen. In einem Einmannbetrieb gibt es keine Produktionsstätten, die man zusammenlegen kann, um einen Teil der Belegschaft zu entlassen, es gibt keine Wertschöpfungskette, die man deutlich straffen könnte, und es gibt keinen bürokratischen Wasserkopf, der zu verschlanken ist.

Natürlich kann auch ein Einzelkämpfer jede der ausgeübten Funktionen optimieren. Aber nur in den seltensten Fällen werden sie als so ineffizient wahrgenommen worden sein oder gegenüber den eigentlichen Aufgaben so stark dominiert haben, dass damit wirklich beeindruckende Kostensenkungen zustande kommen.

Das Kostenmanagement bei Freiberuflern und Selbstständigen beruht auf drei Prinzipien: Kontinuität, Flexibilität und Vorhersehbarkeit. Wahrscheinlich ist es so, dass die Einnahmen nur in den seltensten Fällen für ein Jahr im Voraus genau zu definieren sind. Wahrscheinlich ergeben sie sich von Monat zu Monat, vielleicht sogar von Woche zu Woche neu.

Deshalb muss man, wenn man einen Finanzplan aufstellt, sich immer wieder vor Augen führen, dass es sich auf der Einnahmenseite nur um Erwartungen handelt. Anders ist es mit der Kostenseite. Die ist verhältnismäßig stabil. Hier haben wir ganz klar zwischen fixen und variablen Kosten zu unterscheiden. Auch bei den variablen Kosten gibt es Posten, die man ganz deutlich als Erwartungen kennzeichnen muss, zum Beispiel mögliche Reparaturkosten an Computern oder am Auto oder Neubeschaffungen, die nicht vorhersehbar sind, auf die man sich aber einstellen muss. Dafür muss man Reserven bilden oder sie zumindest mit einkalkulieren.

Der Finanzplan als Grundlage der Kostensteuerung

1. Gründungskosten
   - Kaution für gemietete Räume
   - Renovierungs- und Umbaumaßnahmen
   - Büromöbel
   - Büroausstattung mit Computer, Drucker, Fax, Telefon und sonstigen Geräten oder Maschinen
   - Fahrzeug
   - Beratungen
   - Anmeldungen und Genehmigungen
   - Eintrag ins Handelsregister
   - Notar
   - Reserve für Folgeinvestitionen
   - Reserve für unvorhergesehene Ausgaben
2. Fixe laufende Kosten
   - Mieten und Leasinggebühren

- Zins- und Tilgungskosten
- Versicherungen
- Beratungskosten
- Steuern
- Sozial- und Krankenversicherung
- Laufende Kfz-Kosten und Nebenkosten
3. Variable laufende Kosten
   - Bürobedarf und andere Betriebsmittel
   - Reparaturen
   - Telefon-, Porto- und sonstige Kosten
4. Einnahmen
   - Forderungen und Außenstände
   - Einnahmen aus Vermietung und Verpachtung
   - Zinseinnahmen
5. Reserve
6. Privatentnahmen

Der Finanzplan sollte nach Möglichkeit für ein ganzes Jahr aufgestellt werden. Nach Monaten untergliedert, sollte er in regelmäßigen Abständen fortgeschrieben werden, und das heißt nichts weiter, als sich einen genauen Überblick darüber zu verschaffen, was noch vor einem liegt und wie der aktuelle Status ist. Kennt man seine finanzielle Situation, kann man die richtigen Handlungen für die Gegenwart und Zukunft ableiten.

Deutschland ist dafür berüchtigt, dass es die kompliziertesten Steuergesetze der Welt hat. 80 Prozent der weltweit publizierten Steuerliteratur erscheint in deutscher Sprache. Überall gibt es Ausnahmen und Sonderregelungen, und sich mit diesen zu befassen, ist Aufgabe anderer Bücher. Eine umfassende Liste können Sie unter anderem bei dem Internet-Buchhändler Amazon finden.

Das Gleiche gilt für die deutsche Sozial- und Krankenversicherung, die derzeit bis in ihre Grundlagen hinein verändert wird. Auch hier gibt es wiederum kaum generelle Lösungen, sondern nur solche, die auf den Einzelfall abzielen. Die Familienverhältnisse spielen eine ebenso große Rolle wie die Art der Tätigkeit, die Berufszugehörigkeit und natürlich die Höhe des Einkommens.

Kosten sparen

Wie schon im vorhergehenden Kapitel gesagt wurde, haben Freiberufler und neue Selbstständige im Vergleich zu großen Unternehmen nur wenige Möglichkeiten, laufende Kosten zu sparen. Tipps, wie Glühbirnen mit geringerer Wattzahl zu benutzen oder die Rückseite von beschriebenen Briefbögen als Notizpapier zu verwenden, sind Ideen von gestern und verändern die Kostensituation nicht messbar. Am meisten lassen sich Kosten beim Einkauf von Gütern und erst recht von Dienstleistungen sparen.

Im Einkauf liegt der Segen

Verkäufer wissen, dass Freiberufler sich in der Regel auf eine zähe Preisverhandlung einstellen. Schließlich sind sie Kaufleute in eigener Sache. Also lautet für Verkäufer die erste Regel: Ablenken und durchhalten. Dazu gehört die Wiederholung von bereits genannten Argumenten, der stete Hinweis auf andere günstigere Angebote, die den Preisvorstellungen des Freiberuflers auch ohne Rabatt entsprechen, und die Hervorhebung von Service und Kulanz. All das wird den Freiberufler jedoch nicht beeindrucken.

Trick Nr. 1 – „Es gab schon mal Rabatt"

Normalerweise wird der Freiberufler irgendwann im Laufe des Verkaufsgesprächs behaupten, dass er oder ein Freund bereits schon einmal einen entsprechenden Rabatt eingeräumt bekommen hat. Darauf ist ein guter Verkäufer vorbereitet. Er wird beginnen, diese Behauptung zu hinterfragen. Wenn der Freiberufler sich hier nicht gut vorbereitet hat, wird er eventuell als Lügner dastehen, und seine Einkaufsposition ist geschwächt.

Der Verkäufer wird fragen, wann welches Produkt von wem günstiger verkauft wurde und sich vielleicht sogar die Mühe machen, im Geschäft selbst zu recherchieren. Nehmen wir an, diese Runde geht zu Gunsten des Freiberuflers aus und der Verkäufer ist matt gesetzt. Kommt es trotzdem zu keiner Einigung, geht es in die „Holen Sie mir Ihren Chef" Runde. Schließlich ist der Freiberufler selbst sein Chef und kann verlangen, auf gleicher Augenhöhe zu verhandeln.

Trick Nr. 2 – „Ich will den Chef sprechen"

Wenn ein Kunde verlangt, dass der Chef ins Spiel kommt, zeigt sich meist, ob die Verkaufsmannschaft ein gut eingespieltes und abgestimmtes Team ist. Der Chef darf die Position des Verkäufers nicht schwächen, aber er soll umgekehrt natürlich auch den potenziellen Käufer nicht vergraulen. Nur dumme Chefs rücken jetzt sofort mit dem Rabatt heraus und noch dümmere vergraulen den Kunden, indem sie sich stur stellen. Aber es besteht durchaus die Chance, den Vorgesetzten dadurch weich zu klopfen, dass er sich als kompetenter als der Mitarbeiter darstellen kann und man eben auf gleicher Höhe zwischen „Unternehmern" verhandelt. Auch Chefs sind nun einmal eitel.

Bei einem gut funktionierenden Verkaufsteam wird der Chef in der Regel keine eigene Entscheidung treffen, sondern seinen Mitarbeitern einen gewissen Spielraum für Verhandlungen geben. Damit geht das Verkaufsgespräch in die nächste Runde.

Trick Nr. 3 – „Geben und Nehmen"

Jetzt beginnt der Verkäufer Gegenleistungen zu fordern. Das heißt, er wird entweder ein höherpreisiges Produkt ins Spiel bringen, nach dem Motto „Auf diesen Laptop kann ich Ihnen keinen Rabatt geben, wenn Sie sich allerdings für ein doppelt so teures Modell entscheiden, könnten wir darüber reden", oder er wird den Kunden auffordern, zusätzlich andere Produkte zu kaufen, sodass eine höhere Gesamtsumme zustande kommt, über die er dann Gesprächsbereitschaft signalisiert.

Jetzt ist es der Freiberufler, der sich in der Defensive befindet und der sich vorher überlegt haben muss, ob er diesen Weg mitgehen will. Wenn ja, geht es mit Trick Nr. 4 weiter. Wenn nein, lesen Sie Trick Nr. 5.

Trick Nr. 4 – „Was man braucht und was man kriegen kann"

Es geht nun darum, in welcher Form der Rabatt gewährt wird. Der Verkäufer wird versuchen, den Freiberufler zu einem Naturalrabatt zu drängen. Handelt es sich um Büromöbel, ist er vielleicht bereit, eine Schreibtischlampe draufzulegen. Beim Auto ist es die eine oder andere Zusatzausstattung, über die der Verkäufer jetzt spricht.

Auch hier hat sich der routinierte Freiberufler schon vorher überlegt, ob er das will und was er dann will. Hätte er beim Auto gern noch die Winterreifen dabei? Beim Neuwagen muss es natürlich mehr sein! Wenn es jetzt wirklich ums Geld geht, sind wir bei Trick 5.

Trick Nr. 5 – „Für den Kunden zählen nur Prozente"

Jedem Verkäufer wird schon zu Beginn der Ausbildung eingehämmert, dass man einem einzelnen Kunden niemals einen Nachlass in Form von Prozentpunkten gewähren darf. Denn hat ein Kunde einmal einen Rabatt von zwanzig Prozent bekommen, dann wird er ihn immer wieder fordern. Also darf ein Verkäufer immer nur über absolute Beträge

sprechen, und der Kunde muss diese immer wieder schnell in Prozent-
angaben umrechnen.

An dieser Stelle schließt sich dann der Kreis. Der Freiberufler und
der Verkäufer sind sich darüber einig, dass es einen Rabatt geben soll.
Nun geht es um die Höhe.

Der Verkäufer wird den Freiberufler als verständnisvollen Fachmann loben, der die inneren Werte des Produkts kennt, und er wird
die Vorteile hervorheben, die der Kauf zum jetzigen Zeitpunkt bringt,
denn alles wird teurer werden. Ihm geht es darum, den Handel zum
Abschluss zu bringen, und dem Freiberufler darum, auszuloten, was
drin ist. Beide bluffen gegenseitig, am Ende gewinnt aber immer nur
derjenige, der die besseren Nerven hat.

Power-Shopping – die Menge macht's

Power-Shopping klingt gut, ist aber nur ein neuer Name für eine altbekannte Strategie. Einkaufsfachleute sprechen vom Volumeneffekt,
wenn sie einen günstigeren Preis erzielen, weil sie eine größere Menge
von einem identischen Produkt einkaufen. Vorreiter war hier wie in
vielen anderen Bereichen auch die Automobilindustrie.

Heutzutage ist es längst nicht mehr der einzelne Konzern, der sich
Angebote machen lässt, sondern alle großen Automobilhersteller haben
sich zu Einkaufsgemeinschaften zusammengeschlossen, die elektro-
nisch übers Internet agieren. Der einzelne Autofahrer wird zwar nach
Möglichkeit auf eine bestimmte Marke und vielleicht sogar auf ein bestimmtes Modell eingeschworen und soll diesem bei jedem Neukauf
möglichst treu bleiben. Was jedoch nicht das äußere Erscheinungsbild
des Fahrzeugs prägt, sondern unsichtbar vor sich hin werkelt, ist häufig
nicht nur von Modell zu Modell und von Marke zu Marke identisch,
sondern sogar von Hersteller zu Hersteller.

Was kümmert sich der Autofahrer groß darum, woher die Kabel
für die elektrischen Leitungen stammen, welche Diode sein Armatu-

renbrett beleuchtet und mit welcher Schraube der Sitz befestigt wurde. Hier können überall Gleichteile eingesetzt werden, die, wenn man sie nicht nur zu Hunderttausenden, sondern gleich in millionenfacher Auflage kauft, im Stückpreis deutlich sinken.

Einkaufsgemeinschaften im Internet

Diese Idee wurde in kleinerem Maßstab, aber dem gleichen Prinzip folgend, im Internet auf den Privatkunden und damit auch auf den Freiberufler übertragen. Allerdings waren es nicht die Käufer, die diese glorreiche Idee hatten, sondern clevere Verkäufer. Verschiedene innovative E-Commerce-Unternehmen initiierten das so genannte Power-Shopping oder auch CoShopping, was jedoch ein und dasselbe ist. Sie bieten ihren Mitgliedern den „Gemeinschaftseinkauf", indem diese sich innerhalb eines vorgegebenen Zeitraums zu einer virtuellen Käufergemeinschaft zusammenschließen können.

Das sieht dann in der Praxis so aus, dass man ein bestimmtes Gerät, zum Beispiel einen DVD-Brenner, zum Preis von 360 Euro kaufen kann, wenn man ihn allein oder auch mit 15 anderen kauft. Findet man allerdings einen sechzehnten Käufer für das Gerät, so sinkt der Preis um 30 Euro pro Stück. Finden sich mehr als 60 Käufer, reduziert sich der Preis nochmals um 30 Euro, und sind es mehr als 100 Käufer, kann man ihn noch einmal um den gleichen Betrag reduzieren. Allerdings ist die Zahl der Käufer nach oben begrenzt, zum Beispiel auf 200.

Ein solches Angebot läuft einige Wochen bis zu einem endgültigen Stichtag. Jeder Teilnehmer kann entscheiden, ob er das Gerät dann zu dem bis dahin erzielten Preis, abhängig von der Zahl der Interessenten, kaufen will, oder ob er es nur zum besten Preis erstehen möchte. In der Praxis bedeutet das: Wenn man gerade mal 99 Käufer zusammen hat, von diesen aber 50 nur zum besten Preis kaufen möchten, dann bekommt dieser Teil überhaupt kein Gerät, und die verbleibenden 49 müssen das Produkt zum zweitschlechtesten Preis abnehmen.

Wegen dieser Ungewissheiten gab es in Deutschland eine Reihe von Gerichtsverfahren, weil manche Wettbewerber oder auch Richter der Meinung waren, dass dieses Prinzip die Spiellust der Kunden fördere und spekulativ sei. Der Interessent habe sich zwischen dem Risiko zu entscheiden, die Ware nicht zu bekommen oder eine höhere Preisstufe zu akzeptieren. Inzwischen ist dieses System aber offensichtlich legal, zumindest, wenn der Anbieter einen festen Mitgliederkreis hat, also als Club oder Ähnliches organisiert ist.

Volumeneffekte durch Bundeling

Natürlich ist es für einen Freiberufler schwierig, eine eigene Einkaufsgemeinschaft zu organisieren. Er kann bei anderen Selbstständigen und in seinem Network fragen, wer mitmachen möchte; oft genug ist der Kreis der Interessenten jedoch zu klein, um die Kosten zu drücken. Hier kommt der Händler als Organisator und Dienstleister dem Kunden entgegen. Allerdings hat das Ganze auch oft einen Pferdefuß. Man kann nur das kaufen, was vom Händler angeboten wird, und sich sein Warenpaket nicht individuell zusammenstellen.

Deshalb haben gewiefte Einkäufer auch schon in der Vergangenheit versucht, einen Volumeneffekt zu erzeugen. Seien es Unternehmen, die gemeinsam mit anderen eine größere Lagerhalle bauen, die sie untereinander aufteilen und so die Baukosten senken, oder dass ein Bauherr nicht nur ein Haus baut, sondern gleich zwei identische, wovon er eines anschließend wieder verkauft. Es besteht auch die Möglichkeit, dass ein Unternehmen seinen Fuhrpark als Ganzes least und nicht für jedes Fahrzeug einen einzelnen Vertrag schließt.

Volumeneffekte lassen sich außerdem durch so genanntes Bundeling erzeugen. Das heißt, man kauft verschiedene Produkte bei einem Händler auf einmal, sei es nun eine Büroeinrichtung und Möbel für die Wohnung oder die Bürogeräte für den privaten Gebrauch sowie Elektrogeräte für die Küche. In dem Moment, wo der Händler die Gelegenheit hat, alles auf einen Schlag zu verkaufen, wird er sich im Preis drücken lassen.

Umgekehrt nutzen die Händler allerdings diesen Effekt auch für

Eigenangebote, zum Beispiel bei Computern, die dann günstiger werden, wenn man nicht nur den Rechner allein, sondern auch noch einen Bildschirm und einen Drucker dazu nimmt. Wenn der Händler jedoch solche Pakete schnürt, ist man oft auf Produkte festgelegt, die man gar nicht haben möchte. Besser ist es, selbst die Initiative zu ergreifen.

So manipulieren Sie Verkäufer richtig

Verkäufer sind auch nur Menschen und funktionieren nach denselben Gesetzen wie der Käufer. Vielleicht haben sie etwas mehr Übung hinsichtlich des Verkaufsgesprächs, schließlich führen sie Tag für Tag unendlich viele dieser Gespräche, die ihnen allerdings in den meisten Fällen nicht viel Können abverlangen. Vielleicht ist aber auch der Freiberufler im Vorteil, weil er beruflich mit Menschen umgehen muss und daher sehr genau weiß, wie er seine Interessen durchsetzen kann.

Wichtig ist jedoch in allen Fällen, die Grundregeln für Verkaufsverhandlungen zu beachten. Wer hier Fehler macht, wird sie an anderer Stelle nur schwer wieder ausbügeln können.

Der richtige Zeitpunkt

Der beste Zeitpunkt, um ein konstruktives Gespräch mit einem Verkäufer führen zu können, ist der Vormittag am Dienstag, Mittwoch oder Donnerstag. Am Montag wird er eventuell noch liegen gebliebene Arbeit vom Samstag aufarbeiten müssen oder er wird die vor ihm liegende Woche vorbereiten. Am Freitag wird er einerseits mit den Gedanken schon im Wochenende sein und sich andererseits ausgelaugt fühlen und nicht mehr bereit sein, zu kooperieren.

Die so genannte Mittags- oder Früh-Nachmittags-Müdigkeit bringt für den routinierten Einkäufer ebenfalls keine Vorteile. Die restlichen Nachmittagsstunden werden besonders gern von Lehrern für Einkaufsverhandlungen genutzt, weil sie sich am Vormittag nicht frei machen können. Da am Nachmittag ohnehin vieles noch erledigt werden muss, was am Vormittag liegen blieb, ist diese Zeit generell von einer gewissen Hektik geprägt.

Eine ruhige Geschäftszeit ist für einen Einkäufer, der zu handeln gedenkt, ohnehin von besonderer Wichtigkeit. Befinden sich mehrere Kunden in den Geschäftsräumen, so bieten diese einem routinierten Verkäufer immer die Gelegenheit, sich aus einem schwierigen Verkaufsgespräch zurückzuziehen. Floskeln wie „Darf ich inzwischen den anderen Kunden bedienen? Sie können sich in der Zeit ja noch überlegen, ob Sie sich für das Produkt entscheiden wollen", machen das Leben des Einkäufers nur unnötig schwer.

An einem Vormittag wird es für jeden Verkäufer deutlich schwieriger sein, sich aus einer Verkaufsverhandlung herauszuwinden. Sollte der Chef, der alles entscheidet, nicht anwesend sein, lässt sich im Laufe des Tages sicherlich noch ein neuer Termin finden. Ist es später Nachmittag, kann dieser neue Termin erst am nächsten Tag liegen.

Die Zeit arbeitet für Sie

Sie sollten niemals ein Einkaufsgespräch unter Zeitdruck führen. Wenn Sie in zwanzig Minuten bei Ihrem nächsten Termin sein müssen, wird es Ihnen einfach an Gelassenheit fehlen. Gehen Sie davon aus, dass ein routinierter Verkäufer Ihre Körpersprache richtig interpretieren wird, auch wenn Sie glauben, sich unter Kontrolle zu haben. Wenn er spürt, dass Sie unter Zeitdruck stehen, wird er das gegen Sie verwenden.

Sprüche wie „In einer Stunde wollte noch ein anderer Kunde vorbeikommen, der sich ebenfalls für dieses Produkt interessiert, und wir haben zurzeit leider nur das eine auf Lager" setzen Sie eventuell unter Zugzwang. Haben Sie jedoch genug Zeit, dann können Sie kontern, indem Sie darauf hinweisen, dass Sie ebenfalls in einer Stunde wieder da sein werden, mit dem Hintergedanken, dass für den Verkäufer die Gefahr besteht, dass er plötzlich zwei Kunden vor sich hat, die den Preis mindern wollen, falls er nicht ohnehin nur bluffte.

Wenn Sie genug Zeit mitbringen, können Sie dem Verkäufer auch genau und detailliert auseinandersetzen, weshalb der von Ihnen verlangte Rabatt gerechtfertigt ist. Sie können ein Argument nach dem anderen vor ihm ausbreiten. Stehen Sie unter Zeitdruck, müssen Sie sich auf ein oder zwei Punkte konzentrieren und können nicht die gewünschte zermürbende Wirkung entfalten.

Wo ist die Schwachstelle?

Sie werden kaum ein Produkt oder eine Dienstleistung finden, die in perfekter Weise Ihren Anforderungen genügt. Dabei kommt es nicht nur darauf an, dass diese Schwachstelle im oder am Produkt selbst zu finden ist, sondern sie kann auch durchaus in Ihrer persönlichen Situation liegen. Ausschlaggebend ist, dass diese Schwachstelle nicht vom Verkäufer beeinflusst werden kann und dass sie, zumindest scheinbar, für Sie von so großer Wichtigkeit ist, dass allein der Preis für Sie entscheiden wird, ob Sie kaufen werden oder nicht.

Stellen Sie sich einmal vor, Sie wären bei einem teuren Büroausstatter und möchten sich einen edlen Schreibtisch zulegen. Alles stimmt, doch leider ist der Schreibtisch zehn Zentimeter zu breit, um sich harmonisch in Ihr Büro zu fügen. Nicht, dass er nicht aufgestellt werden könnte, aber er wäre für Sie immer mit einem Mangel behaftet. Diesen Mangel kann der Verkäufer nicht beseitigen. Er kann Ihnen andere Schreibtische zeigen, die Sie aber nicht wollen. Er wird vom Schreibtisch, den Sie wollen, auch keine zehn Zentimeter absägen können.

Was bleibt dem Verkäufer, damit Sie nicht mit leeren Händen den Laden verlassen? Natürlich wird er über die Schönheit und Qualität reden, aber letztendlich überzeugen und zum Abschluss bringen wird er Sie nur mit dem Preis können.

Viel leichter ist es, solche Punkte bei elektronischen Geräten zu finden. Irgendein Anschluss ist immer zu wenig, irgendwo fehlt immer die Kapazität oder die Brillanz im Bild, oder irgend etwas macht Ihnen immer die Handhabung genau dieses Gerätes zu schwer. Entweder Sie haben zu große oder zu kleine Hände. Entweder ist es zu schwer oder zu leicht. Sie können sich ja vorher bei einem großen Discounthändler über die Vor- und Nachteile des Produkts Ihrer Wahl aufklären lassen und anschließend mit diesem Know-how zu einem kleineren Händler gehen, der in Sachen Preis noch Flexibilität besitzt.

Es ist ohnehin wichtig, dass Sie absolute Produktkompetenz besitzen, wenn Sie über den Preis verhandeln wollen. Wenn Sie mehr von dem Produkt verstehen als der Verkäufer selbst, werden Sie ihn immer in die Enge treiben können. Wie sagte einmal ein Verkäufer völlig genervt: „Von mir wird erwartet, dass ich fünfzig verschiedene Produkte aus dem Effeff kenne, und der Kunde braucht nur ein einziges genau zu kennen."

Kleider machen Leute

Je eher man Ihrer äußeren Erscheinung zutraut, dass Sie nicht nur Geld, sondern auch Erfolg haben, desto eher wird man bereit sein, mit Ihnen über den Preis zu verhandeln. Die wenigsten Verkäufer sind willens und in der Lage, hinter Kleidungsstücken, die so aussehen, als kämen sie aus der Kleiderkammer eines Wohltätigkeitsvereins, einen geizigen Millionär zu vermuten.

Natürlich gibt es das, aber die allgemeine Erfahrung sagt, dass man mit armen Leuten nur einmal ein Geschäft machen kann und dass es wenig zweckmäßig ist, sie durch Zugeständnisse auf Dauer an den Lieferanten zu binden. Das trifft auf Privatleute ebenso zu wie auf Unternehmer.

Das Geschäft eines erfolgreichen Unternehmers wird expandieren. Also werden auch weitere Geschäfte getätigt werden können. Sieht er jedoch so aus, als habe er sich schon lange kein neues Jackett mehr leisten können, macht das den Verkäufer misstrauisch.

Andererseits kann eine abgetragene Barbour-Jacke, wie sie auch Prinz Charles und die englische Königin gern einmal anziehen, durchaus das richtige Signal sein, um sich als reicher Reitstallbesitzer auszugeben. Allerdings darf diese Jacke dann nicht mit einer billigen Kaufhaus-Uhr und auch nicht mit einer protzigen Zuhälter-Rolex kombiniert werden. Zumindest von weitem sollte sie so aussehen, als wäre sie ein Familienerbstück.

Es kommt immer auf das Gesamterscheinungsbild an. Verkäufer werden darauf trainiert, die Kunden zu taxieren: Ein teures Brillengestell, eine teure Krawatte, teure Schuhe spielen daher für Verkäufer eine wichtige Rolle. Das richtige Schuhwerk ist die Grundlage für verhandlungssicheres „Auftreten". Jeder Einkäufer wird merken, dass jemand in guter Kleidung, die der Situation ein wenig überlegen ist, besser auftritt als in schlechter Kleidung, in der er unbewusst Defizite kompensieren muss.

Gerade Sprache und Körpersprache lassen sich bei den meisten Menschen nur schwer verändern. Wer schüchtern ist, wird in der Regel schüchtern bleiben, gerade deshalb braucht er gute Kleidung als Stützkorsett. Kleidung verleiht Haltung. Natürlich gibt es sehr erfolgreiche Menschen, die in schlabberigen Pullovern herumlaufen, von denen der Unkundige nicht einmal ahnen würde, dass sie 2.000 Dollar gekostet haben. Aber das leisten sich nur solche Erfolgsmenschen wie Bill Gates, die man schon am Gesicht und an den Bodyguards erkennt.

Übersicht:
Tipps zur Manipulation von Verkäufern

1. Wählen Sie den richtigen Zeitpunkt für den Einkauf.

2. Nehmen Sie sich genügend Zeit für die Verhandlungen.

3. Suchen Sie nach Schwachstellen des Produktes.

4. Verschaffen Sie sich absolute Produktkompetenz.

5. Achten Sie auf Ihr äußeres Erscheinungsbild.

Zahlungsmodalitäten – alles Verhandlungssache

Unter Investmentbankern kursiert der Spruch, dass es im Leben nur drei Regeln gibt: Alles ist Verhandlungssache. Einer gewinnt. Einer verliert. Das gilt auch für die Verhandlung von Zahlungsmodalitäten im alltäglichen Geschäft. Grundsätzlich ist es von Vorteil, wenn man jegliche Art von Zahlungen so weit wie möglich hinausschiebt, vorausgesetzt, es entstehen dadurch keine zusätzlichen Kosten wie Zinsen oder Mahngebühren.

Der durch Zahlungsaufschub entstehende Liquiditätsgewinn kann auf unterschiedliche Weise genutzt werden. Zum einen lässt er einen selbst gegenüber anderen Gläubigern solventer erscheinen, als man überhaupt ist. Vielleicht kann man auch mit dem noch nicht gezahlten Geld Zinserträge erwirtschaften oder es für Käufe einsetzen, die dringend erforderlich sind und sich nur mit sofortiger Barzahlung bewerkstelligen lassen, wie es zum Beispiel bei vielen Versteigerungen der Fall ist.

Es ist also durchaus vernünftig, Zahlungen aufzuschieben, um Liquidität zu gewinnen, aber es ist natürlich komplett falsch, sich Konsumbedürfnisse zu erfüllen, für die kein Geld vorhanden ist und vielleicht auch nie vorhanden sein wird. Gerade für junge Menschen bilden Handys und der damit verbundene Gebührendschungel eine echte Liquiditätsfalle. Das ist dem Handel jedoch weitgehend egal, denn dort zählt nur der aktuelle Umsatz.

Immer häufiger werden deshalb Null-Prozent-Finanzierungen angeboten, die zum schnellen Kauf verleiten sollen. Die kurzfristigen Kredite mit Laufzeiten bis zu neun Monaten erhält man allerdings nur, wenn man seine EC-Karte mitbringt, und anhand dieser wird sehr schnell per Computer durchgecheckt, ob man überhaupt kreditwürdig ist oder nicht. Denn nicht der Händler leiht das Geld, sondern eine Bank, und Banken verleihen bekanntlich nur Geld an die Leute, die es ohnehin nicht brauchen.

Besser als solche Null-Prozent-Finanzierungen sind deshalb Käufe auf Rechnung, und zwar ohne Einzugsermächtigung. Viele Händler sind zwar bereit, feste Kunden auch auf Rechnung einkaufen zu lassen, verlangen dann allerdings eine Einzugsermächtigung, mit der sie sich nach Belieben auf dem Konto des Kunden bedienen können.

Beim Kauf auf Rechnung muss man wiederum zwischen Branchen unterscheiden, in denen der Rechnungskauf üblich ist, und solchen, in denen es zumindest bisher nicht üblich war. Branchen, in denen traditionell auf Rechnung verkauft wird, zum Beispiel bei Baumärkten oder anderen Anbietern im Business-to-Business-Bereich, werden von vornherein auf den Preis die Finanzierungskosten aufgeschlagen. Allerdings wird dem Kunden die Chance eingeräumt, sich diese Finanzierungskosten bei frühzeitiger Zahlung als Skonto zurückzuholen.

In Branchen, in denen normalerweise bar bezahlt wird, schlägt man diesen Skontobetrag in den meisten Fällen nicht vorher auf den Basispreis auf. Der Kunde hat also einen echten Vorteil, wenn er entweder dort Skonto ausschöpft oder ein entsprechend langes Zahlungsziel vereinbart.

Interessant ist es auch, Ratenzahlungen zu vereinbaren, ohne dass ein Finanzdienstleister zwischengeschaltet wird. Die Konditionen sind meist deutlich günstiger, allerdings muss man sich gegenüber dem Lieferanten bereits in der Vergangenheit als vertrauenswürdiger und zahlungswilliger Kunde erwiesen haben.

Ein bereits millionenfach genutzter Weg, kleinere Zahlungen über Tage und sogar Wochen aufzuschieben, ist die Kreditkarte. Allerdings sollte man dabei sehr genau zwischen den echten und unechten unterscheiden. Bei echten Kreditkarten werden die offenen Beträge des Kunden gesammelt und tatsächlich nur einmal im Monat eingezogen. Unechte Kreditkarten funktionieren dagegen eher wie eine EC-Karte. Hier wird jeder Einkauf sofort oder binnen Stunden vom Konto des Kunden abgebucht. Die unechte Kreditkarte räumt also tatsächlich überhaupt keinen Kredit ein, sondern ermöglicht nur die bargeldlose Zahlung.

Übersicht:

Tipps zum Zahlungsaufschub

1. Schieben Sie grundsätzlich jede Zahlung so weit wie möglich auf. Achten Sie aber darauf, ob Zinsen oder Mahngebühren anfallen.

2. Kaufen Sie auf Rechnung, aber geben Sie keine Einzugsermächtigung.

3. Vereinbaren Sie mit dem Verkäufer Ratenzahlungen, ohne dass ein Finanzdienstleister eingeschaltet wird.

4. Kaufen Sie mit Kreditkarten.

Handwerkerkosten sicher im Griff

An dieser Stelle soll das Handwerk keineswegs pauschal verdammt werden. Wir selbst kennen genug Handwerker, die ihre Arbeit schnell und pünktlich ausführen, bei Problemfällen auch abends und am Wochenende kommen, ohne gleich höhere Preise zu berechnen, und die die Not anderer nicht ausnutzen, wie es etwa Schlüsseldienste tun. Wir kennen Handwerker, die nur das austauschen, was kaputt ist, die korrekt abrechnen und die man gern immer wieder beauftragt.

Aber wir kennen auch andere, wie zum Beispiel die Schlüsseldienste, die jeder im Branchenbuch finden kann und deren Firmenname meist mit einem großen A anfängt. Nein, nicht das A-Wort, das die oft zitierte Körperöffnung bezeichnet, sondern A wie Aasgeier. Besonders berüchtigt sind auch all jene Betriebe, die sich als Schnelldienste bezeichnen, sei es nun für Fernsehgeräte oder Waschmaschinen.

Schnell sind sie oft nur dann, wenn es darum geht, die Kunden abzuzocken, bevor diese noch wissen, wie ihnen geschieht. Sie arbeiten nach der AUA-Methode, die der bekannte japanische Unternehmensberater Minoru Tominaga so beschrieb: Anhauen, Umhauen, Abhauen.

Rechnungen auf Richtigkeit prüfen

So unflexibel und tollpatschig, wie manche Handwerker sind, wenn sie etwas ein-, an- oder umbauen sollen, so „kreativ" sind sie manchmal, wenn es darum geht, Rechnungen zu schreiben. Gehen Sie deshalb jede Handwerkerrechnung in Ruhe durch.

Am besten ist es, wenn der Handwerker Ihnen die Rechnung nach erledigter Arbeit zuschickt, dann lässt er Ihnen genügend Zeit zur Prüfung, und das ist schon mal ein gutes Zeichen. Wenn er jedoch, kaum, dass er sein Handwerkszeug im Wagen verstaut hat, die Rechnung präsentiert und drängelt, weil er zum nächsten Kunden muss, und dann auch noch auf Barzahlung besteht, ist Vorsicht geboten.

Prüfen Sie jede Position der Rechnung genau und lassen Sie sich im Zweifelsfall erklären, wenn Sie sie nicht verstehen.

Erste Position: der Arbeitslohn
Es gibt verschiedene Grundlagen, den Arbeitslohn zu berechnen. Das sind entweder Arbeitseinheiten, die aus einer bestimmten Minutenzahl gebildet werden, Arbeitsstunden oder Tagessätze. Die Länge einer Arbeitseinheit schwankt je nach Unternehmen zwischen drei und zehn Minuten. Günstig ist es für den Kunden, wenn zum Beispiel, wie in vielen Kfz-Werkstätten üblich, von vornherein für eine bestimmte Tätigkeit eine bestimmte Anzahl von Arbeitseinheiten vorgegeben ist.

Treten unvorhergesehene Schwierigkeiten auf, die die Arbeit länger dauern lassen, werden sie dem Kunden in der Regel nicht berechnet. Es ist Aufgabe der Werkstatt, das Problem festgerosteter Teile, verstümmelter oder abgebrochener Schrauben professionell selbst zu lösen. Aber Arbeitseinheiten werden auch gern genutzt, um möglichst viel aus dem Kunden herauszupressen. Besonders Schlüsseldienste greifen zu solchen Methoden, um wirklich keine Minute ungenutzt verstreichen zu lassen.

Bei den Stundensätzen ist es keineswegs so, dass jede angebrochene Stunde als ganze abgerechnet werden darf. Für gewöhnlich legen seriöse Handwerker die Zeitberechnung zu Gunsten des Kunden aus. Waren sie eine Stunde und 20 Minuten beim Kunden, berechnen manche nur eineinviertel Stunden, es ist aber auch legitim, anderthalb Stunden auf die Rechnung zu schreiben. Nur wer jetzt zwei Stunden draufsetzt, ist unseriös.

Mit Tagessätzen wird gerechnet, wenn es sich um größere oder längerfristige Arbeiten handelt, zum Beispiel bei einem Neu- oder Umbau. Beim Tagessatz darf man davon ausgehen, dass die Handwerker zu einer bestimmten Zeit anfangen und zu einer bestimmten Zeit wieder aufhören. Während dieser Zeit haben sie auch das Recht, Pausen zu machen. Eine halbe Stunde für Frühstück und Mittagspause sollten jeweils schon drin sein, wenn ansonsten zügig gearbeitet wird.

Problematisch wird es, wenn Handwerker fehlendes Material oder Handwerkszeug beschaffen müssen und sich dann einen halben Tag auf Kosten des Kunden „auf Reisen" begeben. Hier muss im Einzelfall geprüft werden, ob es nicht zu den normalen Pflichten und zur normalen Arbeitsweise gehört hätte, alles dabeizuhaben, oder ob es tatsächlich durch eine besondere Situation verursacht wurde, die zu Lasten des Kunden geht.

Wenn dieser zum Beispiel gegenüber dem Handwerker eindeutig erklärt hat, dass er über eine Kraftstromleitung verfügt und deshalb auch entsprechende Elektrogeräte angeschlossen werden können, das aber nicht der Fall ist und der Handwerker deshalb seine Geräte nicht einsetzen kann, wird es der Kunde bezahlen müssen.

Andererseits hat es auch schon den Fall gegeben, dass ein Elektromeister mit einem Gesellen bei einer Wohnanlage anrückte, um einen bei einem Umzug beschädigten Klingelknopf zu ersetzen. Die beiden Herren tauchten in der Wohnanlage auf, inspizierten ausgiebig den

Klingelknopf, um dann wiederum gemeinsam einen neuen beim Großhändler zu beschaffen. Das dauerte allerdings einige Stunden.

Dann ersetzten sie tatsächlich gemeinsam den alten Klingelknopf. Es waren zwei Schrauben der Blende zu lösen, also eine Schraube pro Mann. Da der Auftrag von einem anonymen Sachbearbeiter bei einem großen Hausverwalter in Auftrag gegeben worden war, der überhaupt keine Vorstellung davon hatte, wie klein die auszuführende Reparatur war, bezahlte er anstandslos eine horrende Rechnung über Funktionsprüfung, Ersatzteilbeschaffung und Einbau wesentlicher Elemente der Klingelanlage.

Viele Handwerker bringen auch gern ihre Lehrlinge mit. Deren Ausbildung hat aber nicht der Kunde zu zahlen, es sei denn, der Lehrling arbeitet produktiv mit. Eine Gesellenstunde kann für ihn jedenfalls nicht in Rechnung gestellt werden.

Solide Handwerker kommen meist allein und informieren sich genau über die notwendigen Arbeiten und was sie dazu benötigen. Wird tatsächlich ein zweiter Mann gebraucht, dann sollte der Kunde mit einer vernünftigen Begründung vorher darüber informiert worden sein. Es ist durchaus zweckmäßig, mit zwei Mann zu arbeiten, wenn man mit schweren Gipsplatten eine Zwischendecke einziehen will, aber nicht, um den erwähnten Klingelknopf auszutauschen.

Zweite Position: Fahrzeit und Fahrtkosten

Eine Rechnungsposition, die auch immer wieder Anlass für Diskussionen bietet, ist die der Fahrzeit und die der Fahrtkosten. Viele Handwerker vor Ort legen Wert darauf, ihren guten Ruf zu pflegen, weil sie wissen, dass es immer wieder Folgeaufträge geben wird und sich Probleme schneller herumsprechen, als ihnen lieb sein kann. Das betrifft natürlich in erster Linie Kleinstädte und ländliche Gemeinden. In der Großstadt setzen dagegen auch Handwerker eher auf Anonymität und auf einen im Prinzip unbegrenzten Kundenkreis.

Auf dem Lande wird es oft so sein, dass der Handwerker entweder nur eine Fahrt abrechnet oder sogar nur anteilige Kosten, wenn er auf einer geplanten Tour gleich zum nächsten Kunden weiterfährt. Häufig genug setzt er nur Zeitkosten ein und gar keine Fahrtkosten. Anders ist es bei Spezialisten oder bei Großbetrieben.

Bei den berühmt-berüchtigten Schlüsseldiensten kann es sogar so sein, dass eine Verlängerung der Fahrtzeit wegen „Nebel" in Rechnung gestellt wird und dass ganz selbstverständlich sowohl die An- wie die Abfahrt zu bezahlen ist. Außerdem lassen sich Schlüsseldienste zwar in die örtlichen Telefonbücher eintragen, kommen aber in den meisten Fällen von sehr weit her, sodass der Auftraggeber oft genug überrascht ist, wenn der Handwerker, der „jetzt losfährt", erst nach eineinhalb Stunden eintrifft, obgleich man meinte, mit einem örtlichen Handwerksbetrieb gesprochen zu haben, als man telefonisch den Auftrag gab.

Dritte Position: Rüstzeiten

Was auch in manchen Rechnungen auftaucht, ist der Begriff „Rüstzeiten". Damit ist das Beladen des Handwerkerfahrzeugs mit Ersatzteilen und Werkzeugen gemeint. Wenn darauf nicht bei der Auftragsannahme verwiesen wurde und auch in den allgemeinen Geschäftsbedingungen nichts dazu steht, braucht der Kunde diese Zeiten nicht zu bezahlen.

Jeder seriöse Betrieb wird allerdings in bestimmten Fällen schon auf Rüstzeiten oder Ladezeiten hinweisen, etwa wenn ein Gartenbaubetrieb zur Bepflanzung von Grundstücken nicht nur Büsche und Sträucher, sondern ganze Bäume herbeischaffen muss. Auch wenn ein Malerbetrieb ein Gebäude zur Ausführung der Arbeit einrüsten muss, wird er die damit verbundenen Kosten im Kostenvoranschlag aufgeführt haben.

Vierte Position: Kleinteile

Eine ebenso oft als dubios empfundene Rechnungsposition heißt „Kleinteile". Die werden von vielen Handwerkern gern pauschal berechnet, sei es nun in einer Autowerkstatt oder auch bei Installateuren oder Elektrikern.

Manche Kleinteile sind in so genannten Reparatursets zusammengefasst, und es ist nicht immer notwendig, dass alle Teile vom Handwerker auch benutzt werden, weil sie manchmal für verschiedene Gerätemodelle zusammengefasst sind. Wenn also etwas übrig bleibt, heißt es nicht unbedingt, dass der Handwerker Sie betrügen wollte. Es macht auch keinen Sinn, dass man für jede Dichtung, für jede Klemme und für jede einzelne Schraube eine Position auf der Rechnung aufführt.

Andererseits sollten die Summen für Kleinteile auch wirklich klein sein. Bei Autowerkstätten war es längere Zeit sehr beliebt, in die Scheibenwaschanlage neuen Scheibenreiniger einzufüllen, selbst wenn die Scheibenwaschanlage randvoll war. Ein paar Spritzer Reinigungsflüssigkeit dürfen dann nicht gleich als halber Liter abgerechnet werden, es sei denn, der Kunde erhält die angebrochene Packung zum weiteren Gebrauch. Was ebenfalls nicht zu den Kleinteilen zählt, sind Putzlappen, die üblicherweise verwendet werden müssen.

Notfälle am Abend oder am Wochenende

Werden Handwerker in Notfällen am Abend oder am Wochenende gerufen, zum Beispiel bei einem Wasserrohrbruch oder bei einem kompletten Stromausfall, so haben sie das Recht, einen Zuschlag zu verlangen, der zwischen 50 und 100 Prozent oder sogar darüber liegen kann.

Allerdings darf sich dieser Zuschlag nur auf den Arbeitslohn beziehen und nicht etwa auf Fahrtkosten (nicht zu verwechseln mit Fahrtzeiten) und auf Teilekosten, denn die sind auch am Wochenende gleich, während es ansonsten tatsächlich sein kann, dass der Handwerksbetrieb am Wochenende seinen Mitarbeitern höhere Löhne zu zahlen hat.

Gekonnt reklamieren

Auch Reklamieren will gekonnt sein. Es hat keinen Zweck, sich aus lauter Ärger darüber, dass man ein defektes Produkt erhalten hat oder eine Dienstleistung mangelhaft war, so aufführt, dass die gewünschte Leistung schon allein aus einer Trotzreaktion heraus verweigert wird. Allerdings sollte sich auch niemand wie ein Bittsteller aufführen. Schließlich hat jeder Anspruch darauf, für sein gutes Geld die versprochene Gegenleistung zu erhalten.

Wer reklamieren will, sollte sich an folgende zwölf Praxistipps halten:

Praxistipp 1: Entdecken Sie die Mängel rechtzeitig

Es gibt tatsächlich immer wieder Leute, die sich ein technisches Gerät kaufen und es dann Wochen oder sogar Monate unbenutzt liegen lassen. Als sie es erwarben, brauchten sie es nicht dringend, sondern kauften es vielleicht, weil es ein Sonderangebot war. Wenn sie es dann nach einer gewissen Zeit auspacken und feststellen, dass es nicht funktioniert, ist es in manchen Fällen schwierig, zu reklamieren.

Es kann durchaus sein, dass der Händler, der das Gerät verkauft hat, inzwischen pleite ist und sein Laden überhaupt nicht mehr existiert. Handelt es sich dann nicht um ein Markengerät, sondern um eine Importmarke, ist es sogar möglich, dass selbst diese Firma, die vielleicht wirklich nur für eine kurzfristige Zeit gegründet worden war, wieder verschwunden ist.

Bei den Herstellern großer und bekannter Marken besteht dieses Risiko natürlich nicht. Aber der Grundsatz sollte sein, nach dem Kauf eines Geräts sofort dessen Funktionsfähigkeit zu prüfen. Allerdings kann sich selbst nach sofortiger Überprüfung später, beim erstmaligen Einsatz, ein Defekt zeigen.

Praxis-Beispiel:
Der Erwerber einer Schlagbohrmaschine packte das Gerät zwar gleich nach dem Kauf aus und ließ es laufen. Doch als er einige Zeit später das erste Loch damit bohrte, stellte er fest, dass ein Lager ausgeschlagen war und die Maschine unrund lief. Hätte er sie gleich zu Beginn nicht nur im Leerlauf getestet, wäre ihm der Mangel sofort aufgefallen.

Die Lehre daraus ist, nicht nur an- und auszuschalten, sondern tatsächlich auszuprobieren, was man gekauft hat.

Praxistipp 2: Überlegen Sie, was sich lohnt und was nicht

Wenn man den Mangel eines Produkts oder einer Dienstleistung reklamieren möchte, steht man immer vor der Frage, ob sich der Aufwand überhaupt lohnt. Natürlich kann man eine grundsätzliche Position beziehen und aus rein pädagogischen Gründen jeden noch so kleinen Mangel anprangern. Das kann so weit gehen, dass sogar Fertigungstoleranzen als Mangel empfunden werden.

Speziell bei handwerklich gefertigten Produkten wird man dabei natürlich keine Chancen haben. Die knarrende Tür an einem restaurierten Bauernschrank dürfte kaum einen Grund für eine Reklamation bieten. Lässt sie sich allerdings überhaupt nicht öffnen, wird der Tischler vielleicht noch etwas abhobeln müssen.

Die Frage, ob sich der Aufwand lohnt, stellt sich vor allem immer dann, wenn man ein Einzelstück erworben hat und der Mangel die Funktion nicht beeinträchtigt, man aber genau weiß, dass sich im Inneren ein kleiner Fehler verbirgt. So etwas treibt manche Leute zum Wahnsinn. Wer hier reklamiert, muss damit rechnen, dass man ihm das gute Stück vielleicht wieder abnimmt und ihm das Geld zurückgibt. Denn

Einzelstücke können manchmal so begehrt sein, dass man über kleinere Fehler hinwegschaut.

Bei allem, was nicht den äußeren Eindruck oder die Funktion beeinträchtigt, sollte genau überlegt werden, ob sich der Aufwand, also die Fahrt zum Händler oder die Rücksendung an ein Versandhaus, lohnt.

Es ist deshalb auch vielleicht nicht so vorteilhaft, während des Urlaubs oder auf Reisen spontan Käufe zu tätigen. Wenn sich die Naht an einer Handtasche, die in Mailand gekauft wurde, lockert, wird es schwieriger, sie nacharbeiten zu lassen, als wenn die Tasche bei einem Fachhändler vor Ort erworben wurde. Ähnliches gilt auch für Elektrogeräte, wenn die Modelle vielleicht überhaupt nicht auf dem deutschen Markt vertreten sind.

Praxistipp 3: Reklamieren Sie rechtzeitig und mit allen Unterlagen

Dass man seine Kassenzettel nicht nur dann aufheben sollte, wenn sie als Garantieunterlage dienen, sondern in jedem Fall, dürfte inzwischen bekannt sein. Da Kassenzettel oft genug ähnlich wie früher Fotokopien auf einem Spezialpapier ausgedruckt werden, sollte man sie weder in Plastikhüllen noch im Sonnenlicht aufbewahren. Beides kann die Schrift schon binnen weniger Wochen zum Verschwinden bringen.

Aber nicht nur der Kassenzettel sollte aufbewahrt werden, sondern auch die Verpackung. Da der Händler ein defektes Produkt oft an den Hersteller zurückreicht, braucht er die Verpackung für den ordnungsgemäßen Transport. Häufig genug stehen auf den Verpackungen außerdem noch Daten zur Serie und zur Produktionszeit, was viele Hersteller auch gern wissen wollen. Und schließlich werden Mängel, die während der Garantiezeit auftreten, oft nur behoben, wenn das

Gerät in der Originalverpackung zum Hersteller zurückge-
schickt wird.

Niemand stapelt sich den Keller oder seine Büroräume
gern mit den Kartons seines Computers und Druckers voll.
Aber wenn es irgendwie geht, sollte man das zumindest für
die ersten Wochen, in denen man ein Gerät in Betrieb hat, so
handhaben.

Praxistipp 4: Reklamieren Sie an der richtigen Stelle
Viele Kunden gehen mit ihrer Reklamation dorthin, wo sie
das Gerät gekauft haben. Das kann bei einem kleinen Einzel-
handelsgeschäft auch durchaus richtig sein. Bei großen Elek-
tronikdiscountern hat es aber keinen Zweck, mit seinem
Computer durch den Laden zu irren und nach der Person zu
suchen, die einem das Gerät vor einigen Wochen verkauft
hat, sondern es gibt dafür Kundendienst-Anlaufstellen.

Auch beim Versandhandel werden Reklamationen in der
Regel von speziellen Service-Anbietern bearbeitet und ausgeführt. Schauen Sie deshalb bitte genau in die Unterlagen
oder rufen Sie an, wohin Sie sich mit der Reklamation wenden können.

Praxistipp 5: Stellen Sie klare Forderungen
Beschreiben Sie den Fehler oder den Mangel, den ein Gerät
oder eine Dienstleistung hatte, so exakt wie möglich. Sind Sie
mit dem Dienst der Putzfrauen der Gebäudereinigung nicht
zufrieden, dann hat es keinen Zweck, nur zu sagen, sie machten nicht richtig sauber, sondern man muss den Mangel genau spezifizieren: Es wird nicht staubgewischt, die Fenster
werden nicht geputzt, die Ecken werden nicht ausgesaugt,
was immer es auch sei.

Nur wenn man den Mangel genau spezifiziert, kann er auch abgestellt werden. Auch ein Gerät, das „irgendwie" nicht richtig läuft, ist schwer zu reklamieren. Versuchen Sie also selbst herauszufinden, was die Ursache eines Mangels sein könnte. Wenn Sie mit klaren Mängelbeschreibungen kommen, wird Ihnen schneller und einfacher geholfen als mit diffusen Beschwerden.

Praxistipp 6: Vereinbaren Sie klare Termine

Wenn Sie ein Gerät zurückgeben oder zur Reparatur bei einem Händler lassen, erfragen Sie möglichst genau die zu erwartende Reparaturzeit. Verlassen Sie sich nicht auf ein „Wir melden uns in nächster Zeit bei Ihnen". Ist es ein Mangel, der bei Ihnen zu Hause oder im Büro behoben werden muss, setzen Sie dafür klare Termine und Fristen. Verlassen Sie sich nicht auf „Da kommt in nächster Zeit jemand bei Ihnen vorbei".

Besonders bei Autoreparaturen kann die Terminfrage manchmal ziemlich heikel werden, nämlich dann, wenn der Wagen nicht mehr fahrbereit und das gewünschte Ersatzteil nicht verfügbar ist. Bei ausländischen Marken kann es manchmal Wochen dauern, bis ein seltenes oder fast nie benötigtes Ersatzteil aus Japan oder den USA beschafft wird. Und selbst bei französischen Autos ist es schon vorgekommen, dass ein kompletter Austauschmotor eines aktuellen Modells nicht zu beschaffen war.

Wenn keine klaren Reparaturtermine angegeben werden können, überlegen Sie sich, welche Konsequenzen Sie daraus zu ziehen gedenken, im Zweifelsfall beraten Sie sich mit einer Verbraucherzentrale oder einem Anwalt.

Praxistipp 7: Reklamieren Sie schriftlich

Wenn Sie ein Gerät selbst bei einem Händler abgeben, dort der Mangel protokolliert wird und Sie eine Durchschrift des Reparaturauftrages erhalten, aus dem auch hervorgeht, dass es sich um einen Fall von Garantie, Kulanz oder Mangelbehebung handelt, brauchen Sie nicht selbst in die Tasten zu greifen.

Es hat aber wenig Zweck, telefonisch mit einem Sachbearbeiter bei einem größeren Unternehmen über die Behebung eines Mangels zu sprechen und dann das entsprechende Teil dorthin zu schicken, versehen mit der Bemerkung: „Beiliegend sende ich Ihnen … , wie mit Herrn Müller besprochen." Schon wenige Tage nach einem solchen Telefongespräch kann dieses vollkommen vergessen sein. Der Mitarbeiter ist krank, im Urlaub oder war vielleicht überhaupt nicht zuständig, sondern hat nur das Telefon für den Kollegen aus einer anderen Abteilung abgenommen.

Also machen Sie sich bitte die Mühe und schreiben Sie noch einmal genau auf, was wie nicht funktioniert und wann Sie das Gerät gekauft haben. Und legen Sie am besten auch noch eine Kopie, nicht das Original, des Kassenbons oder des Lieferscheins bei.

Praxistipp 8: Bleiben Sie sachlich

Es hat keinen Zweck, aus Wut oder Enttäuschung unsachliche Forderungen zu stellen. Vielleicht ist ein Geschäft durchaus bereit, die zusätzliche Mühe, die ein Kunde mit der Reklamation hatte, durch ein kleines Geschenk abzugelten. Man sollte damit aber nicht rechnen und es auf keinen Fall von vornherein einkalkulieren.

Praxistipp 9: Stellen Sie keine überzogenen Forderungen

Was Sie verlangen können, ist hundertprozentige Funktionstüchtigkeit und hundertprozentige Leistung, aber nicht mehr. Wenn der Installateur vergessen hat, eine Dichtung an einer Armatur richtig einzusetzen, dann können Sie verlangen, dass das nachgebessert wird. Sie können aber nicht verlangen, dass er gleichzeitig noch den Wasserhahn in der Küche repariert und im Keller nach der Waschmaschine sieht.

Praxistipp 10: Lassen Sie sich nicht abweisen

Natürlich neigen viele Geschäfte dazu, Reklamationen abwimmeln zu wollen. Man verweist dann gern auf den Hersteller oder behauptet, dieser Funktionsmangel sei ein ganz natürlicher Bestandteil im Arbeitsprozess eines Gerätes. Oft genug versucht man auch den Kunden erst einmal wieder aus dem Laden zu drängen, nach dem Motto „Dafür bin ich nicht zuständig, kommen Sie doch übermorgen wieder".

Solche Verhaltensweisen brauchen Sie nicht zu akzeptieren. Verlangen Sie in einem solchen Fall sofort den Chef. Natürlich lieben es viele Mitarbeiter überhaupt nicht, wenn der Chef sich in ihre Angelegenheiten einmischt, und sie werden dadurch sofort kulanter und hilfsbereiter. Andererseits wissen die Mitarbeiter auch, dass der Chef in vielen Fällen den Kunden mit anderen Augen sieht als sie selbst. Das liegt manchmal schon daran, dass er stets den Jahresumsatz vor Augen hat und nicht die einzelne Summe.

Praxistipp 11: Lassen Sie sich eine Bedenkzeit geben

Wenn man Ihnen im Zusammenhang mit einer Reklamation ein bestimmtes Angebot macht, brauchen Sie dieses nicht sofort anzunehmen, sondern können sich Bedenkzeit ausbitten. Wenn man Ihnen zum Beispiel anbietet, das vorhandene Gerät gegen ein etwas Teureres auszutauschen, und Sie dann den Differenzbetrag übernehmen sollen, müssen Sie selbst entscheiden, ob Sie das möchten.

Praxis-Beispiel:
Ein Kühlschrank funktionierte auch nach zwei Jahren Benutzung und fünf Reparaturen immer noch nicht einwandfrei. Schließlich machte der Hersteller das Angebot, das Altgerät zurückzunehmen und ein neues Modell hinzustellen. Der Differenzbetrag zwischen dem alten und dem neuen Modell schien dem Kunden durchaus akzeptabel zu sein. Und er ist heute mit dem Austauschgerät auch nach Jahren immer noch zufrieden.

Das muss kein Einzelfall sein, aber diese Entscheidung ist in jedem Einzelfall zu prüfen. Besonders häufig tauchen solche Probleme auf, wenn es sich um die Reparatur eines Autos handelt: Ist der Ersatzwagen, den der Kunde zwischenzeitlich erhält, größer oder kleiner als der, an dem der Mangel aufgetreten ist? Wie viele Kilometer darf er mit dem Wagen fahren? Wie ist der unterschiedliche Verbrauch zu bewerten? Das alles sollte genau abgewogen werden.

Praxistipp 12: Lassen Sie sich Vereinbarungen schriftlich geben

Achten Sie darauf, dass die Vereinbarungen, die Sie mit dem Lieferanten im Zusammenhang mit einer Reklamation treffen, auch eingehalten werden. Am besten lassen Sie sich das schriftlich bestätigen. Stellen Sie fest, dass die Reparatur sich nicht nur um ein paar Tage verzögert, sondern um ein paar Wochen, reklamieren Sie erneut und stellen Sie Bedingungen, die Ihnen akzeptabel erscheinen.

Die zwölf Praxistipps für Reklamationen

1. Entdecken Sie die Mängel rechtzeitig.
2. Überlegen Sie, was sich lohnt und was nicht.
3. Reklamieren Sie rechtzeitig und mit allen Unterlagen.
4. Reklamieren Sie an der richtigen Stelle.
5. Stellen Sie klare Forderungen.
6. Vereinbaren Sie klare Termine.
7. Reklamieren Sie schriftlich.
8. Bleiben Sie sachlich.
9. Stellen Sie keine überzogenen Forderungen.
10. Lassen Sie sich nicht abweisen.
11. Lassen Sie sich eine Bedenkzeit geben.
12. Lassen Sie sich Vereinbarungen schriftlich geben.

Bei welchen Summen rechnet sich welches Vorgehen?

Das Feilschen um den Kaufpreis rechnet sich, wenn man die Zeit, den nervlichen Einsatz und mögliche Fehlschläge, die es durchaus auch gibt, mit einkalkuliert, in der Regel erst ab einer Summe von 100 Euro. Bei allem, was darunter liegt, wird das Interesse des Handels, des Herstellers oder des Dienstleisters selbst bei hohen Spannen zu gering sein, um überhaupt einen Anreiz für solche Gespräche zu bieten. Zeit ist eben auch Geld.

Gehen Sie einfach einmal davon aus, dass ein Handwerker, der ganz regulär abrechnet, einen Stundenlohn zwischen 30 und 60 Euro verlangt. Wenn er mit Ihnen eine halbe Stunde über einen Preis verhandelt, der unter 100 Euro liegt, dann hat er schon die Hälfte seines Verdienstes verloren. Und wenn Sie dann versuchen, ihm noch ein Viertel abzuknapsen, dann wird er es lieber gleich bleiben lassen.

Zahlungen generell über das eigentliche Ziel hinaus zu verzögern, lohnt sich in der Regel bei allen kleinen Summen bis 500 Euro, für die man eine Rechnung bekommen hat. Bei solchen Summen darf man entweder mit der Faulheit der Gläubiger rechnen oder mit deren Kostenbewusstsein.

Es sind uns durchaus Handwerksbetriebe bekannt, die sogar zu faul waren, überhaupt Rechnungen zu schreiben, und sich oft erst am Jahresende hinsetzten, um diese auszufertigen – oder sie ganz vergaßen. Wenn bei einem Kunden die Rechnung erst nach einem halben oder Dreivierteljahr eingeht, dann darf dieser ruhig davon ausgehen, dass er wiederum ein halbes bis ein Dreivierteljahr Zeit hat, sie zu begleichen.

Aber auch die Kosten, die Mahnungen beim Gläubiger verursachen, sollte man nicht unterschätzen. Da Mahnungen in der Regel individuell zu erstellen sind, kommt leicht eine halbe Stunde Arbeitszeit für die Bürokraft zusammen. Da verzichten viele auf Mahnungen und hoffen, dass das Geld auch so eingeht. Wo man allerdings niemals die Zahlung von Kleinsummen verzögern sollte, ist bei Forderungen von Behörden, Finanzämtern, Energieversorgern und anderen Institutionen, die öffentlich-rechtlichen Betrieben ähnlich sind.

Hier spielt das Geld für die eingesetzte Arbeitszeit nämlich überhaupt keine Rolle, sondern es geht nur um das Prinzip. Selbst kleinste Summen werden eingetrieben, koste es, was es wolle. Es werden auch Mahngebühren und Verzugszinsen verlangt, sodass aus einer ursprünglichen Schuld von zwei Euro schnell zwanzig Euro werden können. Pädagogik hat hier Vorrang vor Wirtschaftlichkeit.

So richtig ökonomisch sinnvoll sind aber erst Verzögerungen von Zahlungen, die über 500 Euro liegen. Bei diesen Summen lohnt es sich oft schon, sie in Form von Tagesgeld anzulegen oder sie auf anderen Konten zu deponieren, mit denen sich Zinsgewinne erwirtschaften lassen.

Über ordnungsgemäß erbrachte Leistungen oder gelieferte Waren neu zu verhandeln, lohnt sich in der Regel erst ab 1.500 Euro. Wenn Mängel aufgetreten sind, nach denen der Kunde natürlich akribisch suchen sollte, geht es sofort ans Eingemachte. Dabei sind für den Kunden eine Nachbesserung oder eine Wandlung nicht von so großem Interesse wie eine Minderung des Kaufpreises.

Allerdings liegt dieses Wahlrecht nicht beim Kunden, sondern beim Verkäufer oder beim Dienstleister. Hier ist genügend Verhandlungsgeschick erforderlich, um eine Wandlung oder Nachbesserung auch dem Gläubiger als ziemlich unattraktiv erscheinen zu lassen.

Der Kernbereich, in dem die meisten Nicht-Verhandlungsprofis noch die Chance haben, verhältnismäßig leicht einen Vorteil herauszuschlagen, liegt bei Summen zwischen 5.000 und 50.000 Euro. Bei Preisen in dieser Größenordnung sind die Gewinnspannen so groß, dass man zumindest kleinere Nachlässe oder Zahlungsaufschübe leicht herausholen kann. Denn andererseits wächst mit der Höhe der Summe für den Lieferanten auch das Risiko, gänzlich auf seinen Forderungen sitzen zu bleiben.

Doch Vorsicht, ab 25.000 Euro lohnt sich für manche Gläubiger schon der Einsatz eines brutalen Inkassounternehmens, das auf Gewinnbeteiligungs-Basis tätig wird. Solche Unternehmen arbeiten nicht mit legalen Methoden, sie gehen aber sehr erfolgreich von dem Grundsatz aus: Wo kein Kläger ist, ist auch kein Richter. In allen großen Tageszeitungen wird von ihnen mehr oder weniger verklausuliert für ihre Dienstleistungen geworben.

Manchmal heißt es, „Wir holen Ihnen garantiert Ihr Geld zurück", und manchmal sind die Anzeigen sogar als Stellenangebote getarnt, etwa „Inkassounternehmen sucht Mitarbeiter mit Geheimdiensterfahrung für spezielle Kundenkontakte". Sicherlich melden sich auch Arbeitssuchende auf diese Anzeigen, noch öfter aber potenzielle Kunden, die für ihr Inkasso genau solche Leute suchen.

Manche Unternehmen tarnen sich auch als Detekteien: „Wir finden Ihre Schuldner überall." Nun tummeln sich in dieser Branche tatsächlich einige, die es verstehen, das Geld auf die harte Tour einzutreiben, ohne dass der Schuldner aufmuckt und der Gläubiger vor Gericht muss. Aber unter den selbst ernannten Spezialisten firmieren auch viele, die absolut unprofessionell vorgehen und damit nicht nur die

Gläubiger, sondern auch die Schuldner in ernste Gefahren bringen. Wenn sich Geldeintreiber dieser Art melden, ist es stets sinnvoll, die Polizei einzuschalten. Denn erstens können diese Geldeintreiber tatsächlich sehr unangenehm werden und man muss schon selbst ganz schön hart im Geben und Nehmen sein, um dabei mitzuhalten, und zum anderen sind dabei auch körperliche Angriffe nicht auszuschließen. Man muss sich stets vor Augen führen, dass diese Inkassounternehmen im Erfolgsfall 50 Prozent der kassierten Summe als Honorar einstecken dürfen. Und dafür lohnt es sich für sie schon, bei verhältnismäßig geringem Risiko die Knochen der anderen knacken zu lassen.

Bei Forderungen ab 50.000 Euro bis unendlich sind nach oben keine Grenzen gesetzt. Hier ist alles möglich, sowohl von Seiten des Schuldners als auch von Seiten des Gläubigers. Man muss sich nur darüber im Klaren sein, dass Risiko und Chancen mit jedem Euro mehr auf der offenen Rechnung wachsen.

Bei Baulöwen wie Jürgen Schneider schrieb die Deutsche Bank die Forderungen einfach ab. In anderen Fällen kann es durchaus sein, dass sich der Staatsanwalt der Angelegenheit wegen Betruges oder anderer Delikte annimmt. Es kann aber auch sein, dass man sich, aus welchen Gründen auch immer, auf eine gütliche Lösung einigt, und dabei ist der Schuldner fast immer der Gewinner.

Liquidität erhalten

Die Erhaltung der Liquidität, das heißt die Fähigkeit, Kostenverpflichtungen zu erfüllen, ist das oberste Gebot zur Aufrechterhaltung einer freiberuflichen oder selbstständigen Tätigkeit. Dass die Einnahmen die Grundlage bilden, ist eine Binsenweisheit. Aber gerade Freiberufler und Selbstständige kommen oft in Situationen, in denen keine aktuellen Einnahmen zur Verfügung stehen. Dies kann man auf verschiedene Weise überbrücken: durch Kredite oder durch entsprechendes Liquiditätsmanagement, wobei an allererster Stelle der richtige Umgang mit Forderungen steht.

Auch Forderungen müssen gemanagt werden

Rechnungen werden in den seltensten Fällen sofort bezahlt. Immer mehr Auftraggeber lassen sich immer mehr Zeit, um ihre Rechnungen zu bezahlen. Zahlungsfristen zwischen 30 und 60 Tagen sind inzwischen die Regel. Gerade für Freiberufler und neue Selbstständige können schleppende Zahlungseingänge und natürlich totale Forderungsausfälle zum existenzbedrohenden Problem werden.

Nach dem Gesetz zur Beschleunigung fälliger Zahlungen kommt der Kunde in Verzug, wenn er 30 Tage nach Erhalt der Rechnung oder entsprechend 30 Tage nach dem vereinbarten Fälligkeitsdatum seine Rechnung noch nicht beglichen hat.

Genau gesehen, wird der Freiberufler oder Selbstständige, der auf sein Geld warten muss, zum Kreditgeber. Problematisch ist nur, dass er sich in der Regel aber nicht so verhält. Er sollte aber, ähnlich wie die Banken und Sparkassen es machen, die Kreditwürdigkeit seiner potenziellen Kunden prüfen und im Zweifelsfall auch einmal einen Auftrag aus Risikogründen ablehnen.

Checkliste Forderungsmanagement

1. Prüfen Sie die Kreditwürdigkeit Ihrer potenziellen Kunden.

Prüfen Sie die Kreditwürdigkeit Ihrer Kunden, bevor Sie mit ihnen Verträge abschließen. Nutzen Sie alle verfügbaren Informationen. Bonitätsauskünfte sind nicht so teuer, wie Sie vielleicht denken.

2. Gehen Sie vorsichtig mit Zahlungszielen um

Denken Sie daran, in Ihren Verträgen festzulegen, wann die Zahlung fällig ist. Vereinbaren Sie mit Ihrem Kunden niemals großzügige oder branchenunübliche Zahlungsziele. Bedenken Sie, dass Sie sonst zu einem Kreditgeber würden und dann auch die Kosten des eingeräumten Kredits in Ihre Preiskalkulation einbeziehen müssten. Sie können Ihren Kunden auch einen Anreiz bieten, möglichst schnell zu zahlen, zum Beispiel in Form von Skonto.

3. Schreiben Sie Ihre Rechnungen sofort.

Schreiben Sie sofort Ihre Rechnung, nachdem Sie die vereinbarte Leistung erbracht haben. Achten Sie dabei darauf, dass die Rechnung formal und inhaltlich korrekt ist. Führen Sie die erbrachten Leistungen vollständig auf und verwenden Sie die jeweils vereinbarten Preise. Adressieren Sie die Rechnung an den richtigen Rechnungsempfänger.

Jede Ungenauigkeit, jeder Fehler in Ihrer Rechnung kann dazu führen, dass der Kunde zum Beispiel die Rechnung erst eine Weile liegen lässt, dann eine neue anfordert und so die Zahlung hinausschiebt oder gar verweigert.

4. Überwachen Sie den Zahlungseingang.

Es ist wichtig, dass Sie Zahlungstermine und Zahlungsbeträge genauestens überwachen. Von Ihnen erwartet Ihr Kunde eine pünktliche Lieferung. Verlangen Sie von ihm, dass er entsprechend pünktlich zahlt.

5. Mahnen Sie.

Bevor Sie Ihrem Kunden die erste Mahnung schicken, sollten Sie noch einmal folgende Punkte prüfen:

- ☐ Haben Sie Ihre Leistung wie vereinbart erbracht?
- ☐ Haben Sie fristgerecht geliefert?
- ☐ Wann haben Sie die Rechnung versandt?
- ☐ War die Rechnung korrekt?
- ☐ Welchen Zahlungstermin haben Sie vereinbart oder welches Zahlungsziel eingeräumt?
- ☐ Hat der Kunde Ihre Leistung reklamiert?

Nach dem Gesetz zur Beschleunigung fälliger Zahlungen sind zwar keine Mahnungen mehr notwendig. Trotzdem sollten Sie es mit einer Zahlungserinnerung oder Mahnung versuchen, bevor Sie schwerere Geschütze auffahren.

6. Planen Sie Ihre Ein- und Auszahlungen.

Gerade bei Freiberuflern können ausstehende Zahlungen die Existenz gefährden. Beziehen Sie daher bei Ihrer Liquiditätsplanung die Zahlungsmoral Ihrer Kunden ein. Gehen Sie dabei von der durchschnittlichen Zahlungsfrist Ihrer eigenen Forderungen aus.

7. Eröffnen Sie sich zusätzliche Finanzierungsmöglichkeiten.

Bauen Sie vor. Erkundigen Sie sich frühzeitig bei Ihrer Bank oder Sparkasse über einen möglichen Kredit für den Fall, dass Kunden nicht zahlen. Warten Sie damit nicht, bis Sie Ihre Kreditlinie vollständig ausgeschöpft haben. Wenn Sie illiquide sind, wird die Bank Ihnen nicht weiter entgegenkommen.

8. Nehmen Sie professionelle Hilfe in Anspruch.

Wenn Ihre Kunden auch nach dem Erhalt von Zahlungsaufforderungen und Mahnungen nicht zahlen, beauftragen Sie ein professionelles Inkassoinstitut mit dem Geldeintreiben. Warten Sie aber nicht zu lange mit diesem Schritt. Je länger Sie warten, desto geringer wird die Wahrscheinlichkeit, dass Sie Ihr Geld bekommen.

Mieten statt kaufen: Leasing

Wenn von Leasing die Rede ist, denken die meisten Menschen an Autos oder Immobilien. Aber auch Bürogeräte, EDV-Anlagen und Produktionsanlagen kann man leasen.

Gerade Existenzgründern wird das Leasing notwendiger Geräte, Anlagen oder Einrichtungsgegenstände als günstige Alternative zum Kauf per Kredit vorgeschlagen. Leasing kann aber auch teuer sein. Rechnen und überlegen Sie deshalb genau, bevor Sie sich entscheiden. Sprechen Sie mit einem unabhängigen Leasing-Experten und Ihrem Steuerberater sowie Ihrer Hausbank. Die Bank muss ohnehin dem Leasinggeber eine Bankauskunft über Ihre Kreditwürdigkeit erteilen.

Beim Leasing vermietet der Leasinggeber das Leasingobjekt und bleibt weiterhin Eigentümer des Objekts. Dem Leasingnehmer werden dabei Rechte, Risiken und Pflichten übertragen, die bei einem normalen Mietverhältnis der Vermieter trägt. So haftet der Leasingnehmer für Beschädigungen des Objektes und er muss Reparaturen ausführen und das Objekt instand halten.

Einige Leasinggesellschaften bieten ihren Kunden Zusatzleistungen, die teils in den Leasingraten enthalten sind und teilweise zusätzlich bezahlt werden müssen. Das sind zum Beispiel Wartungsverträge und Versicherungen oder ein Softwareservice.

Beim Leasing kann der Leasingnehmer sofort das Objekt benutzen, ohne es gleich komplett bezahlen zu müssen. Das kann seine Liquidität verbessern, da er entweder das vorhandene Geld für andere Zwecke einsetzen oder auf einen entsprechenden Kredit verzichten kann. Der Vorteil der Steuerersparnis fällt bei Existenzgründern nicht an, da sie in der Regel noch höhere Aufwendungen als Erträge haben. Wenn sie aber die Gewinnzone erreichen, kann Leasing sich steuermäßig positiv auswirken. In diesem Fall muss der Leasingvertrag den vom Bundesfinanzministerium verabschiedeten Leasingerlassen entsprechen.

Checkliste Leasing

1. Ist der Leasinggegenstand exakt beschrieben?
2. Wie hoch wäre der Kaufpreis für dieses Objekt?
3. Werden Rabatte in der Leasingkalkulation berücksichtigt?
4. Wie hoch ist die bei Vertragsabschluss fällige Leasingsonderzahlung?
5. Wie hoch ist die Leasingrate?
6. Besteht die Möglichkeit, je nach Liquiditätssituation die Höhe der Leasingrate flexibel zu gestalten?
7. Wie lange ist die Laufzeit?
8. Wie viele Leasingraten muss ich zahlen?
9. Wie hoch ist der kalkulierte Restwert?
10. Wie viel muss ich insgesamt beim Leasing zahlen?
11. Ist der Vertrag kündbar? Wenn ja, wann und zu welchen Konditionen?

12. Ist es möglich, nach Ablauf der Leasingzeit die Mietzeit zu verlängern? Wenn ja, was muss ich dann zahlen?
13. Muss ich nach Ablauf der Leasingzeit das Leasingobjekt kaufen?
14. Wenn das Objekt nach Ablauf der Leasingzeit an einen Dritten verkauft wird, werde ich dann am Mehr- oder Mindererlös beteiligt?
15. Ist eine Schlusszahlung vereinbart?
16. Welche weiteren Kosten entstehen nach Ablauf des Leasingvertrages, zum Beispiel für den Transport oder den Abbau?
17. Wie sind die juristischen und wirtschaftlichen Eigentumsverhältnisse geregelt?
18. Regelt der Leasingvertrag den Fall, dass der Leasinggeber in Konkurs geht?
19. Entspricht der Vertrag den Finanzierungs-Leasingerlassen des Bundesfinanzministeriums?
21. Ist ein Wartungsvertrag Bestandteil der Vertrages? Dies ist bei EDV-Geräten zwingend.
22. Ist eine Versicherung Bestandteil des Vertrages? Was umfasst diese Versicherung?
23. Entspricht das Leasingobjekt dem aktuellen Stand der Technik oder bei gebrauchten Geräten dem vertraglich vereinbarten Stand?
24. Ist die Möglichkeit gegeben, während der Laufzeit weitere Produkte aus dem gleichen Sortiment dazuzuleasen? Wie ändern sich dann Laufzeit und Leasingrate?

Kredite richtig verhandeln und nutzen – 9 Praxistipps

Sie brauchen Geld, weil sich eine Zahlung verzögert hat, weil Sie investieren müssen oder aus anderen Gründen. Bevor Sie zu Ihrer Bank oder Sparkasse gehen und einen Kredit beantragen, überlegen Sie zunächst, für welche Zeit Sie das Geld brauchen und wann Sie es wie zurückzahlen können.

Praxistipp 1: Nutzen Sie eine Kreditkarte
Die einfachste und billigste Art, einen Kredit zu bekommen, ist die Zahlung mit einer Kreditkarte. Es muss aber eine echte Kreditkarte sein, bei der die Abbuchung monatlich erfolgt. Daneben gibt es Pseudokreditkarten, die wie eine EC-Karte funktionieren, das heißt, der Betrag wird sofort von Ihrem Konto abgebucht. Bei einer echten Kreditkarte zahlen Sie auf den bis zum Abrechnungszeitpunkt eingeräumten Kredit keine Zinsen, sondern nur die Jahresgebühr für die Karte.

Praxistipp 2: Standby-Kredite bringen Flexibilität
Die Zahlung mit Kreditkarte bringt aber nur einen kurzfristigen Zahlungsaufschub. Brauchen Sie Geld für eine etwas längere Zeit, bieten die Kreditkartenorganisationen so genannte Standby-Kredite. Innerhalb eines Ihnen eingeräumten Höchstrahmens können Sie flexibel Geld auf Ihr Girokonto überweisen und auch jederzeit wieder etwas auf das Standby-Konto einzahlen. Diese Standby-Kredite ähneln dem Dispositionskredit bei Privatkonten oder dem Kontokorrentkredit bei Geschäftskonten bei Ihrer Bank oder Sparkasse und haben auch ähnliche Schuldzinssätze.

Praxistipp 3: Verhandeln Sie über die Höhe des Überziehungskredits
Die Höhe des Kreditrahmens, den das Geldinstitut Ihnen frei-

willig einräumt, richtet sich nach dem monatlichen oder jährlichen Zahlungseingang auf Ihrem Konto.

Doch dieser Betrag ist verhandelbar. Sprechen Sie mit Ihrer Bank darüber, falls Sie, wenn auch nur für eine bestimmte Zeit, einen höheren Betrag brauchen.

Praxistipp 4: Überziehen Sie nicht unabgestimmt den Ihnen eingeräumten Kreditrahmen

Wenn Sie den auf Ihrem Konto eingeräumten Kreditrahmen überziehen, zahlen Sie dafür nicht nur sehr hohe Zinsen, sondern Sie werden auch auf der Liste unabgestimmter Überziehungen Ihrer Bank eingetragen. Das wirkt sich negativ auf eine spätere Bankauskunft aus, die vielleicht ein Kunde über Sie einholt.

Praxistipp 5: Holen Sie Angebote mehrerer Banken ein

Brauchen Sie einen längerfristigen Kredit, holen Sie auf jeden Fall Angebote verschiedener Institute ein.

Praxistipp 6: Vergleichen Sie die Gesamtkonditionen

Wenn Sie verschiedene Kreditangebote eingeholt haben, achten Sie nicht nur auf den Zinssatz, sondern vergleichen Sie auch die Gesamtkonditionen. Dazu gehören:

☐ Zinssatz, Zinsfestschreibung
☐ Laufzeit
☐ Tilgungsmodalitäten (Endfälligkeit, Ratenzahlung, Annuitätendarlehen mit gleich bleibender Rate, steigender Tilgung und fallenden Zinsen etc.)
☐ Auszahlungskurs der Kreditsumme (Agio oder Disagio)
☐ Auszahlungstermin
☐ Annahmefrist
☐ Kündbarkeit
☐ Provisionen, Bearbeitungs- und andere Nebenkosten
☐ Allgemeine Geschäftsbedingungen.

Praxistipp 7: Arbeiten Sie mit zwei Geldinstituten
Auch wenn es etwas teurer ist, kann es vorteilhaft sein, mit
zwei Geldinstituten zusammenzuarbeiten. So können Sie unterschiedliche Konditionen sowie die jeweiligen Stärken und
Schwächen der Institute nutzen.

**Praxistipp 8: Langfristige Kredite brauchen
Sicherheiten**
Bedenken Sie, dass Sie bei längerfristigen Krediten Sicherheiten hinterlegen müssen. Dies können zum Beispiel Sicher-
heitsübereignungen von Lebensversicherungspolicen, Wert-
papieren, Autos etc. sein oder auch eine Hypothek oder
Grundschuld.

Angesichts der schleppenden Konjunktur, dem verschärf-
ten Wettbewerb und der verschlechterten Geschäftslage der
Kreditinstitute sowie der neuen, restriktiven Vorschriften bei
der Kreditvergabe, Basel II genannt, gewinnt in jüngster Zeit
die Bonität der Kreditnehmer zunehmend an Bedeutung.

Praxistipp 9: Das prüfen die Banken beim Rating
Beim so genannten Rating prüfen die Geldinstitute folgende
Punkte. Bereiten Sie entsprechende Unterlagen vor, bevor Sie
einen längerfristigen Kredit beantragen:
- [ ] die Finanzlage (anhand der letzten drei Jahresabschlüsse),
- [ ] die Ertragslage (Voraussetzung für einen Kredit ist, dass
  man Gewinne macht),
- [ ] die Vermögenslage (Welche Haftungsmittel sind insgesamt vorhanden?) sowie
- [ ] die Geschäftsstrategie, die Planung und den Markt, auf
  dem Sie tätig sind.

Liquidität geht vor Solidität

In manchen Fällen kann es ratsam sein, noch bevor die erste Leistung erbracht wurde, eine Anzahlung zu verlangen. Besonders bei „riskanten" Auftraggebern ist hier falsche Scham unangebracht. Schließlich tun das andere auch. Anzahlungen lassen sich in vielen Branchen dadurch begründen, dass sich ein Auftragsprojekt über eine sehr lange Zeitspanne erstreckt und Sie bei einer Komplettabrechnung erst bei Auftragserfüllung zwischendurch in Zahlungsschwierigkeiten kommen könnten, da Ihre Kosten ja weiterhin anfallen; oder sie werden damit begründet, dass teures Material beschafft und vorfinanziert werden muss, und es ist selbstverständlich, dass Ihr Kunde nicht erwarten kann, dass Sie für ihn in Vorleistung treten.

Eine dieser Branchen ist zum Beispiel der Bad- und Sanitärbereich. Möchte jemand ein neues Badezimmer haben, so kann er es sich zwar im Großhandel aussuchen, kaufen darf dort aber nur der Handwerksbetrieb. Und wenn jetzt manche Kunden so schlau sein wollen, dem Sanitärbetrieb die vom Großhandel eingeräumte Gewinnspanne abzuknapsen, so kann der Handwerker so clever sein und Vorkasse für die schicken neuen Waschtische, Whirlpoolwannen und Armaturen fordern. Wenn der Kunde nicht bereit ist, alles zu zahlen, sollte immerhin ein saftiger Vorschuss fällig sein. Auch der erhöht die Liquidität des Unternehmens.

In der Möbelbranche sind ebenso Vorschüsse üblich. Wer sich ein paar neue Möbel bestellt, muss damit rechnen, dass der Händler eine Anzahlung als Sicherheit verlangt. Damit erhöht er seine Liquidität und testet gleichzeitig die Bonität des Kunden. Es gibt sogar Händler, die im Gegenzug für eine besonders hohe Anzahlung einen Preisnachlass bieten.

Wer jetzt allerdings zu sehr auf die Rabatte schielt, läuft Gefahr, am Ende trotzdem ein schlechtes Geschäft zu machen. Denn die Händler, die besonders scharf auf Vorauszahlungen sind, stehen oft dicht vor dem Konkurs. Und haben sie erst einmal Pleite gemacht, dann ist für den Kunden kaum noch was aus der Konkursmasse zu holen. Die Möbel stehen irgendwo in der Fabrik, und sein Geld wurde längst für Löhne oder rückständige Krankenkassenzahlungen für die Mitarbeiter ausgegeben.

Manche Unternehmen können sich nur dadurch über Wasser halten, dass sie sich von einem Kundenvorschuss zum nächsten hangeln. So gab es einmal in Hamburg eine Autowerkstatt, die auf den Umbau von Lieferwagen zu Campingbussen spezialisiert war. Wenn ein Kunde kam, der sich einen solchen Umbau wünschte, wurde zunächst einmal eine detaillierte Planung aufgestellt: Sollten neue Fenster eingesetzt werden, welche Möbel und Einrichtungsgegenstände sollten in das Auto, wurde ein zusätzlicher Gepäckträger oder Fahrradträger gewünscht und so weiter?

Dann wurde dem Kunden eine präzise Aufstellung vorgelegt, in der fein säuberlich nach Sachkosten und Arbeitsstunden unterschieden wurde. Für die Sachleistungen musste der Kunde in Vorkasse gehen. Wollte er dann allerdings zum vereinbarten Termin sein Fahrzeug abholen, stand es oft noch so unberührt wie am Anfang dar. Lieferschwierigkeiten mit Einzelteilen hätten die Arbeiten verzögert, hieß es. Dumm, wenn er seinen Urlaub bereits geplant hatte.

Besonders übel dran war ein Kunde, der sich auch neue Fenster einsetzen lassen wollte. Die Löcher waren bereits in das Auto hineingeschnitten worden, nur die Fenster waren nicht da, und dummerweise waren die Löcher auch noch zu groß. Als der Kunde erbost sein Auto wieder mitnehmen wollte und natürlich auch seinen Vorschuss zurückverlangte, stellte sich heraus, dass bei dieser Autowerkstatt überhaupt nichts mehr zu holen war. Auf der Gläubigerliste nahm dieser Kunde Platz 27 ein. Die Werkstatt hatte also bereits genügend Übung, mit unzufriedenen Kunden umzugehen, denen allen ein Vorschuss abgenommen worden war, die aber vergeblich auf die vereinbarte Leistung warteten.

Es ist natürlich niemandem zu raten, einen Vorschuss zu fordern, in der Absicht, die Leistung nie zu erbringen. Das wäre Betrug. Aber es macht für manches Unternehmen das Leben sicherlich leichter, erst das Geld zu haben und dann zu arbeiten, als erst eine Leistung zu erbringen und dann selbst hinter dem Geld herzulaufen.

So bleiben Sie liquide – „Parkplatz" Pfandhaus

Viele Leute wenden sich immer noch mit Grausen ab, wenn sie das Wort Pfandhaus nur hören. Aber ihre Zahl ist rückläufig, ebenso wie die Zahl der Kunden kontinuierlich steigt. Es sind nicht mehr die Ärmsten der Armen, wie zu Zeiten von Charles Dickens, die ihren letzten Kerzenleuchter verpfänden, um sich ein Stück Brot kaufen zu können. Wer heute ins Pfandhaus geht, gehört meist zum breiten Mittelstand.

Es ist auch nicht so, dass das Pfandhaus nur als gut bewachte Aufbewahrungsstelle für teure Nerzmäntel genutzt wird. Natürlich ist das verpfändete Gut sicher verwahrt und gegen Diebstahl versichert, und natürlich bleibt es auch im Eigentum des Kunden, aber nicht diese Verwahrung ist der Zweck der Verpfändung, sondern die schnelle und unproblematische Liquidität.

Außer dem Pfandgut und seinem Personalausweis oder Reisepass braucht ein volljähriger Erwachsener nichts vorzulegen. Anders als in der Bank gibt es keine unangenehmen Rückfragen zur Bonität und es werden auch keine Meldungen an die Schufa und ähnliche Kreditauskunftsdateien weitergegeben. Wer etwas verpfändet, bleibt anonym, und die Pfandhäuser achten auch darauf, dass sich die Wege der Kunden möglichst nicht kreuzen.

Einen besonderen Boom erleben Pfandhäuser, die Autos als Pfand nehmen. In der Regel werden dort maximal 60 Prozent des derzeitigen Fahrzeugwertes bar ausgezahlt. Die Regeln für Pfand-Kreditverträge sind überall gleich. Die Kreditlaufzeit beträgt drei Monate, pro Monat ist ein Prozent Zins fällig und eine Gebühr, die gesetzlich festgelegt ist. Wenn man nach drei Monaten die Zinsen und die Gebühren zahlt, kann man den Pfand-Kreditvertrag um weitere drei Monate verlängern. Aber man kann das Pfandgut natürlich auch früher auslösen. Die Entscheidung liegt allein beim Eigentümer.

Als Pfand eignet sich nicht nur ein möglichst neues und gut erhaltenes Auto, das im alleinigen Eigentum des Verpfändenden steht, also keine Fahrzeuge, für die noch Kredite abzuzahlen sind, Leasing-Wagen oder Firmenwagen, die zum Beispiel auf eine GmbH zugelassen wurden. Es eignet sich auch jede Art von Schmuck, Uhren und ebenso Hightech-Sachwerte, wie zum Beispiel ein Laptop, Video-Kameras und Ähnliches.

Wozu nun diese zusätzliche Liquidität? Wer das Geld für Konsumzwecke verpulvert, ist wirklich selbst schuld. In der Regel setzen Freiberufler und Geschäftsleute ihre Mittel ganz gezielt ein, um neue Geschäfte, die Geld bringen, einzufädeln oder abzuwickeln oder um Engpässe zu überbrücken.

Wer zum Beispiel einen Laden mieten möchte, braucht schon ganz handfeste Tatsachen, um den Vermieter zu überzeugen, ausgerechnet ihm das gewünschte Objekt zu überlassen. Wenn man in der Lage ist, die Brieftasche zu öffnen und die gewünschte Mietsicherheit in bar auf den Tisch zu blättern, um sie anschließend wieder einzusammeln und als Überweisung in Aussicht zu stellen, hat man deutlich bessere Karten, als wenn man Kontoauszüge vorlegt, die im Minus sind. Aber auch die lassen sich natürlich durch schnelle Einzahlungen kurzfristig ins Plus verschieben.

Es gab zum Beispiel einen Fotografen, der seine Aufträge dadurch vorfinanzierte, dass er seinen Porsche ins Pfandhaus stellte. Immerhin brachte das einen fünfstelligen Euro-Betrag. Hatte er die Produktion abgeschlossen, wobei er sich sowohl Studio als auch Blitzanlage und Models anmietete, fuhr er nicht mehr Taxi, sondern wieder Porsche. Und wenn es wirtschaftlich einmal ganz hart auf hart ging, dann wanderten auch schon mal die Objektive der Hasselblad für kurze Zeit ins Pfandhaus. Dort passierte ihnen nichts und niemand bezweifelte, dass er zu den gut Verdienenden gehörte. Und nur wer gut verdient, bekommt als Freiberufler auch neue, gute Aufträge. Pfandhäuser helfen eben nicht nur über Liquiditätsengpässe hinweg, sondern können sogar dazu beitragen, das eigene Image aufzupolieren.

Mit Psychotricks die Liquidität erhalten

Geben, um zu nehmen

„Kleine Geschenke erhalten die Freundschaft." Sicherlich kennen Sie dieses Sprichwort. Und Sie werden sich jetzt fragen, was es damit zu tun hat, Zahlungen zu verdrängen, zu verzögern oder zu vermeiden.

Es ist ein Grundelement des menschlichen Verhaltens, dass man sich einem anderen Menschen verpflichtet fühlt, wenn man von ihm eine Gefälligkeit oder ein Geschenk erhalten hat. Geschenke spielen in den verschiedensten menschlichen Kulturen bei den unterschiedlichsten Anlässen eine große Rolle. Es ist sozusagen ein Automatismus, dass derjenige, der etwas nimmt, sich verpflichtet fühlt, dem anderen etwas zurückzugeben. Dabei kommt es überhaupt nicht auf die Größe des Geschenks oder auf den Umfang der Leistung an.

Es geht auch nicht um echte Verpflichtungen wie in einem juristischen Schuldner-Gläubiger-Verhältnis, sondern es geht um das Gefühl der Verpflichtung. Der Grundsatz lautet: Geben Sie etwas, bevor Sie etwas fordern. Geben Sie etwas, auch wenn Sie nicht darum gebeten werden. Im Prinzip handelt es sich um eine Verhaltensregel, die die menschliche Gesellschaft stabilisieren soll. Doch oft lässt sie sich auch gezielt als Psychotrick einsetzen.

Stellen Sie sich vor, Sie haben Ihr Auto in der Werkstatt reparieren lassen, wollen es jetzt abholen, aber Sie haben kein Geld, um die Rechnung zu bezahlen. Wie kriegen Sie Ihr Auto trotzdem? Eine Möglichkeit wäre, kurz vorher beim Bäcker vorbeizugehen und etliche Stück Kuchen zu holen. Dann gehen Sie in die Autowerkstatt und sagen: „Ich war eben gerade noch beim Bäcker, und der Kuchen duftete so köstlich, da dachte ich, dass ich Ihnen damit sicherlich eine kleine Freude bereiten kann." Die Mitarbeiter in der Werkstatt werden sich über diese kleine Aufmerksamkeit sicher freuen, ob sie nun Kuchen mögen oder nicht.

Dann erhalten Sie die Rechnung und sagen: „Zur Bank habe ich es leider nicht mehr geschafft, Sie wissen ja, ich war gerade eben beim Bäcker. Kann ich die Rechnung nicht einfach mitnehmen und Ihnen das Geld morgen überweisen?" Nun wird es den Leuten in der Werkstatt schon ganz schön schwer fallen, nein zu sagen, wo Sie doch so ein netter Mensch sind. Wenn Sie jetzt auch noch eine gute Begründung nachschieben, weshalb Sie Ihr Auto dringend brauchen, haben Sie schon ziemlich sicher gewonnen.

Das Besondere an Gefälligkeiten ist, dass sie in ihrem Wert keinesfalls gleich hoch sein müssen: ein paar Stück Kuchen als Eisbrecher gegen eine Werkstattrechnung von 500 Euro. Man muss nur etwas Fantasie haben, um mit kleinen Gefälligkeiten ein großes Ziel zu erreichen. Wichtig ist immer, dass ein echtes Gefühl der Verpflichtung aufgebaut wird. Solange Sie zu Ihrem Gläubiger ausschließlich eine geschäftliche Beziehung haben, wird es schwierig sein, die Zahlungsverpflichtung in Ihrem Sinne zu manipulieren. Wenn jedoch Gefühle mit ins Spiel kommen, ändert sich das Verhältnis grundlegend.

Wichtig ist auch, dass Sie die Anonymität, in der sich Kunde und Lieferant heute normalerweise gegenüber stehen, durchbrechen. Lassen Sie etwas von sich selbst durchblicken. Vielleicht bringen Sie sogar selbstgebackenen Kuchen mit oder in einer anderen Situation einen Strauß Blumen aus dem eigenen Garten. Und wenn Sie keinen eigenen Garten haben, dann behaupten Sie eben einfach, dass sie von Ihrem Nachbarn stammen.

Eine Variante dieses Gefälligkeitsspiels besteht darin, dass Sie während der Verhandlungen mit Ihrem Gläubiger diesen mit einer extremen Forderung konfrontieren, die er mit allergrößter Wahrscheinlichkeit zurückweist. Wenn Sie dann bereit sind, Ihre Forderung zu reduzieren, wird er "fairerweise" nicht auch noch die geringere Forderung zurückweisen können.

Machen Sie Ihrem Gläubiger zum Beispiel das Angebot, die gesamte Summe in einem halben Jahr zu zahlen. Das ist für ihn unakzeptabel. Dann machen Sie Ihm das Angebot, ihm in zwei Monaten 20 Prozent zu geben und danach die Schuld monatlich mit zehn Prozent abzustottern. Das ist ein großes Entgegenkommen von Ihnen, und selbst wenn es ihm nicht wirklich gefällt, macht das doch einen viel besseren Eindruck, als wenn er ein ganzes halbes Jahr auf sein Geld warten soll. Wenn Sie guten Willen zeigen, wird er sich verpflichtet fühlen, das ebenfalls zu tun.

Versprochen ist versprochen

Ihr Gläubiger wird Sie weitaus weniger mit dem Eintreiben seiner Forderung nerven, wenn Sie ihn einmal dazu gebracht haben, sich generell mit einem Zahlungsaufschub einverstanden zu erklären. Es gehört nämlich zu den grundsätzlichen Eigenschaften des Menschen, dass er dazu neigt, ein einmal gegebenes Versprechen zu halten. Das hat sowohl etwas mit der Achtung vor sich selbst als auch mit sozialen Zwängen („Was sollen die anderen von mir denken?") zu tun.

Wichtig ist aber nicht so sehr, warum es funktioniert, sondern dass es funktioniert. Es gibt jetzt verschiedene Möglichkeiten, seinem Gläubiger das Einverständnis zum Zahlungsaufschub zu entlocken. Da wäre zunächst einmal die „Ihnen geht es gut, mir geht es schlecht"-Methode. So etwas lässt sich besonders gut am Telefon spielen. Es kommt zunächst darauf an, dass Sie ihn dazu bringen, über sich selbst eine positive Aussage zu machen, die Sie dann ins Verhältnis zu Ihrer schlechteren Situation stellen können, um danach die Bitte um Zahlungsaufschub zu formulieren.

Viele Unternehmen und gerade kleine Handwerksbetriebe mit nur wenigen Leuten sind auch in wirtschaftlich schlechteren Zeiten recht gut ausgelastet. Wenn Sie jetzt also fragen: „Hätten Sie noch kurzfristig einen Termin für weitere Arbeiten frei?", und er antwortet: „Es sieht im Moment schlecht aus, wir machen schon Überstunden und sind bis über beide Ohren ausgelastet", dann hat er Ihnen bestätigt, dass es ihm gut geht. Wenn Sie ihm dann erklären, dass Sie noch um jeden Auftrag kämpfen müssen, wird er, der ja nur in Arbeit schwimmt, sich nicht verweigern können, Ihnen Zahlungsaufschub zu gewähren.

Und selbst wenn es mit der Auftragslage des Gläubigers nicht zum

Besten steht, suchen Sie einfach ein anderes Thema, bei dem er Positives berichten kann. Ist er bei guter Gesundheit, geht es seiner Familie gut, hatten sie einen schönen Urlaub? Irgend etwas wird sich immer finden. Vielleicht waren Sie oder jemand in Ihrer Familie krank, vielleicht konnten Sie sich auch keinen Urlaub leisten. Es muss auf jeden Fall deutlich werden, dass es Ihnen schlechter geht als Ihrem Gläubiger.

Es hat sich in der Praxis auch als zweckmäßig erwiesen, zunächst einmal mit kleinen Bitten zu beginnen, denen der Gläubiger leicht entsprechen kann. Daraus entwickelt man dann größere Forderungen. Man folgt hier der „Wer A sagt, wird auch B sagen"-Methode.

Bitten Sie also zunächst um die Verlängerung des Zahlungsziels um eine Woche. Das lässt sich ganz gut verkraften. Wenn Sie dann nach einer Woche anrufen, können Sie viel leichter um eine weitere Verlängerung des Zahlungsziels um vier Wochen bitten, als wenn Sie von vornherein fünf Wochen gefordert hätten. Bei fünf Wochen hätte er mit Ihnen gehandelt, bei einer Woche nicht. Und wenn ein Gläubiger beim ersten Mal nicht handelt, ist die Wahrscheinlichkeit sehr groß, dass er es bei der zweiten Bitte auch nicht tun wird.

Nun kommen wir zum Wichtigsten. Versuchen Sie auf jeden Fall schriftlich die Bestätigung zu bekommen, dass derjenige, der Ihnen etwas liefert oder eine Dienstleistung erbringt, möglicherweise damit einverstanden ist, dass über den Zahlungstermin verhandelt werden kann. Erklären Sie ihm zum Beispiel bei der Auftragsvergabe, dass Sie im Prinzip beabsichtigen, sofort zu zahlen, aber falls eine bestimmte Summe bei Ihnen nicht rechtzeitig eingeht, Ihnen die Möglichkeit eingeräumt wird, die Zahlung nach Absprache hinauszuschieben.

Das hört sich für den zukünftigen Gläubiger recht harmlos an, ist es aber nicht. Wenn er Ihnen auf dem Auftrag bestätigt, dass unter gewissen Umständen über den Zahlungstermin eine Absprache getroffen werden kann, dann haben Sie ihn in der Tasche. Lassen Sie ihn diesen Satz selbst und von Hand aufschreiben. Denn nichts verpflichtet einen Menschen innerlich mehr als das, was er einmal selbst geschrieben hat. Es kommt nicht darauf an, dass diese Äußerung schon sehr konkret ist, sondern nur, dass er Ihnen die Möglichkeit in Aussicht stellt. Damit haben Sie sich die beste Verhandlungsgrundlage geschaffen, die Sie sich vorstellen können.

Sympathie und Autorität

Sympathie und Autorität sind zwei wesentliche Elemente in der Verhandlungskunst. Und um nichts anderes als um Verhandlungen geht es, wenn man seinem Gläubiger klarmachen möchte, dass man nicht jetzt zahlen kann oder möchte, dass es vielleicht sogar niemals der Fall sein wird oder dass man nicht gedenkt, den vereinbarten Preis zu zahlen.

Sympathie erwächst oft aus Äußerlichkeiten. Einem attraktiven Menschen ist man eher bereit entgegenzukommen als einem unattraktiven. Das trifft sowohl auf Männer wie auch auf Frauen zu. Und Männer kommen natürlich einer Frau generell eher entgegen als einem anderen Mann. Kein Wunder, dass viele Unternehmen die Akquisition lieber Frauen überlassen. Sympathie schafft man auch durch Komplimente. Sagen Sie Ihrem Gläubiger stets drei freundliche Dinge, bevor Sie Ihn mit der unschönen Tatsache konfrontieren, dass er sein Geld jetzt noch nicht bekommt.

Es ist immer gut, wenn man bei Verhandlungen Autorität ausstrahlt oder die Verhandlungen von einer Person führen lässt, die eine solche Autorität besitzt. Im Zweifelsfall lässt man die Verhandlungen lieber von seinem Anwalt oder seinem Steuerberater führen. Natürlich muss es sich um Summen handeln, bei denen sich der Honorareinsatz lohnt.

Autorität erwächst aber nicht nur aus Fachkompetenz. Die drei wichtigsten Elemente, um Autorität zu erzeugen, sind der Titel, Kleidung und Auto/Luxus. Ein Doktortitel ist nicht schlecht, aber nur dann, wenn der Verhandlungspartner nicht in der Lage ist, zu durchschauen, wie dieser Titel zustande gekommen ist. Es gibt in Deutschland nämlich immer mehr Studiengänge, die man mit einem Doktortitel abschließen kann, ohne dass eine besondere akademische Leistung dahintersteckt.

Erstaunlicherweise ziehen in Deutschland auch Adelstitel immer noch. Sie lassen den Träger des Namens als etwas Besseres erscheinen, und zu den besonderen Eigenschaften dieser „besseren Gesellschaft" gehört es traditionell, seine Rechnungen nicht bezahlen zu können. Aber Titel und Name sind nicht jedem gegeben. Also ist es wichtig, Autorität durch Kleidung und Luxus aufzubauen. Im Zweifelsfall statten Sie sich in einem Secondhand-Laden für Designermoden aus. Teure Autos kann man kurzfristig mieten, und das gilt auch für Luxusuhren. Aber lieber Autorität auf Pump als keine Autorität.

Wenn Sie allerdings zu den bedauernswerten Leuten gehören, denen es weder gelingt, Sympathie zu erzeugen noch Autorität auszustrahlen, dann sollten Sie sich damit behelfen, dass Sie auf die guten Beispiele anderer verweisen. Machen Sie das sehr konkret. Wenn der Klempner Geld von Ihnen haben möchte, dann sagen Sie Ihm, welcher andere Handwerker sich als sehr großzügig erwiesen hat: Zum Beispiel der Elektromeister XY hatte nichts dagegen, dass die Zahlung um weitere vier Wochen rausgeschoben wurde. Die Mercedes-Werkstatt hatte keine Probleme, den Wagen herauszugeben, auch wenn Sie nicht gleich bar zahlen konnten, und so weiter. Suchen Sie markante Beispiele, die Ihrem Gläubiger als Vergleich schmeicheln.

Man kann nicht *nicht* kommunizieren

Viele Schuldner, und besonders solche, die eher aus Zufall in Zahlungsschwierigkeiten geraten sind, glauben, es sei die beste und einfachste Lösung, einfach den Kopf in den Sand zu stecken. Das ist falsch!

Natürlich ist es für eine Weile möglich, auf Rechnungen und Mahnungen nicht zu reagieren. Wahrscheinlich kommt man damit sogar eine Zeit lang durch. Aber was sich danach abspielt, hängt sehr stark von der Höhe der Summe und von der Reizschwelle des Gläubigers ab.

Denn eines sollte man als Schuldner auf jeden Fall vermeiden: beim Gläubiger Rachegefühle auszulösen.

Praxis-Beispiel:

Ein Medizinprofessor und gut verdienender Spezialist auf seinem Fachgebiet war dabei, sich von seiner Frau zu trennen, und wollte oder musste aus dem gemeinsamen Haus ausziehen. Nennen wir ihn der Einfachheit halber Prof. Dr. Escher. Dieser Prof. Dr. Escher suchte nun in der Nähe der Universitätsklinik, wo er arbeitete, eine Eigentumswohnung. Natürlich wurde er schnell zum Lieblingskunden der Immobilienmakler und auch die verkaufswilligen Wohnungsbesitzer waren von ihm entzückt, strahlte der Mann doch Seriosität und Autorität aus. Wer verkauft seine Wohnung nicht gern an jemanden, der ein hohes regelmäßiges Einkommen hat, der BMW fährt und gut gekleidet und mit guten Manieren daherkommt?

Schon bald hatte sich für Prof. Dr. Escher das passende Objekt gefunden, und natürlich handelte er den Kaufpreis herunter und bekam, damit das Geschäft perfekt wurde, auch noch die ganze Kücheneinrichtung geschenkt. Schließlich lebte er ja in Trennung und musste sich einen neuen Hausstand aufbauen.

Bei einem renommierten Notar wurde dann einer der üblichen Kaufverträge geschlossen, der unter anderem beinhaltete, dass auf den Käufer der Wohnung auch die Verpflichtung überging, die Grundsteuer zu zahlen. Die Übergabe der Wohnung erfolgte reibungslos. Die bisherigen Besitzer zogen sogar etwas früher aus, damit Prof. Dr. Escher rechtzeitig mit seinen aufwändigen Renovierungen beginnen konnte. So weit schien alles in Ordnung.

Doch wenige Monate später meldete sich die Stadtverwaltung bei den bisherigen Eigentümern und verlangte die fällige Grundsteuer. Die Zahlungsverpflichtung war zwar durch eine privatrechtliche Vereinbarung, nämlich den Kaufvertrag, auf Prof. Dr. Escher übergegangen, doch der dachte nicht im Traum daran, diese Verpflichtungen zu übernehmen. Der Stadtverwaltung waren die privatrechtlichen Verabredungen gleichgültig.

Für sie galt das Prinzip: Wer am 1. Januar eines Jahres Eigentümer einer Wohnung war, war für sie auch der Steuerpflichtige für das ganze Jahr.

Nun dachte zunächst jeder, Prof. Dr. Escher habe die Zahlungsverpflichtung übersehen. Deshalb machte sich der beurkundende Notar die Mühe, ihm einen Brief zu schreiben und ihm seine Verpflichtung auseinanderzusetzen, davon ausgehend, dass ein so intelligenter Akademiker seinen Verpflichtungen nachkomme, wenn man ihm noch einmal die rechtliche Situation darlegte. Aber nichts da. Prof. Dr. Escher zahlte nicht. Und er meldete sich auch nicht, er ging auf Tauchstation.

Natürlich ärgerte das die früheren Wohnungsbesitzer, denn alle Vierteljahre kam wieder eine neue Rechnung für die Grundsteuer. Sie fragten ihre ehemaligen Nachbarn, was es mit Prof. Dr. Escher auf sich habe, und es kam heraus, dass er offensichtlich in großen finanziellen Schwierigkeiten steckte, denn seine neue Wohnung, die sich immerhin über zwei Ebenen erstreckte, war bis auf die Kücheneinrichtung und eine Matratze kaum möbliert.

Offensichtlich war Prof. Dr. Escher durch seine Scheidung finanziell so ausgezehrt, dass er wirklich jede Art von Zahlung vermied. Aber auch als es ihm offensichtlich besser ging, vermied er es stur, auch nur die kleinste Reaktion zu zeigen. Irgendwann wurde es den früheren Eigentümern der Wohnung ganz einfach zu dumm, immer hinter ihrem Geld herlaufen zu müssen. Sie hatten es weitgehend abgeschrieben. Was sie allerdings nicht abgeschrieben hatten, waren die Rachegefühle an Prof. Dr. Escher. Und eines Tages war es dann so weit, dass sie sich tatsächlich „revanchieren" konnten: Prof. Escher hatte sich eine neue, teure Waschmaschine gekauft und sie in der Gemeinschaftswaschküche aufgestellt. Die Wohnungsverkäufer wurden von den früheren Nachbarn davon informiert und – als Prof. Escher einmal nicht im Haus war – in die Waschküche gelassen. Die geprellten Verkäufer luden das neue Gerät in einen Lieferwagen und fuhren davon. In der Waschküche hinterließen sie dem Professor eine Abrechnung und Quitung. Das war zwar nicht legal, aber der mit seinen Zahlungen säumige Herr Professor ging weder zur Polizei noch meldete er sich jemals wieder.

Dabei wäre es ein Leichtes für ihn gewesen, einfach die Karten offen auf den Tisch zu legen, seine Zahlungsunfähigkeit zu bekennen, selbst wenn sie in Wirklichkeit vielleicht auch nur eine Zahlungsunwilligkeit war, und über neue Modalitäten zu verhandeln. Vielleicht war er sich zu fein dazu oder vielleicht ist er auch gar nicht ein so intelligenter Akademiker, sondern nur ein hochgeschraubter Fachidiot. Man weiß es nicht.

Praxistipp:

Man kann nur jedem, der seine Rechnungen nicht bezahlen kann oder bezahlen will, raten, mit den Gläubigern zu kommunizieren. Denn jede Form von Nicht-Kommunikation wird als Abwertung angesehen. Und wer sich abgewertet fühlt, sinnt auf Rache, um es dem anderen heimzuzahlen.

Jedem Schuldner ist außerdem zu empfehlen, die Kommunikation mit dem Gläubiger so fein wie möglich zu dosieren. Der klassische Eröffnungszug ist der, dass man behauptet, die Rechnung sei nicht angekommen. Diese Ausrede hat zwar einen meterlangen Bart, zieht aber immer noch.

Wenn man behauptet, die Rechnung sei nicht angekommen, dann sollte man dafür sorgen, dass sie auch wirklich endgültig verschwindet. Nichts ist so dumm, als wenn der Gläubiger zufällig das Büro oder die Wohnung betritt und sieht, dass seine Rechnung, die angeblich in der Post verloren ging, noch immer schön im Eingangskorb obenauf liegt.

Besonders raffinierte Schuldner warten ab, bis die Zahlungsfrist von zum Beispiel vier Wochen fast verstrichen ist. Dann melden sie sich bei ihrem Lieferanten und fragen ganz freundlich nach, ob er ihnen denn keine Rechnung schicken wolle, sie warteten schon die ganze Zeit darauf. Mit solchem Verhalten sammelt man zunächst Pluspunkte. Man bekommt eine neue Rechnung und hat noch einmal vier Wochen Zeit, um diese zu begleichen.

Gekonnt auf Zeit spielen

Wenn es darum geht, Zahlungsziele neu zu verhandeln, sollte man damit nicht warten, bis die dritte Mahnung geschrieben wurde. Man ist dem Gläubiger dann schon gehörig auf die Nerven gegangen, wenn er nichts von einem hörte, sondern immer nur zusätzliche Arbeit hatte. Besser ist es, kurz vor Fälligkeit der ersten Rechnung den Kontakt aufzunehmen. Das sollte man allerdings sehr sorgfältig vorbereiten.

Es hat keinen Zweck, den Gläubiger bei einem Überraschungsanruf mit der Forderung nach Zahlungsaufschub zu überfallen. Besser ist es, ihm das Problem schriftlich anzukündigen und ihn zu bitten, mit Ihnen doch einen Termin auszumachen, an dem man telefonisch oder persönlich über das Problem sprechen kann. Ein solches Verhalten wird der Gläubiger auf jeden Fall als Entgegenkommen werten.

Wichtig ist bei einem solchen Gespräch, dass Sie, wenn Sie schon kein Geld geben können oder wollen, freigiebig mit Gefühlen sind. Geben Sie gute Gefühle statt Geld! Schüren Sie Hoffnungen! Erzählen Sie von sich selbst und zeigen Sie Anteilnahme mit der Situation des Gläubigers. Sie müssen nicht unbedingt zerknirscht und reumütig auftreten. Bleiben Sie sachlich.

An der Tatsache, dass Sie zumindest jetzt nicht zahlen werden, lässt sich nun einmal nichts ändern und nichts beschönigen, aber deshalb braucht man ja nicht gleich für die Zukunft schwarz zu sehen. Natürlich hängt auch hier im Einzelfall alles wieder von der Konstellation zwischen Gläubiger und Schuldner sowie von der Höhe der Summe und von der Art der erbrachten Leistungen ab.

Hier kann zum Beispiel die Strategie „Der Spatz in der Hand ist besser als die Taube auf dem Dach" schon Wunder wirken. Wenn beim Gläubiger der Eindruck entsteht, dass es besser sei, lieber wenig sofort als später gar nichts zu bekommen, wird er sich vielleicht dafür entscheiden. Im anderen Fall kann man ihm anbieten, mit kleinen Raten die Schuld abzustottern. Das hat den Vorteil, dass so mögliche Klagen verhindert werden.

Auch bei der Ratenzahlung kann der Schuldner mit seiner Unberechenbarkeit spielen. Die ersten Raten zahlt er wie vereinbart, dann zahlt er ein klein bisschen weniger, um kurz darauf ein klein bisschen mehr zu zahlen. Nun kommt die nächste Rate früher, als er verpflichtet wäre, zu zahlen. Das freut den Gläubiger. Allerdings kommt nun die nächste etwas später. Das irritiert und nervt. Manche Gläubiger sind dann eher bereit, für eine Abschlagszahlung die ganze Angelegenheit zu vergessen, als dieses Hin und Her bei der Ratenzahlung noch weiter mitzumachen. Solche Vergleiche lassen sich immer schließen. Möglich ist das alles allerdings nur, wenn Ihr Gläubiger ein Privatmann oder ein kleines Unternehmen ist. Bei Banken und Großunternehmen zieht so etwas nicht. Die einen leben davon, Geld zu verleihen und es sich wieder zurückzuholen, und die anderen sind in ihren Strukturen viel zu anonym, um auf individuelle Verhaltensweisen einzugehen.

Anhang

Checkliste Business-Plan

1. Zusammenfassung
Beschreiben Sie kurz, auf nicht mehr als zwei Seiten, warum Ihr Angebot besser ist als das der Konkurrenz.

2. Geschäftsidee
- [ ] Welche Leistung wollen Sie anbieten?
- [ ] Was ist das Besondere an Ihrem Angebot?
- [ ] Wann wollen Sie starten?
- [ ] Welche Voraussetzungen müssen bis zum Start noch erfüllt werden?

3. Markt- und Wettbewerbssituation, Standort
- [ ] Wer sind Ihre potenziellen Kunden?
- [ ] Sind es Privat- oder Geschäftskunden?
- [ ] Welche Merkmale hinsichtlich Alter, Geschlecht, Einkommen, Beruf, Einkaufsverhalten und so weiter kennzeichnen Ihre potenziellen Kunden?
- [ ] Wo sind Ihre potenziellen Kunden?
- [ ] Haben Sie bereits Referenzkunden? Wenn ja, welche?
- [ ] Welches Umsatzpotenzial repräsentieren diese Kunden?
- [ ] Sind Sie von wenigen Großkunden abhängig?

☐ Welche Wünsche oder Probleme Ihrer Kunden wollen Sie erfüllen beziehungsweise lösen?

☐ Wie sollten Ihre Kunden von Ihnen und Ihrer Dienstleistung erfahren?

☐ Wer sind Ihre Wettbewerber?

☐ Was kosten entsprechende Dienstleistungen bei der Konkurrenz?

☐ Wo bieten Sie Ihr Angebot an?

☐ Warum haben Sie sich für diesen Standort entschieden?

☐ Welche Entwicklung zeichnet sich für den Standort ab?

4. Persönliche Qualifikationen

☐ Welche beruflichen Qualifikationen und Erfahrungen haben Sie?

☐ Welche Zulassungen haben Sie?

☐ Verfügen Sie über gute Branchenkenntnisse?

☐ Welche kaufmännischen Kenntnisse haben Sie?

☐ Was sind Ihre besonderen Stärken?

☐ Welche Defizite haben Sie?

☐ Wie wollen Sie diese ausgleichen?

5. Marketing, Werbung und Verkauf

☐ Wie ist Ihre Preisstrategie und warum?

☐ Welche Umsatzgrößen planen Sie in welchen Zeiträumen?

☐ In welchen Zielgebieten wollen Sie akquirieren?

☐ In welchen Schritten wollen Sie vorwärts gehen?

☐ Welche Maßnahmen planen Sie für Werbung und Public Relations?

☐ In welchem Kostenrahmen werden Sie sich damit bewegen?

6. Rechtsform und Organisation

☐ Welche Rechtsform wollen Sie wählen und aus welchen Gründen?

☐ Welche gesetzlichen Formalitäten sind zu erledigen?

7. Chancen und Risiken

☐ Wie werden sich die Wünsche Ihrer Kunden im Idealfall entwickeln?

☐ Wie wird sich Ihr Marktsegment im Idealfall entwickeln?

☐ Wie wird sich Ihr Geschäft im Idealfall entwickeln?

☐ Haben Sie den Fall eingeplant, dass es zu Zahlungsausfällen kommen kann?

☐ Haben Sie zusätzliche finanzielle Belastungen?

☐ Haben Sie Tilgung und Zinsen für private Kredite eingeplant?

☐ Gibt es Umweltrisiken oder Auflagen, die Sie beachten müssen?

☐ Welche Faktoren oder Bedingungen könnten dazu führen, dass Sie Ihre Ziele nicht mehr realisieren können?

☐ Was würden Sie dann tun?

8. Finanzierung

Erstellen Sie einen Kapitalbedarfsplan und einen Plan mit den geplanten Einnahmen (Umsatzplan). Daraus lässt sich dann auch Ihre Liquiditätssituation ableiten.

9. Lebenslauf

Erstellen Sie einen tabellarischen Lebenslauf.

Ausgewählte Adressen für die Praxis aus Deutschland

1. Information und Beratung

AGD Allianz deutscher Designer
Steinstr. 3
38100 Braunschweig
Tel.: 0531/167 57
Fax: 0531/169 89
Internet: www.agd.de

Alt hilft Jung e.V.
Bundesarbeitsgemeinschaft der Senior-Experten
Kennedyallee 62–70
53175 Bonn
Tel.: 0228/377 12 57
Fax: 0228/377 12 58
Internet: www.althilftjung.de

Arbeitsgemeinschaft Deutscher Technologie- und Gründerzentren e.V.
Rudower Chaussee 29
12489 Berlin
Tel.: 030/639 262 21
Fax: 030/639 262 22
Internet: www.adt-online.de

Arbeitsgemeinschaft Selbständiger Unternehmer e.V. (ASU)
Reichsstr. 17
14052 Berlin
Tel.: 030/300 65-0
Fax: 030/300 65-390
Internet: www.asu.de

Auslandshandelskammern (AHK)
Eine Liste der AHK ist erhältlich beim:
Deutschen Industrie- und Handelskammertag (DIHK)
Breite Str. 29
10178 Berlin
Tel.: 030/203 08-0
Fax: 030/203 08-1000
Internet: www.dihk.de oder www.ahk.de

B.A. Rock
Bundesarbeitsgemeinschaft der Musikinitiativen
Kaiser-Wilhelm-Ring 20
50672 Köln
Tel.: 0221/222 74 48
Fax: 0221/222 74 50
Internet: www.barock.de

Bayerische Versorgungskammer
Bereich Bühnen- und Orchesterversorgung
Denninger Str. 37
81925 München
Tel.: 089/9235-6
Fax: 089/9235-8025
Internet: www.versorgungskammer.de

BBK Bundesverband Bildender Künstlerinnen und Künstler
Weberstr. 61
53113 Bonn
Tel.: 0228/21 61 07
Fax: 0228/21 61 05
Internet: www.bbk-bundesverband.de

BC-Net (Business Cooperation Network)
Vertretung der Europäischen Kommission in Deutschland
Unter den Linden 78
10117 Berlin
Tel.: 030/228 02-000
Fax: 030/228 02-222
Fax: 00322/296 25 72
Internet: www.eu-kommission.de

BDG Bund Deutscher Grafik-Designer
Flurstr. 30
22549 Hamburg
Tel.: 040/83 29 30-43
Fax: 040/83 29 30-42
Internet: www.bdg-deutschland.de

Beratungsagentur der DtA – Die Mittelstandsbank
Kronenstr. 1
10117 Berlin
Tel.: 030/850 85-0
Fax: 030/850 85-4299
Internet: www.dta.de

Beratungszentren der DtA-Mittelstandsbank
Die Broschüre „Gezielte Beratung für Gründer" mit dem Verzeichnis
aller Beratungszentren ist erhältlich bei:
DtA-Beratungszentren
Tel.: 01801/24 11 24
Fax: 0228/831 21 30

B.F.B.M. – Bundesverband der Frau im freien Beruf und
Management e.V.
Monheimsallee 21
52062 Aachen
Tel.: 0241/401 84 58
Fax. 0241/401 84 63
Internet: www.bfbm.de

Bundesagentur für Außenwirtschaft (bfai)
Agrippastr. 87–93
50676 Köln
Postfach 100522
50445 Köln
Tel.: 0221/2057-0
Fax: 0221/2057-212
Internet: www.bfai.com

Bundesamt für Wirtschaft
Frankfurter Str. 29–35
65760 Eschborn
Tel.: 06196/908-0
Fax: 05196/908-800
Internet: www.afa.de

Bundesministerium für Wirtschaft und Arbeit
Dienstbereich Berlin
Scharnhorststr. 34–37
10115 Berlin
Tel.: 01888/615-0
Fax: 01888/615-7010
Dienstbereich Bonn
Villemombler Str. 76
53123 Bonn
Tel.: 01888/615-0
Fax: 01888/615-4434
Internet: www.bmwa.bund.de

Bundesnotarkammer
Mohrenstr. 34
10117 Berlin
Tel.: 030/38 38 66-0
Fax: 030/38 38 66-66
Internet: www.bnotk.de

Bundesrechtsanwaltskammer
Littenstr. 9
10179 Berlin
Tel.: 030/28 49 39-0
Fax: 030/28 49 39-11
Internet: www.brak.de

Bundesverband Deutscher Unternehmensberater e.V. (BDU)
Büro Bonn:
Zitelmannstr. 22
53113 Bonn
Tel.: 0228/9161-0
Fax: 0228/9161-26

Büro Berlin:
Kronprinzendamm 1
10711 Berlin
Tel.: 030/893 10 70
Fax: 030/893 47 46
Internet: www.bdu.de

Bundesverband der Freien Berufe
Reinhardtstr. 34
10117 Berlin
Tel.: 030/28 44 44-0
Fax: 030/28 44 44-40
Internet: www.freie-berufe.de

Bundesverband Junger Unternehmen der ASU e.V. (BJU)
Reichsstr. 17
14052 Berlin
Tel.: 030/300 65-0
Fax: 030/300 65-490
Internet: www.bju.de

Bundesverband mittelständische Wirtschaft
Leipziger Platz 15
10117 Berlin
Tel.: 030/53 32 06-0
Fax: 030/53 32 06-50
Internet: www.bvmwonline.de

Bundesverband der Selbständigen Deutscher Gewerbeverband e.V.
Platz vor dem Neuen Tor 4
10115 Berlin
Tel.: 030/28 04 91-0
Fax: 030/28 04 91-11
Internet: www.bds-dgv.de

Bundesverband der Wirtschaftsberater BVW e.V.
Lerchenweg 14
53909 Zülpich
Tel.: 02252/813 61
Fax: 02252/2910
Internet: www.bvw-ev.de

Business Angels Netzwerk Deutschland (BAND)
Semperstr. 51
45138 Essen
Tel.: 0201/894 15-60
Fax: 0201/894 15-10
Internet: www.business-angels.de

BVPA Bundesverband der Pressebild-Agenturen und Bildarchive
Lietzenburger Str. 91
10719 Berlin
Tel.: 030/324-9917
Fax: 030/324-7001
Internet: www.bvpa.org

DATEV e.V.
(Betriebsvergleiche erhältlich)
Paumgartnerstr. 6–14
90429 Nürnberg
Tel.: 0911/276-0
Fax: 0911/276-31 96
Internet: www.datev.de

Deutsche Orchestervereinigung DOV
Littenstr. 10
10179 Berlin
Tel.: 030/82 79 08-0
Fax: 030/82 79 08-17
Internet: www.dov.org

Deutscher Franchise-Verband e.V. (DFV)
Luisenstr. 41
10117 Berlin
Tel.: 030/27 98 02-0
Fax: 030/27 98 02-15
Internet: www.dfv-franchise.de

Deutscher Franchise-Nehmer Verband
Celsiusstr. 43
53125 Bonn
Tel.: 0228/25 03 00
Fax: 0228/25 05 86
Internet: www.dfnv.de

Deutscher Journalisten-Verband (DJV)
Bennauerstr. 60
63115 Bonn
Tel.: 0228/201 72-0
Fax: 0228/201 72-33
Internet: www.djv.de

Deutsches Gründerinnen Forum e.V. (DGF)
Frauenbetriebe Frankfurt
Hamburger Allee 96
60486 Frankfurt
Tel.: 069/70 07 76
Fax: 069/77 30 66
Internet: www.dgfev.de

Deutsches Patent- und Markenamt
Zweibrückenstr. 12
80331 München
Tel.: 089/2195-0
Fax: 089/2195-2221
Internet: www.dpma.de

Deutschland innovativ
Institut der deutschen Wirtschaft Köln
Gustav-Heinemann-Ufer 84–88
50968 Köln
Tel.: 0221/4981-1
Fax: 0221/4981-856
Internet: www.deutschland-innovativ.de

DPRG Deutsche Public Relation-Gesellschaft
St. Augustiner Str. 21
53227 Bonn
Tel.: 0228/973 92-87
Fax: 0228/973 92-89
Internet: www.dprg.de

Europäisches Übersetzer-Kollegium
Kuhstr. 17
47628 Straelen

Tel.: 02834/1068
Fax: 02834/7544
Internet: www.euk-straelen.de

Europaverband der Selbständigen
Bundesverband Deutschland e. V.
Hüttenbergstr. 38–40
66538 Neunkirchen
Tel.: 06821/306 24-0
Fax: 06821/306 24-1

Expertinnen-Beratungsnetz-Mentoring
Arbeitsstelle der Universität Hamburg
Brucknerstr. 1
22083 Hamburg
Tel.: 040/29 10 26
Fax: 040/29 24 89
Internet: www.expertinnen-beratungsnetz.de

Fachverband Freier Werbetexter FFW
Tannenstr. 33
72237 Freudenstadt
Tel.: 07441/844-01
Fax: 07441/844-05
Internet: www.werbetexter.com

Franchise-Institut für die deutsche Wirtschaft GmbH
Im Seefeld 9
31552 Rodenberg
Tel.: 05723/9444-74
Fax: 05723/9444-77
Internet: www.franchise-world.de

FreeLens
Verein der Fotojournalistinnen und Fotojournalisten e.V.
Markusstr. 9
20355 Hamburg
Tel./Fax: 040/34 00 22
Internet: www.freelens.com

GEP Gemeinschaftswerk der Evangelischen Publizistik
Emil-von-Behring-Str. 3
60439 Frankfurt/Main
Tel.: 069/580 98-191
Fax: 069/580 98-100
Internet: www.gep.de

GEW Gewerkschaft Erziehung und Wissenschaft
Hauptvorstand
Reifenberger Str. 21
60489 Frankfurt/Main
Tel.: 069/789 73-0
Fax: 069/789 73-202
Internet: www.gew.de

Gründerinnen-Consult Hannover
Hohe Str. 11
30449 Hannover
Tel.: 0511/92 40 01-20
Fax: 0511/92 40 01-21
Internet: www.gruenderinnen-consult.de

Handwerkskammern (HWK)
Eine Liste aller HWK ist erhältlich beim:
Zentralverband des Deutschen Handwerks (ZDH)
Mohrenstr. 20/21

10117 Berlin
Tel.: 030/206 19-0
Fax: 030/206 19-460
Internet: www.zdh.de

IGBK Internationale Gesellschaft der Bildenden Künste
Rosenthaler Str. 11
10119 Berlin
Tel.: 030/234 576 66
Fax: 030/280 993 05
Internet: www.igbk.de

IHK-Gesellschaft zur Förderung der Außenwirtschaft und der
Unternehmensführung mbH
Breite Str. 29
10178 Berlin
Tel.: 030/203 08-2351
Fax: 030/203 08-2366
Internet: www.ihk-gmbh.de

Industrie- und Handelskammern (IHK)
Eine Liste aller IHK ist erhältlich beim:
Deutschen Industrie- und Handelskammertag (DIHK)
Breite Str. 29
10178 Berlin
Tel.: 030/203 08-0
Fax: 030/203 08-1000
Internet: www.dihk.de

INSTI-Projektmanagement (für Hightech-Gründer)
Institut der deutschen Wirtschaft Köln
Gustav-Heinemann-Ufer 84-88
50968 Köln
Tel.: 0221/4981-812
Fax: 0221/4981-856
Internet: www.insti.de

Institut für Bildung, Medien und Kunst
Teutoburger-Wald-Str. 105
32791 Lage-Hörste
Tel.: 05232/983-0
Fax: 05232/983-462
Internet: www.imk.verdi.de

Institut für Handelsforschung an der Universität zu Köln (IfH)
Säckinger Str. 5
50935 Köln
Tel.: 0221/94 36 07-0
Fax: 0221/94 36 07-99
Internet: www.ifhkoeln.de

Journalistinnenbund
In der Maar 10
53175 Bonn
Tel.: 0228/31 27 47
Fax: 0228/31 27 47
Internet: www.journalistinnen.de

Kooperationsbörse des Deutschen Industrie- und
Handelskammertages (DIHK)
Breite Str. 29
10178 Berlin

Tel.: 030/203 08-0
Fax: 030/203 08-1000
Internet: www.dihk.de

Kooperationsbörse des Rationalisierungs- und Innovationszentrums
der Deutschen Wirtschaft e.V. (RKW)
Abt. Internationale Beziehungen
Düsseldorfer Str. 40
65760 Eschborn
Tel.: 06196/495-1
Fax: 06196/495-304
Internet: www.rkw.de

Kooperationsbüro der Deutschen Wirtschaft
Breite Str. 29
10178 Berlin
Tel.: 030/2028-1452
Fax: 030/2028-2452
Internet: www.ost-ausschuss.de

Künstlersozialkasse
Langeoogstr. 12
26384 Wilhelmshaven
Tel.: 04421/308-0
Fax: 04421/308-206
Internet: www.kuenstlersozialkasse.de

Landes-Gewerbeförderungsstelle des nordrhein-westfälischen
Handwerks e.V. (LGH)
Auf'm Tetelberg 7
40221 Düsseldorf
Tel.: 0211/301 08-0
Fax: 0211/301 08-11
Internet: www.lgh.de

Pensionskasse für freie Mitarbeiter der deutschen Rundfunkanstalten
Bertramstr. 8
60320 Frankfurt/Main
Tel.: 069/155-3126
Fax: 069/155-2853
Internet: www.pensionskasse-rundfunk.de

Rationalisierungs- und Innovationszentren der
Deutschen Wirtschaft e.V. (RKW)
Eine Liste aller RKW-Adressen ist erhältlich beim:
Rationalisierungs- und Innovationszentrum der
Deutschen Wirtschaft e.V. (RKW)
Düsseldorfer Str. 40
65760 Eschborn
Tel.: 06196/495-1
Fax: 06196/495-304
Internet: www.rkw.de

Senior Experten Service (SES)
Buschstr. 2
53113 Bonn
Tel.: 0228/260 90-0
Fax: 0228/260 90-77
Internet: www.ses-bonn.de

SpieleAutorenZunft
Heineweg 169
70597 Stuttgart
Tel.: 0711/976 58 21
Fax: 0711/976 58 30
Internet: www.s-a-z.de

Union Deutscher Jazz-Musiker
Weberstr. 59
53113 Bonn
Tel.: 0228/935 97 85
Fax: 0228/935 972 99
Internet: www.udj.de

Unternehmens-Beteiligungs-Agentur der DtA
Kronenstr. 1
10117 Berlin
Tel.: 030/85 08 54-703
Fax: 030/85 08 54-705
Internet: www.dta.de
Infoline: 0180/124 24 00

Unternehmerverband mittelständische Wirtschaft e.V.
Rizzastr. 41
56068 Koblenz
Tel.: 0261/171 64
Fax: 0261/176 89
Internet: www.umw.org

Verband Deutscher Bühnen- und Medienverlage
Uhlandstr. 90
10717 Berlin
Tel.: 030/862 081 61
Fax: 030/862 081 57
Internet: www.buehnenverleger.de

Vereinigung beratender Betriebs- und Volkswirte e.V.
Holstenstr. 15
25335 Elmshorn
Tel.: 04121/252 52
Fax: 04121/258 67
Internet: www.vbv.de

Vereinte Dienstleistungsgewerkschaft ver.di
Bundesvorstand
Potsdamer Platz 10
10785 Berlin
Tel.: 030/6956-0
Fax: 030/6956-3141
Internet: www.verdi.de
Referat Freie und Selbstständige
Tel.: 030/6956-1411
Fax: 030/6956-2111
Bundeskommission Freie und Selbstständige
Sternengasse 1
50676 Köln
Tel.: 0221/420 38 29
Fax: 0221/420 38 20
Internet: www.freienseiten.de

Versorgungswerk der Presse
Wilhelmsplatz 8
70182 Stuttgart
Tel.: 0711/2056-168
Fax: 0711/2056-145
Internet: www.presse-versorgung.de

VFLL Verband der Freien Lektorinnen und Lektoren
Oberes Tor 3
63916 Amorbach
Tel.: 09373/98 02 54
Fax: 09373/98 02 55
Internet: www.lektoren.de

Wirtschaftsjunioren Deutschland e.V. (WJD)
Breite Str. 29
10178 Berlin
Tel.: 030/203 08-1515
Fax: 030/203 08-1522
Internet: www.wjd.de

Wirtschaftsprüferkammer (KdöR)
Rauchstr. 26
10787 Berlin
Tel.: 030/72 61 61-0
Fax: 030/72 61 61-212
Internet: www.wpk.de

Zentrale Bühnen-, Fernseh- und Filmvermittlung der
Bundesanstalt für Arbeit
Kreuzweg 7
20099 Hamburg
Tel.: 040/28 40 15-0
Fax: 040/28 40 15-99
Internet: www.arbeitsamt.de

2. Finanzierung und Steuerfragen

Bundesministerium für
Bildung und Forschung (BMBF)
Heinemannstr. 2
53175 Bonn
Tel.: 01888/57-0
Fax: 01888/57-5270
Internet: www.bmbf.de

Auskunftsstelle BMBF-Förderung PTJ
Wallstr. 17–22
10179 Berlin
Tel.: 030/201 99-417 und 201 99-419
Fax: 030/201 99-470
Internet: www.fz-juelich.de/ptj

Bundesministerium für Wirtschaft und Arbeit
Förderdatenbank im Internet: http://db.bmwi.de
oder www.bmwa.bund.de
Förderberatung
Scharnhorststr. 34–37
10115 Berlin
Tel.: 01888/615-7649 und 615-7655
Fax: 01888/615-7033

Bundessteuerberaterkammer
Neue Promenade 4
10178 Berlin
Tel.: 030/24 00 87-0
Fax: 030/24 00 87-99
Internet: www.bstbk.de

Bundesverband Deutscher Kapitalbeteiligungsgesellschaften e.V. (BVK)
Reinhardtstr. 27c
10117 Berlin
Tel.: 030/30 69 82-0
Fax: 030/30 69 82-20
Internet: www.bvk-ev.de

DtA – Die Mittelstandsbank
53179 Bonn
Infoline: 01801/24 11 24
Fax: 0228/831 25 62
Internet: www.dta.de

DtA-Niederlassung Berlin
Kronenstr. 1
10117 Berlin
Tel.: 030/85085-0
Fax: 030/85085-4299

gbb-Beteiligungs-AG
Kronenstr. 1
10117 Berlin
Tel.: 030/850 85-4703

KfW-Bankengruppe
Palmengartenstr. 5–9
60325 Frankfurt/Main
Tel.: 069/7431-3747
Fax: 069/7431-2944
Internet: www.kfw.de

KfW-Niederlassung Berlin
Beratungszentrum
Behrenstr. 31
10117 Berlin
Tel.: 030/202 645 050
Fax: 030/202 645 192

tbg Technologie-Beteiligungsgesellschaft mbH der DtA
Ludwig-Erhard-Platz 1–3
53179 Bonn
Tel.: 0228/831-2290
Fax: 0228/831-2493
Büro Berlin
Kronenstr. 1
10117 Berlin
Tel.: 030/850 85-4238
Fax: 030/850 85-4314
Internet: www.tbgbonn.de

Verband der Bürgschaftsbanken
Dottendorfer Str. 86
53123 Bonn
Tel.: 0228/976 88 86
Fax: 0228/976 88 82
Internet: www.vdb-info.de

IHK-Gesellschaft zur Förderung der Außenwirtschaft und der
Unternehmensführung mbH
Breite Str. 29
10178 Berlin
Tel.: 030/203 08-23 51
Fax: 030/203 08-23 66

Zentralverband des Deutschen Handwerks (ZDH)
Mohrenstr. 20/21
10117 Berlin
Tel.: 030/20619-0
Fax: 030/20619-460
Internet: www.zdh.de

Leitstelle für Gewerbeförderungsmittel des Bundes
Gothaer Allee 2
50969 Köln
Tel.: 0221/36 25 17
Fax: 0221/36 25 12
Internet: www.leitstelle.org

Förderungsgesellschaft des BDS-DGV mbH für die gewerbliche
Wirtschaft und Freie Berufe
August-Bier-Str. 18
53129 Bonn
Tel.: 0228/21 00 33-34
Fax: 0228/21 18 24
Internet: www.bds-dgv.de

3. Regionale Gründerinitiativen und Beratungsstellen:

Landesgewerbeamt Baden-Württemberg
ifex – Initiative für Existenzgründungen und Unternehmensnachfolge
Willi-Bleicher-Str. 19
70174 Stuttgart
Tel.: 0711/123-2786
Fax: 0711/123-2556
Internet: www.newcome.de

Bayerisches Staatsministerium Wirtschaft, Verkehr und Technologie
Referat für Mittelstandsfragen
Prinzregentenstr. 28
80538 München
Tel.: 089/2162-01
Fax: 089/2162-2760
Internet: www.startup-in-bayern.de

Büro für Existenzgründungen
Arbeitsamt München
Thalkirchner Str. 54
Tel.: 089/5154-9320
Fax: 089/5154-9321
Internet: www.bfe-muenchen.de

Berlin: Gründungsoffensive mit mehr als 80 Beratungs- und
Serviceeinrichtungen.
Unter www.berlin.de: Gründungsführer Berlin

Senatsverwaltung für Wirtschaft, Arbeit und Frauen
Martin-Luther-Str. 105
10825 Berlin
Tel.: 030/9013-0
Fax: 030/9013-7597 und 9013-7900
Existenzgründertelefon: 030/9013-8444 und 030/9013-8115

AgiL – Aufbruch Gründen im Land
Wirtschaftsministerium des Landes Brandenburg
Referat Existenzgründungen
Heinrich-Mann-Allee 107
14473 Potsdam
Tel.: 0331/866-1542/-15 52
Fax: 0331/866-15 83
Internet: www.agil-brandenburg.de

Büro für Existenzgründungen
Arbeitsamt Neubrandenburg
Passage 2
17034 Neubrandenburg
Tel.: 0395/422 56 12
Fax: 0395/422 56 13
Internet: www.buerex.de

BremerExistenzGründungsINitiative B.E.G.IN
B.E.G.IN Gründungsleitstelle
c/o RKW Bremen GmbH
Langenstr. 6–8
28195 Bremen
Tel.: 0421/32 34 64-12
Fax: 0421/32 62 18
Internet: www.begin24.de

Hamburger Initiative für Existenzgründungen und
Innovationen H.E.I.
Habichtstr. 41
22305 Hamburg
Tel.: 040/61 17 00-42/-43
Fax: 040/61 17 00-19
Internet: www.gruenderhaus.de
Gründertelefon: 040/61 17 00-0

Hessen: www.existenzgruendung-hessen.de

InvestitionsBank Hessen AG (IBH)
BeratungsZentrum
Schumannstr. 4–6
60325 Frankfurt/Main
Tel.: 069/13 38 50-0
Fax: 069/13 38 50-55
Internet: www.ibh-hessen.de

Wirtschaftsministerium Mecklenburg-Vorpommern
Referat 300
Tel.: 0385/588-5300
Existenzgründertelefon: 0385/636 312 82

Landesförderinstitut Mecklenburg-Vorpommern
Werkstr. 213
19061 Schwerin
Tel.: 0385/6363-0
Fax: 0385/6363-1212
Internet: www.lfi-mv.de

Niedersächsische Landestreuhandstelle
Info-Service-Center
Hamburger Allee 4
30161 Hannover
Tel.: 0511/361-5538 /-5547 /-5548 /-5773 /-5774
Fax: 0511/361-9286
Internet: www.lts-nds.de

Gründungs-Offensive NRW GO!
Gesellschaft für Wirtschaftsförderung NRW
Kavalleriestr. 8–10
40213 Düsseldorf
Infoline 0180/130 130 0
Internet: www.go-online.nrw.de

Rheinland-Pfalz:
Existenzgründertelefon des Ministeriums für Wirtschaft, Verkehr,
Landwirtschaft und Weinbau
Tel.: 06131/16-223 77-2525/2274
Internet: www.mwvlw.rlp.de

Investitions- und Strukturbank Rheinland-Pfalz (ISB) GmbH
Holzhofstr. 4
55116 Mainz
Tel.: 06131/985-0
Fax: 06131/985-299
Existenzgründertelefon: 06131/985-333
Internet: www.isb.rlp.de

Saarland Offensive für Gründer (SOG)
SOG-Hotline: 0681/501-1717
Ministerium für Wirtschaft
Referat E/1
Am Stadtgraben 6–8
66111 Saarbrücken
Tel.: 0681/501-1556
Internet: www.sog.saarland.de
und www.saarland.de.

Förderfibel Sachsen erhältlich unter www.foerderfibel.sachsen.de

Sächsisches Staatsministerium für Wirtschaft und Arbeit
Referat 24
Wilhelm-Buck-Str. 2
01097 Dresden
Tel.: 0351/564-8240
Fax: 0351/564-8209
Internet: www.smwa.sachsen.de

ego. – Existenzgründungsoffensive in Sachsen-Anhalt
Kantstr. 5
39104 Magdeburg
Infoline: 0800-07 07 700
Fax: 0391/567 44 44
Internet: www.ego-on.de

Investitionsbank Schleswig-Holstein
Fleethörn 29–31
24103 Kiel
Beratung für Existenzgründerinnen:
Tel.: 0431/900-3363 /-3364
Fax: 0431/900-633 63 /-63364
Beratung für Existenzgründungen:
Tel.: 0431/900-3333
Fax: 0431/900-3530
Internet: www.ib-sh.de

Stiftung für Technologie- und Innovationsförderung Thüringen
(STIFT)
Mainzerhofstr. 10
99084 Erfurt
Tel: 0361/7892-30
Fax: 0361/7892-345
Internet: www.stift-thueringen.de

Weitere praktische Internet-Adressen aus Deutschland:

B2B-Site:
http://www.teilhaber.de

Gründer-Plattform:
http://www.GLOBAL-X.de

Stern Start-up-Gründungswettbewerb
http://www.stern.de

Linksammlung für Existenzgründer und KMUs:
http://www.akademie.de/gruenderlinx/

Initiativkreis Ruhrgebiet für Existenzgründer:
http://www.die-ideenboerse.de

Existenzgründer-Netzwerk:
http://www.existenzgruender-netzwerk.de

Unternehmensnetzwerke.de:
http://www.unternehmensnetzwerke.de

Kompetenzzentrum für Existenzgründungen und Regionale Netzwerke:
http://www.kern-wettbewerb.de

Testcenter für Start-ups:
http://www.testcenter.innovate.de

Technotransfer Mittelstand-Hochschulen:
http://www.transmit.de

Innovations Center Lörrach:
http://www.innocel.de

Beratungs- und Infosystem des Handwerks
http://www.bis-handwerk.de

Linkliste von Frauennetzwerken:
www.woman.de

Beratung für Frauen:
www.deutschland-innovativ.de

Gründerinnenzentrum:
www.weiberwirtschaft.de

Neue Selbstständige in Österreich

Unter die Bezeichnung „neue Selbstständige" fallen alle gewerblichen Tätigkeiten, für die keine Gewerbeberechtigung notwendig ist. Das sind zum Beispiel Gutachter, Übersetzer oder Referenten. Die neuen Selbstständigen arbeiten im Rahmen von Werkverträgen auf der Basis des Allgemeinen Bürgerlichen Gesetzbuches. Bei einem Werkvertrag ist das Ergebnis der Dienstleistung entscheidend oder ein bestimmter Erfolg.

Als neue Selbstständige ist es auch Gesellschaften möglich, Werkverträge mit Auftraggebern abzuschließen. Hinsichtlich der Merkmale decken sich die der neuen Selbstständigen im Wesentlichen mit jenen von Werksvertragsnehmern mit Gewerbeberechtigung.

Beide sind persönlich und wirtschaftlich unabhängig vom Auftraggeber, beide müssen ihre Tätigkeit nicht persönlich ausüben, sondern können sich von Dritten vertreten lassen, beide sind nicht weisungsgebunden und beide müssen über eine unternehmerische Struktur, also zumindest ein Büro oder einen eigenen Arbeitsplatz, verfügen.

Neue Selbstständige haben ihre Tätigkeit bei der Sozialversicherung der gewerblichen Wirtschaft (SVA) zu melden, wenn ihr jährliches Bruttoeinkommen den Betrag von 6.453,35 Euro (Stand 2003) überschreitet. Wird noch eine andere Tätigkeit ausgeübt, liegen andere Grenzen zugrunde.

Die neuen Selbstständigen sind einkommensteuer-, jedoch nicht lohnsteuerpflichtig. Beim Wohnsitz-Finanzamt ist bei erstmaliger Aufnahme der selbstständigen Tätigkeit eine Steuernummer zu beantragen und im Folgejahr eine Einkommensteuererklärung abzuliefern.

Adressen in Österreich

Gründerservice im Wirtschaftsministerium
Stubenring 1
1011 Wien
Tel.: 08100-01 35 72
Fax: 01/711 00-2207
Internet: www.bmwa.gv.at

Gründerservice im WIFI Wien
Währinger Gürtel 97
1180 Wien
Tel.: 01/476 77-466
Internet: www.wifi.at

Wirtschaftskammer Wien
Stubenring 8–10
1010 Wien
Tel.: 01/514 50-1347
Fax: 01/514 50-1491

Wirtschaftskammer Niederösterreich
Herrengasse 10
1014 Wien
Tel.: 01/534 66-1488
Fax: 01/534 66-1594

Wirtschaftskammer Burgenland
Robert-Graf-Platz 1
7001 Eisenstadt
Tel.: 02682/695-410
Fax: 02682/695-415

Wirtschaftskammer Oberösterreich
Hessenplatz 3
4010 Linz
Tel.: 0732/7800-150, -482
Fax: 0732/7800-569, -542

Wirtschaftskammer Salzburg
Faberstr. 18
5027 Salzburg
Tel.: 0662/8888-542
Fax: 0662/8888-562
Internet: http://wko.at/sbg

Wirtschaftskammer Steiermark
Körblergasse 111–113
8021 Graz
Tel.: 0316/601-290 oder 493
Fax: 0316/601-1202
Internet: http://wko.at/stmk/gruender

Wirtschaftskammer Kärnten
Bahnhofstr. 42
9021 Klagenfurt
Tel.: 0463/5868-960
Fax: 0463/5868-964

Wirtschaftskammer Tirol
Egger-Lienz-Str. 116
6021 Innsbruck
Tel.: 0512/5350-7249
Fax: 0512/5350-7431
Internet: www.tirol.wifi.at/gs

Wirtschaftskammer Vorarlberg
Wichnergasse 9
6800 Feldkirch
Tel.: 05572/3894-456
Fax: 05572/3894-108
Internet: http://wko.at/vlbg/gruenderservice

Wirtschaftskammer Österreich
Wiedner Hauptstr. 63
1045 Wien
Tel.: 01/501 05-0

Finanzierungsgarantie GesmbH
Prinz-Eugen-Str. 8
1041 Wien
Tel.: 01/501 75-0
Internet: www.fgg.at

Innovations- und Technologiefonds (ITF)
Kärntner Str. 21–23
1010 Wien
Tel.: 01/512 45 84-0
Internet: www.fff.co.at
www.mba.at (Multimedia Business Austria)
www.edi.at (Electronic Data Interchange)

Innovationsagentur GmbH
Taborstr. 10
1020 Wien
Tel.: 01/216 52 93
Internet: www.innovation.co.at

Kapitalbeteiligungs AG
Am Modenapark 2
1030 Wien
Tel.: 01/712 52 59
Internet: www.kabag.at

Wiener KreditbürgschaftsgesmbH
Wiener Risiko-KapitalfondsgesmbH
Am Modenapark 2
1030 Wien
Tel.: 01/712 52 59
Internet: www.wkbg.at; www.wrkf.at

Investkredit Bank AG
Renngasse 10
1013 Wien
Postfach 15
Tel.: 01/531 35-0
Fax: 01/531 35-990
Internet: www.investkredit.at

Wiener Wirtschaftsförderungsfonds WWFF
Ebendorferstr. 2
1082 Wien
Tel.: 01/4000-86770 oder -86790
Fax: 01/4000-7070 oder -7986
Internet: www.wwff.gv.at

WIBAG Wirtschaftsservice Burgenland AG
Technologiezentrum
7000 Eisenstadt
Tel.: 02682/704 21-20
Internet: www.wibag.at

BIC Business and Innovation Centre
Technologiezentrum
7000 Eisenstadt
Tel.: 02682/704 22
Internet: www.bice.at

OÖ. Technologie- und MarketinggesmbH
Landstr. 3
4020 Linz
Tel.: 0732/798 10
Fax: 0732/798 10-8
Internet: www.tmg.or.at

Steirische Wirtschaftsförderung
Grieskai 2/1
8020 Graz
Tel.: 0316/7095
Internet: http://sfg.at

Eigenkapitalservice Salzburg
Fanny-von-Lehnert-Str. 1
5020 Salzburg
Tel.: 0662/8042-3766
Internet: www.eigenkapitalservice-sbg.at

Technologieland Kärnten GmbH
Primoschgasse 3
9020 Klagenfurt
Tel.: 0463/3875-100
Fax: 0463/3875-111
Internet: www.tlk.co.at

Kärntner Wirtschaftsförderungsfonds
Heuplatz 2
9020 Klagenfurt
Tel.: 0463/558 00
Internet: www.kwf.at

Tiroler Zukunftsstiftung
Meinhardstr. 3
6020 Innsbruck
Tel.: 0512/57 62 62
Internet: www.zukunftsstiftung.at

Bundesministerium für Wirtschaft und Arbeit
Stubenring 1
1010 Wien
Tel.: 01/711 00-0
Internet: www.bmwa.gv.at

Bundesministerium für Finanzen
Himmelpfortgasse 4–8
1010 Wien
Tel.: 01/514 33-0
Internet: www.bmf.gv.at

Amt der Wiener Landesregierung
Rathaus
1082 Wien
Tel.: 01/4000-0
Internet: www.wien.gv.at

Amt der Niederösterreichischen Landesregierung
Landhausplatz 1
3109 St. Pölten

Tel.: 02742/9005-12010 und -12020
Fax: 02742/9005-13610
Internet: www.noel.gv.at

Amt der Burgenländischen Landesregierung
Europaplatz 1
7000 Eisenstadt
Tel.: 02682/600-0
Internet: www.bgld.gv.at

Amt der Oberösterreichischen Landesregierung
Altstadt 30/1
4020 Linz
Tel.: 0732/7720-0
Internet: www.ooe.gv.at

Amt der Steiermärkischen Landesregierung
Nikolaiplatz 3
8020 Graz
Tel.: 0316/877-0
Internet: www.stmk.gv.at

Amt der Kärntner Landesregierung
Arnulfplatz 1
9020 Klagenfurt
Tel.: 0463/536-0
Internet: www.ktn.gv.at

Amt der Salzburger Landesregierung
Rainerstr. 27
5020 Salzburg
Tel.: 0662/8012-0
Internet: www.sbg.gv.at

Amt der Tiroler Landesregierung
Eduard-Wallnöfer-Platz 3
6020 Innsbruck
Tel.: 0512/2400
Internet: www.tirol.gv.at

Amt der Vorarlberger Landesregierung
Römerstr. 15
6901 Bregenz
Tel.: 05574/511-0
Internet: www.vlbg.gv.at

Kammer der Wirtschaftstreuhänder
Schönbrunner Str. 222–228/1/6
1120 Wien
Tel.: 01/811 73-0
Internet: www.kwt.or.at

Fachgruppe Unternehmensberatung und Informationstechnologie Wien
Rudolf-Sallinger-Platz 1
1030 Wien
Tel.: 01/514 50-2262
Internet: www.ubdv.or.at; www.electronic-business.at

Österreichischer Rechtsanwaltskammertag
Tel.: 01/535 12 75
Internet: www.oerak.or.at

Österreichische Patentanwaltskammer
Museumstr. 3
1070 Wien
Tel.: 01/523 43 82
Fax: 01/523 43 82-15
Internet: www.oepak.at; www.patentanwalt.at

Österreichisches Patentamt
Kohlmarkt 8–10
1010 Wien
Tel.: 01/534 24

Österreichische Notariatskammer
Landesgerichtsstr. 20
1010 Wien
Tel.: 01/402 45 09
Internet: www.notar.at

Arbeitsmarktservice Österreich (AMS)
Unternehmensgründungen für Arbeitslose
Tel.: 01/331 78-618
Internet: www.ams.or.at

Austrian Senior Experts Pool (ASEP)
Schwarzenbergplatz 4
1031 Wien
Tel.: 01/713 13 18-0

Passerelle
Know-how von Praktikern aus etablierten Unternehmen, Chancen auf
strategische Partnerschaften
Jacquinstr. 47
1030 Wien
Tel.: 01/796 25 25-10

Gründerservice der Technischen Universität Wien
Gußhausstr. 28/1
1040 Wien
Tel.: 01/588 01-41532
Fax: 01/588 01-41599
Internet: www.tuwien.ac.at/ai

Wirtschaftsuniversität Wien
Unternehmerkolleg des Zentrums für Berufsplanung
Augasse 2–6
1090 Wien
Tel.: 01/313 36-5370
Internet: www.zBp.at

Junge Wirtschaft
Wiedner Hauptstr. 63
1045 Wien
Tel.: 01/501 05-3226
Internet: www.wk.or.at/jungwirt; www.startupboerse.at

Junge Industrie
Industriekontakte, Vermittlung, Lobbying
Schwarzenbergplatz 4
1031 Wien
Tel.: 01/711 35-2311
Internet: www.iv-net.at/ji

Wiener Wirtschafsförderungsfonds (WWFF)
Frauenservice
Ebendorferstr. 2
1010 Wien
Tel.: 01/4000-86160
Fax: 01/4000-7073
Internet: www.wwff.gv.at/indexfrau.htm

Business Frauen Center (bfc)
Dominikanerbastei 21
1010 Wien
Tel.: 01/535 32 65
Fax: 01/546 800 265
Internet: www.bfc.at/wien/index.htm

bfc Klagenfurt
Pfarrplatz 2
9020 Klagenfurt
Tel./Fax: 0463/59 00 99
Internet: www.bfc.at/ktn

bfc Graz
Körösistr. 3
8010 Graz
Tel.: 0316/67 55 60-22
Fax: 0316/67 55 60-60
Internet: www.bfc.at

Gründerinnenzentrum Steiermark (Büros für Gründerinnen)
Projektbüro Gründerinnenzentrum Graz
Nikolaiplatz 4/II
8020 Graz
Tel.: 0316/72 08 10
Fax: 0316/72 08 10-12
Internet: www.gruenderinnenzentrum-stmk.at

GZO – Gründerinnen-Zentrum Oberösterreich
Durisolstr. 7
4600 Wels
Tel.: 07242/9001-216
Fax: 07242/9001-9
Internet: www.gzo.at; www.women-up.at/gruenderinnen.shtml

Frauen im Business – Gründerinnen- und
Unternehmerinnen-Zentrum Salzburg/Bayern
Tel.: 0662/88 71 61
Fax: 0662/88 71 63

WIFRA Netzwerk für Wirtschaftsfrauen
Unterberg 4
6800 Feldkirch
Tel.: 05522/45808

Nachfolgebörse der Wirtschaftskammer Wien
Stubenring 8–10
1010 Wien
Tel.: 01/514 50-13 09

Nachfolgebörse der Wirtschaftskammer Steiermark
Körblergasse 111–113
8010 Graz
Tel.: 0316/60 14 06

Nachfolgebörse der Wirtschaftskammer Tirol
Egger-Lienz-Str. 116
6020 Innsbruck
Tel.: 0512/5350

Nachfolgebörse WIFI Dornbirn
Bahnhofstr. 24
6850 Dornbirn
Tel.: 05572/3894

AVS Nachfolgebörse des Kreditschutzverbandes
Buchengasse 85
1100 Wien
Tel.: 01/603 55 55
Internet: www.avs.at

Standesvertretung für Unternehmensberatung und
Informationstechnologie Wien
Rudolf-Sallinger-Platz 1
1030 Wien
Tel.: 01/514 50-22 62
Internet: www.franchising.co.at

Österreichischer Franchiseverband
Bayerhamerstr. 12/1
A-5020 Salzburg
Tel.: 0662/87 42 36-0
Internet: www.franchise.at

Weitere Internet-Adressen aus Österreich

Börse der Kammer der Wirtschaftreuhänder:
www.company-boerse.at

Österreichs größte virtuelle Börse für Franchisegeber und
Franchisenehmer; von Wirtschaftskammer und Franchiseverband:
www.franchise.netv

VTÖ – Verband der Technologiezentren Österreichs:
www.vtoe.inna.at

Gründerservice der Wirtschaftskammer im Internet:
www.gruenderservice.net
www.startupboerse.at
www.jungewirtschaft.at
www.wko.at

Der Weg zum eigenen Unternehmen:
www.riz.at

Förderinformationen für betriebliche Innovations- und
Technologieprojekte:
www.technologiefoerderung.at

Eine Übersicht über die Fördertöpfe der EU:
www.eurofunds.at

Verband Österreichischer Leasinggesellschaften, mit Mitgliederliste
und den häufigsten Fragen zum Thema Leasing:
www.leasingverband.at

Verein für Konsumenteninformation, mit Gesetzesänderungen und
Urteilen zum Thema Leasing:
www.konsument.at

Offizieller Wegweiser durch österreichische Behörden, Ämter und
Institutionen:
www.help.gv.at

Wissenschafter gründen Firmen:
www.bmbwk.gv.at

Internet-Ausgabe einer allgemeinen Gründerinfo-Broschüre:
www.businessguide.at

Steuern im World Wide Web, Newsletter, Seminare, Aktuelles:
www.steuermonitor.at

Plattform des Österreichischen Steuervereins, mit ausführlichem Teil
für Selbstständige:
www.steuerverein.at

Serviceideen, Best-Practice-Beispiele, Marktstudien, Arbeitshilfen zum
Downloaden:
www.kundenbeziehungen.com

Der „AustroNaut BusinessGuide"; mit Suchmaschinen, zum Beispiel

für Marktforschungsunternehmen, Werbe- oder
Kommunikationsagenturen:
www.b2bguide.at

Public-Relations-Verband Austria, mit Links zu mehr als
50 PR-Agenturen:
www.prva.at

Portal der Gründeroffensive der Erste Bank und der
Wirtschaftskammer, unterstützt von einigen Großfirmen; mit großem
Businessplan-Wettbewerb:
www.gruender.at

Infoportal der Sparkassen; Themen: Steuern, Gewährleistung,
E-Business, Trends etc.:
www.s-newsroom.at

Plattform für kleine und mittelständische Unternehmen:
www.kmu-net.at

Netzwerk für Berufsausbildung, steirische Initiative:
www.vowa.at

Frauenbüro der Stadt Salzburg:
www.stadt-salzburg.at

Site mit Beratungsablauf, Selbsttest und Beratungscheck zum
Downloaden:
www.uebergabe.at

Österreichweite Nachfolgebörse der Jungen Wirtschaft im Internet:
www.nachfolgeboerse.at
www.gruenderservice.net/nachfolge

Innovation Network Navigator Austria, Internetplattform für
Technologie und Innovation in Österreich:
www.inna.at

Selbstständige in der Schweiz

Die Zahl der Selbstständigen, die Dienstleistungen anbieten, wächst auch in der Schweiz kontinuierlich an. In der Regel waren die meisten neuen Selbstständigen zuvor rund zehn Jahre angestellt auf ihrem Fachgebiet tätig, sodass sie über umfassende Berufserfahrung verfügen. In der Stadt Zürich sind beispielsweise 88 Prozent aller Firmen auf dem Dienstleistungssektor tätig.

Wenn ein Selbstständiger nur für wenige Großkunden tätig ist und darüber hinaus auch noch innerhalb der Organisation dieser Kunden arbeitet, kann dies als Scheinselbstständigkeit ausgelegt werden. Um sich abzusichern, verlangen die Großkunden dann vom Dienstleister eine Bewilligung zum Personalverleih.

Da sich ein selbstständig Erwerbender nicht selbst an einen anderen Betrieb verleihen kann, muss er eine AG oder GmbH gründen, als deren Angestellter er sich dann auch verleihen kann. Dazu muss er allerdings noch eine Bewilligung für Personalverleih einholen und die damit verbundenen Auflagen erfüllen.

Nicht-Schweizern, die als Freelancer oder Selbstständige in der Schweiz arbeiten wollen, wird empfohlen, die Gründung einer GmbH in der Schweiz in Betracht zu ziehen. Die Gründungskosten liegen bei rund 2.000 Schweizer Franken und das vorgeschriebene Mindest-Gründungskapital beträgt 20.000 Schweizer Franken, wovon die Hälfte einbezahlt werden muss. Der GmbH-Sitz kann frei gewählt werden, wobei die unterschiedlichen Steuertarife in den Schweizer Kantonen durchaus zu berücksichtigen sind.

Praktische Internet-Adressen aus der Schweiz

Förderlandkarte für kleine und mittlere Unternehmen:
www.kmuinfo.ch

Gründer-Plattform des Kantons Zürich:
www.gruenden.ch

Wissensvermittlung für Gründer:
www.btools.ch

Jahrbuch für Firmengründer:
www.boom.ch

Start-up-Hilfe Stadt Zürich:
www.eff.ch

Schweizer Business Netzwerk über Anbieter, Produkte, Dienstleistungen,
Branchen-News, MesseGuide, Ausschreibungen, NetPublisher:
www.businesslink.ch

Innovations-Forum in Zürich:
www.firsttuesdayzurich.ch

Stiftung Arbeitsplatz Schweiz:
www.sa-ch.ch

Wirtschaftsförderung der Stadt Zürich:
www.wirtschaftsfoerderung.stadt-zuerich.ch

SATW Schweiz. Akademie für technische Wissenschaft – Weg zur
eigenen Firma:
www.satw.ch/umsetzung

Schweizer Institut für gewerbliche Wirtschaft, Universität St. Gallen:
www.igw.unisg.ch

Wissens- und Technologie-Transfer Universität Basel:
www.zuv.unibas.ch/wtt

Solothurner Handelskammer, Innovationsberatungsstelle:
www.sohk.ch/ibs

Technologietransfer- und Lizenz-Beratung Basel:
www.alliances-catalyst.com

Initiative für Start-ups des Bundesamtes für Berufsbildung und
Technologie:
www.ktistartup.ch

Schweizer Zentrale für Handelsförderung:
osec.ch

seco TaskForce KMU, Staatssekretariat für Wirtschaft:
www.kmuinfo.ch

Förderung Jungunternehmen und Kulturschaffen Rapperswil:
www.futur.ch

Institut für Jungunternehmer/innen St. Gallen:
www.ifj.ch

Koordination von Internet-Projekten:
www.ch21.ch

Netzwerk für Einfrauunternehmerinnen:
www.nefu.ch

Impulsprogramm für Neuunternehmerinnen:
www.catapulta.ch

Unternehmens- und Innovationszentrum:
www.d4center.ch

BAC Business-Angels-Club:
www.businessangels.ch

BOAS Band of Angels:
www.bandofangels.ch

Lehrstuhl für Unternehmertum und Innovation Lausanne:
www.startupcafe.ch
Checkliste für Businessplan:
www.zkb.ch/firmen/corporatefinance/business-plan.html

Businessplan-Wettbewerb der ETH Zürich:
www.venture.ch

Stiftung KMU Schweiz:
www.stiftung-kmu.ch

mediacampus Zürich:
www.mediacampus.ch

Swiss Economic Forum:
www.swisseconomic.ch

yes Young Enterprise Switzerland:
www.young-enterprise.ch

Gründerplattform der KMU-Task-Force des Seco
www.kmu-info.ch

Innovationsplattform, vorwiegend Bern:
www.innobe.ch

Business Start Center BSC AG
www.bscag.ch

Seniorexperten:
www.senexpert.ch